U0959886

权威·前沿·原创

皮书系列为

“十二五”“十三五”国家重点图书出版规划项目

BLUE BOOK

智库成果出版与传播平台

上海蓝皮书

BLUE BOOK OF SHANGHAI

总　编／张道根　于信汇

上海经济发展报告（2020）

REPORT ON ECONOMIC DEVELOPMENT IN SHANGHAI (2020)

全面优化营商环境

主　编／沈开艳

社会科学文献出版社
SOCIAL SCIENCES ACADEMIC PRESS (CHINA)

图书在版编目(CIP)数据

上海经济发展报告. 2020：全面优化营商环境 / 沈开艳主编. -- 北京：社会科学文献出版社，2020.1
（上海蓝皮书）
ISBN 978-7-5201-5927-2

Ⅰ.①上… Ⅱ.①沈… Ⅲ.①区域经济发展-研究报告-上海-2020 Ⅳ.①F127.51

中国版本图书馆 CIP 数据核字（2020）第 002679 号

上海蓝皮书
上海经济发展报告（2020）
——全面优化营商环境

主　　编 / 沈开艳

出 版 人 / 谢寿光
责任编辑 / 吴　敏

出　　版 / 社会科学文献出版社 · 皮书出版分社（010）59367127
地址：北京市北三环中路甲 29 号院华龙大厦　邮编：100029
网址：www.ssap.com.cn
发　　行 / 市场营销中心（010）59367081　59367083
印　　装 / 三河市东方印刷有限公司

规　　格 / 开　本：787mm × 1092mm　1/16
印　张：16.5　字　数：247 千字
版　　次 / 2020 年 1 月第 1 版　2020 年 1 月第 1 次印刷
书　　号 / ISBN 978-7-5201-5927-2
定　　价 / 128.00 元

上海蓝皮书编委会

摘 要

《上海经济发展报告（2020）》由总报告、营商环境篇、行业平台篇、长三角一体化篇四部分共12个报告组成。本书以全面优化营商环境为主题，从对标国际最高标准下的上海营商环境研究、高质量发展下上海营商环境指标体系构造研究、上海后街经济发展优化营商环境研究、基于社会性别视角的上海营商环境优化研究等不同维度，深入探讨了上海营商环境的现状、问题与提升建议；进一步地，聚集具体平台和行业，分析了中国国际进口博览会的放大效应以及现阶段上海数字经济营商环境、上海民营企业创新能力和轻工业行业发展的问题。考虑到上海发展与长三角地区的联动，本书还开展了上海引领长三角提升产业国际竞争力的研究以及长三角区域一体化的协同创新问题、财税机制研究。

总报告采用上海2019年前三季度宏观经济数据和历史数据，对当前和过去一段时间上海经济运行态势进行分析。研究表明，消费成为经济增长第一拉动力，消费结构高级化；战略性新兴产业贡献率稳步提升，增速回落；货物贸易大幅下降，服务贸易逐步凸显；实体经济分化，工业企业表现不及服务业企业。预计2019年全年GDP增速大概率低于上年；2020年处于基准情景的概率为71.9%，经济增速保持在5.9%水平。针对当前和未来一段时间上海内外部环境提出，短期需要稳定经济增长预期，中长期需要重视实体经济，长期施策要回归以人为本，以求上海经济实现更高质量发展。

营商环境是一个地区软实力和竞争力的重要体现，也是推动经济高质量发展的重要保障与核心动力。营商环境篇由四篇文章组成，通过与国际最高标准进行对标、构造符合高质量发展要求的指标体系以及从后街经济和社会性别的不同视角，对上海营商环境的现状、不足与优化建议进行了深入的分析。

营商环境的优化需要有具体的平台和抓手，同时体现在行业和企业发展中。行业平台篇由四篇文章组成，探讨了中国国际进口博览会对营商环境优化、长三角一体化以及上海科创中心建设的溢出效应，并有针对性地分析了上海数字经济、上海民营企业以及轻工业行业的发展特征。

随着城市之间联系的日益密切以及要素跨区域配置趋势的不断增强，城市群已成为区域经济发展的主要载体，而在长三角一体化上升为国家战略的背景下，上海的发展也需要放在长三角区域的整体发展中来思考。长三角一体化篇由三篇文章组成，分析了上海对长三角提升产业国际竞争力的引领作用以及长三角一体化发展中的协同创新和财税机制问题。

目录

Ⅰ 总报告

B.1 2020年上海经济运行态势分析及研判

…………………………………………………… 张兆安 邱俊鹏 / 001

一 上海经济运行态势分析 ………………………………… / 002

二 2020 年上海经济运行态势的研判 ……………………… / 008

三 对策建议 ………………………………………………… / 010

Ⅱ 营商环境篇

B.2 对标国际最高标准下的上海营商环境：现状 · 差距 · 对策

…………………………………………… 沈开艳 张晓娣 倪 外 / 013

B.3 高质量发展下的上海营商环境指标体系研究…………… 李世奇 / 044

B.4 上海后街经济发展优化营商环境研究……………………… 陈国政 / 064

B.5 基于社会性别视角的上海营商环境优化研究

……………………… 沈开艳 倪 外 周 婷 李泽众 由 欢 / 082

Ⅲ 行业平台篇

B.6 中国国际进口博览会的放大效应研究
…………………… 沈开艳 张晓娣 文 雯 李培鑫 谢婼青 / 109

B.7 上海数字经济营商环境发展报告
——基于张江互联网企业调研结果的评价分析……… 张伯超 / 141

B.8 上海民营企业创新发展指数报告
………………………………… 汤蕴懿 韩 清 曹祎遐 张伯超 / 157

B.9 上海轻工业发展现状、特征及展望…………… 张培璋 于 辉 / 181

Ⅳ 长三角一体化篇

B.10 上海引领长三角城市经济圈提升产业国际竞争力探索研究
……………………………………… 汤蕴懿 韩 清 陈 柯 / 200

B.11 长三角区域协同创新的现状、问题与对策
……………………………………………… 陈建华 莫兰琼 / 216

B.12 深化长三角一体化发展的财税机制研究 ……………… 陈明艺 / 231

B.13 后记 ……………………………………………………………… / 249

皮书数据库阅读**使用指南**

总 报 告

General Report

B.1
2020年上海经济运行态势分析及研判

张兆安　邱俊鹏*

摘 要： 采用上海2019年前三季度宏观经济数据和历史数据，对当前和过去一段时间上海经济运行态势进行分析。研究表明，消费成为经济增长第一拉动力，消费结构高级化；战略性新兴产业贡献率稳步提升，增速回落；货物贸易大幅下降，服务贸易逐步凸显；实体经济分化，工业企业表现不及服务业企业。预计2019年全年GDP增速大概率低于上年；2020年处于基准情景的概率为71.9%，经济增速保持在5.9%水平。针对当前和未来一段时间上海内外部环境提出，短期需要稳定经济增长预期，中长期需要重视实体经

* 张兆安，经济学博士，上海社会科学院副院长、研究员，博士生导师，主要研究方向为宏观经济、宏观政策理论与实践研究；邱俊鹏，经济学博士，上海社会科学院经济研究所数量经济研究中心副研究员，主要研究方向为计量经济理论、量化政策评估和经济增长。

济，长期施策要回归以人为本，以求上海经济实现更高质量发展。

关键词： 上海　经济运行　高质量发展

2018年以来，受扭曲性贸易措施和不确定的政策环境影响，全球商品贸易和投资增长明显放缓，正在拖累整个经济活动。世界银行预测亚洲经济增速2019年和2020年将分别放缓至5.0%和5.1%。目前，上海经济发展面临诸多外部风险，主要发达经济体宽松的货币政策可能影响国内资本市场的稳定性，上海则首当其冲。中美贸易紧张局势可能进一步深化，受油价上涨以及英国“无序脱欧”的影响，主要贸易伙伴增长弱于预期。与此同时，国内经济增长的新旧动能转化还没有完成，实体经济疲软，资本市场、房地产和货币政策传导机制梗阻仍是潜在的风险因素。面对复杂多变的外部环境以及国内市场多重掣肘，上海如何稳定经济基础，保持改革定力，实现更高质量发展，建成令人向往的创新之城、文化之城、生态之城，是一个既具有挑战又富有意义的命题。

一　上海经济运行态势分析

上海作为全国改革开放排头兵、创新发展先行者，加快建设“五大中心”、全力打响“四大品牌”，正在以高质量发展的目标引领经济社会稳步发展。下面我们从经济基本面和消费、战略性新兴产业、贸易、实体经济四个方面对当前上海经济发展的态势进行分析。

2019年前三季度，上海市完成生产总值25361.20亿元，比2018年同期增长6%（按可比价格计算），下降了0.6个百分点，是2014年以来回落幅度最大的一年（见图1）。第三季度较第一季度（5.7%）、第二季度（5.9%）累计增速有所回升。其中，第一产业增加值为60.09亿元，与2018年前三季度相比（按可比价格计算）下降4.3%；第二产业增加值为6982.80亿元，下降1.1%（2018年前三季度同比增长3%）；第三产业增加值为18318.31亿元，增长8.9%，比上年同期提高0.7个百分点。增速回落主要源自第三产业增长乏力和第二产业的增加值收缩。

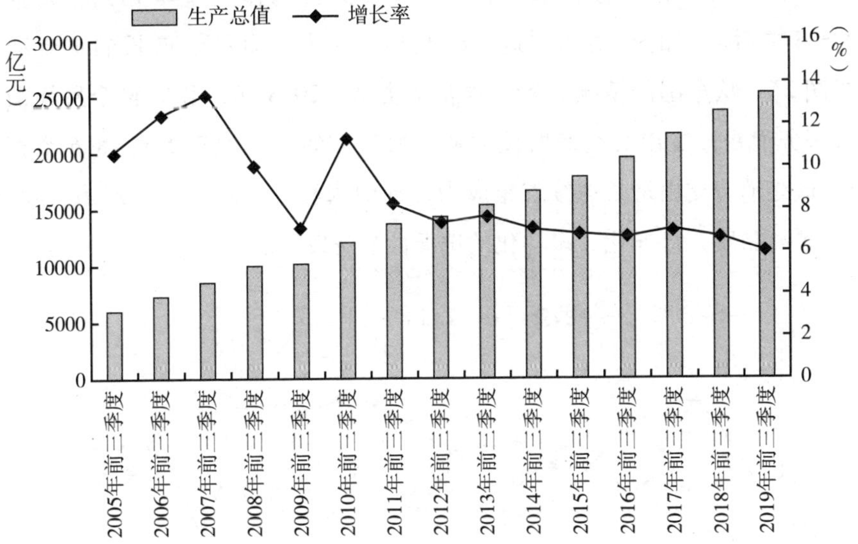

图1　上海市前三季度生产总值和同比增速

从产业结构来看，2019年前三季度第三产业增加值占全市生产总值的比重为72.2%，比上年同期提高2.6个百分点。工业增加值占GDP的比重为24.8%，低于25%，挑战“十三五”规划中提出的“2020年制造业增加值占全市生产总值比重力争保持在25%左右”的底线。

从第三产业内部构成来看，2019年前三季度金融业和批发零售业对增加值贡献最大，占第三产业增加值的44%。其中，金融业增加值为4670.52亿元，同比增长13.6%，高于上年同期增速（5.3%）；批发零售业增加值为3411.58亿元，同比增长2.1%，低于上年同期增速（3.9%）。增加值排第三位的是房地产业，为1552.22亿元，同比增长8.4%，高于上年同期增速（2.6%）。交通运输、仓储和邮政业增加值为1262.6亿元，同比增长4.7%，低于上年同期增速（12.7%）。

（一）消费成为经济增长的第一拉动力，消费结构高级化

GDP 按照支出法可以分解为最终消费支出、固定资本形成和货物服务净出口。我们核算了从 1998 年至 2017 年拉动上海经济增长的三种动力的贡献度。可以看出，一直以来，消费和投资的拉动作用基本相当，尤其是 2008 年之后消费的拉动作用进一步凸显，成为上海经济增长的主要动力（见图 2）。从全国的情况来看，也基本类似，2018 年，我国整个最终消费（含服务消费）支出对经济增长贡献率为 76.2%，比上年提高 18.6 个百分点。最终消费支出增长连续五年成为拉动中国经济增长的第一动力，并且，向追求高品质、差异化、多样化的选择性消费发展。

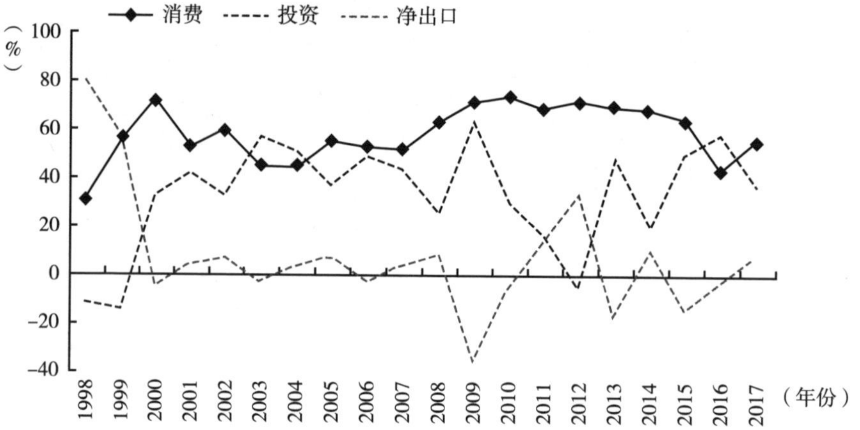

图 2　“三驾马车”对上海经济增长的贡献率

资料来源：历年《上海市统计年鉴》。

服务消费占居民消费的比重不断上升。数据显示，近年来城乡居民用于食品、衣着等的生存型消费支出规模仍呈现上升态势，但占总消费的比重不断下降，城乡居民恩格尔系数明显下降；与此相对，消费支出增长越来越转向别的消费领域，用于文教娱乐、医疗保健、家政等的发展型消费规模持续增长，占总消费的比重不断上升。2017 年发展型消费占居民消费支出的 65.9%，2015～2016 年均在 64% 以上（见表 1）。从国际上看，

2018 年美国服务消费占比达到 68.9%，其他发达国家基本上超过了 50%，日本为 59.4%，英国为 58%，法国为 54%，德国为 52%。而中国占比为 49.5%，接近德国和其他欧洲大陆国家的水平，上海已接近美国的平均水平。

表 1　上海居民消费支出结构

单位：%

指标	2017 年	2016 年	2015 年
生存型消费	34.1	34.8	35.6
发展型消费	65.9	65.2	64.4
居住	34.5	32.7	32.5
教育文化娱乐	11.8	11.2	10.9
医疗保健	6.5	7.3	6.5

注：生存型消费包括食品烟酒、衣着、生活用品及服务等，发展型消费包括教育文化娱乐、医疗保健、交通通信等。

资料来源：历年《上海市统计年鉴》。

（二）战略性新兴产业贡献度稳步提升，增长速度回落

战略性新兴产业代表了未来产业发展的趋势，是产业升级提质的重要体现，也是未来上海经济发展的重要产业支撑。从规模上看，自 2015 年以来上海市战略性新兴产业增加值占 GDP 的份额稳步提升，2018 年接近 17%，比 2015 年提高了 2 个百分点；2019 年前三季度工业战略性新兴产业总产值占规模以上工业总产值的 31%。从结构上看，战略性新兴工业增加值与战略性服务业增加值的比值基本保持在 4.5 和 5.5，后者略高。从增速上看，战略性新兴工业和服务业增加值分别高于工业和服务业增加值；战略性新兴工业总产值增速高于规模以上工业总产值增速；战略性新兴服务业增加值增速快于战略性新兴工业增加值增速。值得注意的是，战略性新兴产业总产值增速出现较大幅度的下滑。从官方报告的数据来看，2019 年前三季度，生物医药、高端装备和新能源等战略性新兴产业总产值增速分别为 6.9%、2.4% 和 4.6%，除了新能源之外，生物医药和高端装备的增速都在下降，

其他行业的情况不得而知。从2018年的数据来看，战略性新兴产业各行业增速均出现了不同程度的收缩（见表2）。

表2　上海市工业战略性新兴产业总产值增速情况

单位：%

行业	2019年前三季度	2018年前三季度	2017年前三季度
生物医药	6.9↓	9.5↓	9.2
新能源汽车		9.3↓	27.9
新一代信息技术		4.7↓	12.3
节能环保		3.7↓	6.9
高端装备	2.4↓	3.1↓	5.0
新能源	4.6	2.5	—
新材料		0.1↓	4.3

资料来源：上海市统计局网站和历年《上海市统计年鉴》。

（三）货物贸易大幅下降，凸显服务贸易

近两年来，全市进出口货物贸易大幅下降。2019年前三季度上海市货物进出口总额为2.48万亿元，同比下降1.5%，2018年同期增长5.8%，2017年同期增长16.3%。其中，与上年同期相比，出口下降0.1%，进口下降2.4%。从贸易品结构来看，向价值链高端升级的态势基本稳定，主要体现在，一是加工贸易占比趋于下降，尤其是出口。与2016年相比，2019年前三季度加工贸易出口占出口贸易总额的比例下降了近4个百分点。二是高新技术产品贸易占比趋于上升。2019年前三季度高新技术产品进口额和出口额占比分别为33.6%和44.7%，比2018年均有大幅度提高（见表3）。值得注意的是，受全球贸易保护主义抬头的影响，2019年以来，加工贸易大幅下降，其中出口下降10.1%，进口下降2%。但与此同时，在进口下降2.4%的情况下，高新技术产品进口逆势增长5.5%，比上年同期提高4.6个百分点。

表3 上海市进出口贸易品结构

单位：%

项目	2019年前三季度	2018年	2017年	2016年
进口:加工贸易	12.3	11.1	11.2	12.3
进口:高新技术产品	33.6	28.6	29.9	30.0
出口:加工贸易	36.3	39.1	40.9	40.0
出口:高新技术产品	44.7	42.0	43.4	43.1

资料来源：上海市统计局网站和历年《上海市统计年鉴》。

从历年的贸易数据来看，服务贸易起点低，但增长速度快于货物贸易。2005年服务贸易仅为251.4亿美元，货物贸易是它的7.4倍，到2017年服务贸易增长了6.8倍，货物贸易增长了1.6倍，此时后者是前者的2.4倍（见表4）。从2017年服务贸易的结构来看，以旅行贸易为主，占到服务贸易总额的一半，其次是运输服务（占14%），专业管理和咨询服务（占13%），电信、计算机和信息服务（占6%），占比最低的是金融服务贸易，不足1%。

表4 上海市服务贸易情况

项目	2005年	2010年	2016年	2017年
服务贸易(亿美元)	251.4	871.42	2018.8	1954.7
货物贸易(亿美元)	1863.65	3688.69	4338.05	4761.23
相对比值	1:7.4	1:4.2	1:2.1	1:2.4

资料来源：历年《上海市统计年鉴》。

（四）实体经济分化，工业企业不及服务业企业

近三年工业企业的经营状况不佳，亏损企业数量不断增加，企业利润持续下降。2019年前三季度规模以上工业企业利润总额出现大幅度下降，较上年同期减少约15%。值得关注的是，六大重点行业利润降幅更大，约下

降19%，其中除了生物医药行业利润增加37%，成套设备制造利润基本持平以外，其他行业均下降，汽车制造业下降23%，石油化工及精细化工和精品钢材分别下降37%和26%。所幸，2019年前三季度规模以上服务业企业利润总额2036.8亿元，与规模以上工业企业利润总额（2159.5亿元）相当，且利润较上年大幅增长33%。其中，信息传输、软件和信息技术服务业增长最快，为47%，租赁和商业服务业增长25%。这对于服务业占比超过70%的上海来说是非常重要的。

二 2020年上海经济运行态势的研判

（一）2019年经济增速下行的概率偏大

经济领先指标合成指数一般提示之后1~2个季度的走势规律。从图3上海经济领先指标合成指数的走势看，与经济增长的趋势基本一致，在2011年初和2017年底出现过两次小波峰，其后又开始下行。从2019年的走势看，第四季度单季GDP的增长速度低于上年同期的可能性较大。尽管第四季度消费增速可能有所回升，但总体上受对外贸易摩擦和投资的季节性影响较大，工业企业经营状况得不到明显改善，经济下行的压力依然很大。预计，上海2019年全年经济增长速度为5.6%~5.9%，再回到6%以上仍有困难。

（二）各种情景下2020年上海经济形势预判

经济运行除了遵循自身的规律，还受到诸多内外部环境的影响。外部影响主要来自发达经济体美国、欧盟（英国脱欧）、日本经济状况，以及美联储货币政策和中美贸易谈判变化对资本市场和国际贸易的影响。内部影响主要来自央行货币政策和地方财政政策。根据外部环境和内部结构的不同，我们把2020年上海宏观经济增长环境划分为基准、乐观和悲观三种情景。综合运用多个计量经济模型对不同情景下2020年上海经济运行状况进行模拟

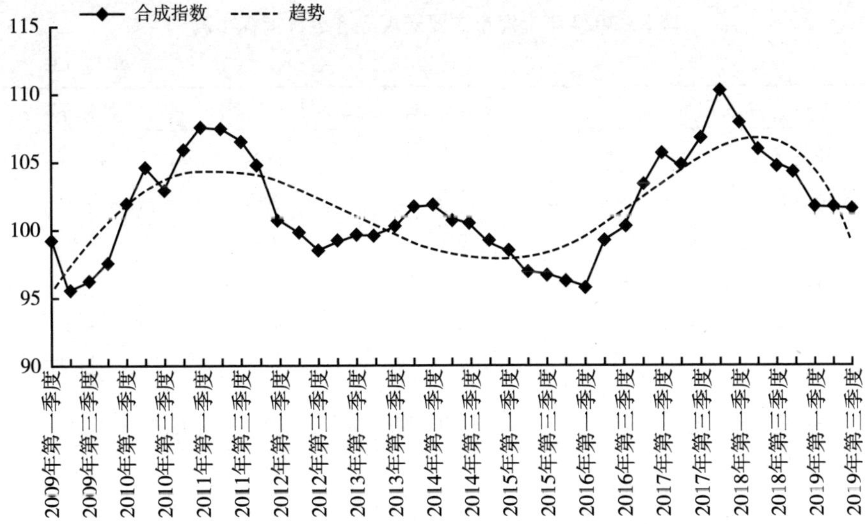

图 3　上海经济领先指标合成指数和趋势

预测。

1. 情景设定

在基准情景下，外部环境设定为发达经济体的经济增速与 2019 年前三季度持平；净出口保持平稳增长，市场对国际贸易摩擦处于积极调整和适应期；内部环境设定为消费、投资和企业利润增速稳定。在乐观情景下，发达经济体的经济增速好于预期，央行采取结构性量化宽松政策，资本市场资金充裕，与美国贸易协商基本达成一致共识，净出口不降反升；消费者和企业经营者对未来预期良好，消费仍然是扩大内需的主动力，三产投资稳步提升。在悲观情景下，发达经济体的经济增速低于预期，全球贸易环境进一步恶化，净出口负增长；工业企业营业收入利润率持续下滑，货币政策从紧。

2. 各种情景下2020年上海经济运行预测

根据不同情景下相关变量的取值和校准，采用马尔科夫状态转移等计量模型，我们对 2020 年上海经济运行的主要指标进行了预测，结果如表 5 所示。

表 5　2020 年上海市主要宏观经济运行指标预测

单位：%

指标名称	基准情景	乐观情景	悲观情景
GDP 增长率	5.9	6.1	5.7
工业增加值增长率	-2.0	3.0	-2.5
第三产业增加值增长率	9.1	10.0	8.0
固定资产投资增长率(不含农户)	4.8	5.5	4.0
社会消费品零售额增长率	7.9	9.0	7.9
出口总额增长率	1.0	3.0	-2.0
进口总额增长率	3.0	6.0	-2.3
CPI 增长率	2.0	2.2	1.6
PPI 增长率	-1.0	1.1	-1.8

注：数据均为同比增长率，样本数据截至 2019 年 9 月。

我们判断，2020 年上海经济大概率处于基准情形，发生的概率为 71.9%，悲观情景和乐观情景发生的概率分别为 18.1% 和 10%。

三　对策建议

当前至“十四五”是我国改革开放以来，国外形势最为复杂、国内发展最为关键的时期。推动国内供给侧结构性改革发展与应对国际贸易摩擦双重任务压力交汇，经济运行稳中有变的不确定性预期增强。从历史数据和预测分析看，上海未来经济仍具备内生增长动力，按期施策，有所侧重。

短期施策，迫切需要稳定增长预期。地方 GDP 增速不仅是国内企业和国际资本投资的重要风向标，也是地方财政和居民收入增长的基础，因此必须保持合理的增长空间。考虑到未来经济不确定因素，GDP 增长率力争不破 5.5%，经过一年的调整，2020 年争取回到基准或乐观水平。如果这条底线突破会逆转国内外对上海经济发展的预期，进而产生连锁反应。其中很重要的是稳定投资预期。一是制定出台鼓励民间投资的政策，尤其在产业投融资、财政政策支持方面予以适当倾斜。二是加快一些重大的基础设施建设，这不仅可以解决一些需求的短板问题，也能为保持经济稳定增长提供支撑。三是支持一批新兴技术应用的基础设施投资，如5G的商用投资、新能源汽车、智慧城市、农业现代化等领域的下一代基础设施布局，具有促进国内创新应用投资、优化营商环境、推动消费升级等多重效应。四是进一步扩大开放，吸引外资。当前外商投资具有结构性调整特征，一部分外商在成本影响下在全球调整布局，我们要跟踪掌握调整的节奏，另外一部分新兴产业产品的外资正积极布局中国市场，上海要抓住先机。

中期施策，需要面向实体经济。当前经济运行中最大的隐患是实体经济面临的困难，如果这种状况短期内不能有效化解，长期下去，一批实体经济企业的预期可能进一步恶化。为此，一是建议对已出台的一系列减税降费举措进行必要的评估，根据实施情况，决定是否需要进行必要的调整。二是针对实体经济中工业企业包括六大重点产业、战略新兴产业重点企业，调查分析利润下降的普遍性根源。面对高端制造化和智能制造化的未来趋势，为产业升级提供必要的资金和硬件设施支持。三是实体经济中鼓励发展“根植型的产业链”，实现可持续的本地化发展。将产业转移与升级过程结合，主动对接长三角周边，实现资源共享，形成产业链发展共享。产业转移中留下来的部分产业环节、企业，实现长期本地化。

长期施策，需要回归以人为本。一是经济增长的质量最终落实到居民收入的可持续增长上，更加重视对劳动力就业、失业率、居民收入和收入差距等指标的跟踪监测。进一步健全统计指标，包括细化传统就业指标、跟踪调查新行业就业指标，收集并发布新消费新业态收入和消费数据。二是促进人的交流，增加公共活动区基础建设投资，提高公共服务的便利性，提升公共服务供给的质量。三是注重人与自然的和谐共生，进一步增加市中心和人口活动密集区域的自然绿化面积。四是重视民众在社会经济建设中的参与性，进一步发挥社会组织的功能，激发民众对社会经济热点问题的讨论，在讨论中凝聚意识，在参与中形成合力。

参考文献

陈磊、隋占林、孟勇刚：《2015 年经济景气形势监测与分析》，《科技促进发展》2015 年第 5 期。

李平主编《2018 年中国经济形势分析与预测》，社会科学文献出版社，2018。

张兆安：《稳定企业是稳定经济增长的基础》，《文汇报》2016 年 3 月 22 日。

张兆安、邸俊鹏：《2017 年上海经济运行预测与对策》，《上海经济研究》2017 年第 2 期。

国家统计局环比统计课题组：《季节调整软件 NBS－SA 使用指南》，南开大学出版社，2014。

朱平芳等：《浦东新区二次创业指标体系研究》，课题研究报告，2017。

营商环境篇

Business Environment

B.2

对标国际最高标准下的上海营商环境：现状·差距·对策

沈开艳　张晓娣　倪　外*

摘　要： 上海城市核心竞争力增强的关键是优化营商环境，它也是落实国资国企、民营经济、商事制度等改革举措的重要保障。在2019年世界银行营商环境报告中，中国总体排名较上年提高32个位次，居全球第46名，上海作为权重达55%的样本城市，具有突出贡献。但是，从对标国际最高水平及标准、优化政府政务服务、打造国际一流营商环境的要求出发，还需要进一步缩短“五个差距”：一是在政企关系理念上，与甘当服务企业

* 沈开艳，经济学博士，上海社会科学院经济研究所所长、研究员，主要研究方向为政治经济学、中国经济体制改革；张晓娣，经济学博士，上海社会科学院经济研究所副研究员，主要研究方向为宏观经济和创新经济；倪外，经济学博士，上海社会科学院经济研究所副研究员，主要研究方向为区域经济和城市经济。

“店小二”的标准相比仍存在差距；二是在政府监管体系上，与企业及市场主体的普遍期望相比仍存在差距；三是在市场监管方式上，与经济社会新变化、新形势、新要求相比仍存在差距；四是在社会组织作用的发挥上，与政府职能转变的根本目标相比仍存在差距；五是在营商环境的评价上，与国际一流高标准相比仍存在较大差距。基于此，本报告提出若干建议，包括：全方位深化政府相关部门对营商环境的理解，改善相关理念、行为和制度；动态深化政务流程再造，优化调整服务、监管体系；着力完善服务、监管手段，提升政务效率与透明度；探索和完善社会中介组织建设，发挥多元化服务、监管作用；主动搭建符合中国国情、具有上海特色的营商环境评价体系；互相借鉴学习，各自取长补短，致力于营造长三角地区高质量且一体化的营商环境。

关键词： 营商环境　国际最高标准　市场监管　体制改革

营商环境具有重要作用，它不仅是一个国家或地区经济软实力的代表，更是国家或地区竞争力的重要体现。2017 年 7 月，习近平总书记在中央财经领导小组会议上发表的重要讲话强调，要改善投资和市场环境，加快对外开放步伐，降低市场运行成本，营造稳定公平透明、可预期的营商环境，加快建设开放型经济新体制，推动我国经济持续健康发展。党的十九大报告指出，要“全面实施市场准入负面清单制度，清理废除妨碍统一市场和公平竞争的各种规定和做法，支持民营企业发展，激发各类市场主体活力”。由此可知，优化营商环境，将是我国进一步激发社会发展活力、创新力和创造力的重要举措。

实施改革的前提条件和重要基础是客观而又全面地评价某一地区的营商

环境。对营商环境的评价，国内外有诸多报告，但世界银行的营商环境报告受到广泛认可。自 2003 年起，世界银行对全球 100 多个经济体的营商环境进行打分排序，至今，已公布 16 期报告，影响力与日俱增。权威性国际机构如穆迪、标普、世界经济论坛等，则经常引用世行报告的相关分析、数据和结论，并对全球投资者投资收益预期和全球资本流动迁移产生实质性影响。世界银行营商环境报告被认为是投资的风向标。为树立良好形象，增强对国际资本的吸引，各大地区营商监管改革中均把报告当作重要参考项。多数国家采用积极对标方式，在营商环境优化方面强力展开竞争。

2018 年 10 月 31 日晚，世界银行发布《2019 年营商环境报告》，中国营商环境排名再次大幅提升，在全球的排名中一次性提高 32 个位次，由上一期的第 78 名一跃上升至第 46 名。中国的得分，由权重为 55% 的上海和 45% 的北京两个城市的数据组成。报告中，我国的表现在一定程度上反映了上海致力于不断完善营商环境、深化改革、扩大开放的决心和战略举措，但仍有不足。为优化上海营商环境、探索解决一些深层次的矛盾和问题、先行先试重大改革措施，需要进一步研究相关问题。

一　上海营商环境优化的重要性和迫切性

（一）国内统一的开放型市场体系建设需要不断优化营商环境

“十三五”期间，国家要求建设统一开放的市场体系，实现市场准入畅通、市场开放有序、市场竞争充分、市场秩序规范，形成企业自主经营、公平竞争，消费者自由选择、自主消费，商品和要素自由流动、平等交换的现代市场环境。要求进一步改革市场监管体系，实行统一的市场监管机制，消除地方壁垒，破除妨碍全国统一市场形成的规定，清理阻碍公平竞争的做法。反对垄断和不正当竞争，建立健全社会征信体系，褒扬诚信，惩戒失信，健全优胜劣汰市场化退出机制，完善企业破产制度。

同时，历过 40 年改革开放，中国产业结构显著优化，急需以服务经济发展来提升实体经济发展质量。服务经济能否崛起至关重要，它是我国在新形势下实现高质量发展的核心动力。但是，包括公平、规范以及市场化的交易平台，清晰的产权界定，透明公正的矛盾纠纷解决机制等在内，统一市场的完善、服务贸易的提升对标准、规则、规范等的制定提出较高要求。当前，全球贸易体系主流的规则、法律、机制，大多由西方市场主导。中国建设统一、开放的市场体系，需要构建符合中国市场特色，兼具国际通用标准的制度，其中，优化营商环境尤为重要。

（二）推进长三角一体化发展对营商环境优化提出新要求

在国家京津冀协同发展、粤港澳大湾区等国家战略大力推进的背景下，推进长三角一体化发展是“十三五”期间国家赋予长三角地区的又一项战略任务。2018 年，习近平总书记在《关于推动长三角一体化发展有关情况的报告》中做出重要指示，要求上海作为龙头，发挥带动作用，推动并引领长三角地区率先发展、一体化发展。李强书记在 2018 年两会期间亦强调，长三角地区要实现一体化的创新突破，更好服务全国发展大局、参与全球合作竞争。

从目前情况看来，上海的经济结构发生改变，已经实现高度轻型化。第三产业增加值逐年攀升，2017 年占上海市生产总值的比重为 69.0% 。同时，高端服务业影响广泛，对周边地区影响深远，具有较强辐射力。为满足市场发展要求，长三角地区的高端制造业企业做出改变，增加对外投资；大力推进技术、装备、服务、标准走出国门；深度融入全球经济，融入全球供应链、产业链、价值链；积极发挥作用，努力搭建专业服务平台以及金融合作平台。上海作为长三角的核心服务经济供给方，如高端专业服务、金融服务以及贸易服务等，优化自身营商环境、努力提供高质量市场服务，是推进一体化的必然要求。

（三）上海打响“四个品牌”需要以营商环境优化为保障

党的十九大提出，中国经济发展已经由高速增长阶段向高质量增长阶段转变，正处在转变发展方式、优化经济结构、转换增长动力的攻关时期。上海作为国家经济发展先行先试的重点区域，必须走在改革的前沿，打造“四个品牌”是上海持续推进创新驱动发展、经济转型升级的有力抓手，营商环境的优化是重要保障。

“十三五”期间，上海市场体系配置资源功能建设突出既有优势产业的全球市场控制力与引领力，发展核心技术与自主品牌。上海以“四新”经济打造产业竞争力新内涵，从国内外要素市场集聚产业创新发展要素系统，构建具备全球资源配置能力的市场主体、功能性平台、要素市场，塑造上海与国际市场接轨的服务经济运行制度、规则、文化与标准，以服务经济和制度优势提升上海经济竞争力。整体推进上海产业经济在全球经济格局中由传统的基于产业链分工合作的垂直式关系向基于创新合作的水平式关系转变。在这一进程中，优势的制度性软环境建设是顺利推进改革的重要基础。

目前，上海优化营商环境的改革举措逐步推出。2018 年 1 月形成了《着力优化营商环境 加快构建开放型经济新体制行动方案》，明确到 2020 年，上海各领域营商环境便利度要全面进入国际先进行列。2018 年 7 月推出“上海扩大开放 100 条”等。李强书记强调，打造一流营商环境，要对标建成贸易投资最便利、行政效率最高、服务管理最规范、法治体系最完善的城市之一，以“下更大力气优化营商环境”作为持续抓好改革开放的重点任务之一。

（四）全球经济复杂变化环境下提升对外开放水平需优化营商环境

目前，中国经济发展的外部环境发生较大转变。中美贸易摩擦短期态势不明确，美国对华全方位的遏制趋势越来越明显，且国内经济发展处于“三期叠加”的关键阶段，挑战与机遇并存。国家正在推进以“一带一路”建设为重点，坚持国外资本引进来和本国投资“走出去”双轮并重，深入推进开放式经贸创新合作，构建内外海陆联动、东西双向互济的新型开放格局。国内的新规则、新市场及新主体需要从全新的全球视野及角度去理解。在新形势下，多角度、高水平、全方位地推进进一步改革开放，提升优化营商环境，着力清除改革过程中遭遇的各类体制性制度性障碍，这一系列举措对于规避“中等收入陷阱”和“修昔底德陷阱”具有重大的战略意义。

为此，中央在国家层面进行了一系列的战略部署。2018 年在博鳌论坛上，习近平总书记郑重地向世界表明中国进一步推进改革、扩大对外开放、维护全球自由贸易的意志与决心。2018 年国务院常务会议指出，要以简政减税降费为重点进一步优化营商环境；严格依法平等保护各类产权，加大知识产权保护力度；抓紧建立营商环境评价机制，逐步在全国推行。优化营商环境成为经济新常态下，扩大对外开放、提升经济发展质量、优化产业经济结构的重要战略抓手。

综合来看，上海已经凝聚了优化营商环境的战略共识，举全市之力积极推进各项改革，在营商环境理念更新、市场监管体制机制改革、长三角区域统一市场建设、市场运行机制绩效提升、国际化的营商环境构建等方面重点破题。

二 国际营商环境最高标准及评估

（一）国际最高标准的营商环境评价指标体系内涵

世界银行于 2002 年成立营商环境（Doing Business）小组，研究制定营商环境指标体系，就一个国家或地区各种监管制度对企业行为和经济结果产生的影响进行量化评估。世行营商环境报告以一个国家或地区代表性城市的数据来决定该国或地区的排名。在大多数国家或地区，仅统计该国或地区最大商业城市，如果该国或地区人口超过 1 亿，则统计第一和第二大商业城市。因此，世行营商环境报告实际上是以城市的调研数据为基础的。中国的得分由上海和北京两个城市的数据构成，权重分别为 55% 和 45% 。

从世行营商环境报告的指标体系来看，世界银行每年对全球 190 个经济体进行评估。在评价指标体系中，企业生命周期分为五个阶段，分别是开业阶段、建设阶段、融资阶段、日常运营阶段和容错处理阶段，由 11 项一级指标和44项二级指标构成指标体系，贯穿了企业的整个生命周期，从最初创立到破产。其中，10项评估指标分别是跨境贸易、开办企业、办理施工许可、办理破产、获得电力、保护少数投资者、纳税、登记财产、获得信贷、执行合同。没有将劳动力监督计入评价分数。评价针对中小型企业，核心在于反映保护企业创建、日常运营、发展的制度环境，将重点放在营商环境的公平、效率、便利、成本上（见表1）。

表1　2019年世行营商环境指标体系

生命周期	一级指标	二级指标
开业阶段	开办企业	手续(数量)、时间(天数)、成本(人均收入百分比)、最低实缴资本(人均收入百分比)
	劳动力监督	不计入评分体系
建设阶段	办理施工许可	手续(数量)、时间(天数)、成本(仓库价值百分比)、建筑质量控制指数(0~15)
	获得电力	手续(数量)、时间(天数)、成本(人均收入百分比)、供电可靠性和电费指数(0~8)
	登记财产	手续(数量)、时间(天数)、成本(财产价值百分比)、土地管理质量指数(0~30)
融资阶段	获得信贷	合法权利力度指数(0~12)、信贷信息深度指数(0~8)、信贷登记机构覆盖率(成年人百分比)、信用局覆盖率(成年人百分比)
	保护少数投资者	纠纷调解指数(0~10)、股东治理指数(0~10)、少数投资者保护力度指数(0~10)
日常运营阶段	纳税	缴税次数(每年)、时间(小时数/每年)、总税率(商业净利润百分比)、报税后程序指数(0~100)
	跨境贸易	出口时间:边界合规(小时);出口成本:边界合规(美元) 出口时间:单证合规(小时);出口成本:单证合规(美元) 进口时间:边界合规(小时);进口成本:边界合规(美元) 进口时间:单证合规(小时);进口成本:单证合规(美元)
容错处理阶段	执行合同	时间(天数)、成本(标的额百分比)、司法程序质量指数(0~18)
	办理破产	时间(年数)、成本(资产价值百分比)、结果(0表示资产被分割,1表示继续运营)、回收率(收回债务占债务额的百分比)、破产框架力度指数(0~16)

资料来源：世界银行《2019年营商环境报告》。

（二）基于世行标准的营商环境评价解读

从2017年开始，上海关注减环节、降费用、减时间，对标世界银行营商环境指标，通过施行多项营商环境改革专项行动，大大提升市场主体的营商便利度。上海制定的《着力优化营商环境 加快构建开放型经济新体制行动方案》提出，对标国际最高标准是优化营商环境工作的首要原则、主要方向。在开办企业方面，简化社会保障登记流程，推出网上注册系统，推出企业注册“一窗通”服务平台；在办理施工许可方面，实施“多部门并联审批，项目分类审批”；在跨境贸易方面，采用“一次申报、分步处置”模式，推行“无纸化”“线上化”办公；在纳税方面，推出办税“最多跑一次”清单，实施一系列行政管理改革，减少纳税合规时间，取消营业税，允许所有印花税联合申报、缴纳；在获得电力方面，通过网络扩容、取消低压非居民用户的外线工程费用，提供免费接电服务；在登记财产方面，简化、减少管理程序，增强土地管理系统的透明度、可靠性；在保护少数投资者方面，加强股东权利和作用，明确控股结构，明晰所有权，对股东产生的法律费用，要求给予报销；在获得信贷方面，实施“单一窗口”，取消行政性费用，增加透明度，支持、鼓励竞争。① 具体评价指标得分见表2。

表2 2019年度、2018年度中国营商环境世行评价得分情况

指标	2019年排名	2019年得分	2018年得分	分数变化
总体	46	73.64	65.00	8.64↑
开办企业	28	93.52	85.47	8.05↑
办理施工许可	121	65.16	41.21	23.95↑
获得电力	14	92.01	65.71	26.30↑
登记财产	27	80.80	74.99	5.81↑

① 李安渝、王婷：《2019年世界银行营商环境报告解读及启示》，《中国市场监管研究》2018年第12期。

续表

指标	2019 年排名	2019 年得分	2018 年得分	分数变化
获得信贷	73	60.00	60.00	—
保护少数投资者	64	60.00	55.00	5.00 ↑
纳税	114	67.53	62.90	4.63 ↑
跨境贸易	65	82.59	69.91	12.68 ↑
执行合同	6	78.97	78.97	—
办理破产	61	55.82	55.82	—

资料来源：世界银行：《2019 年营商环境报告》。

三　上海制约营商环境提升的深层次问题

近年来，上海坚持市场监管体制机制改革，不断优化营商环境，通过行政审批制度改革，进一步提升市场活力，利用信息技术改造行政运行机制，大幅提高行政办事效率，在推进自贸试验区建设过程中，高效的事中事后监管体制机制得以建立，一系列制度不断创新和优化，法制化水平持续提升。在取得成绩的同时，也应该看到上海的营商环境与国际高标准水平相比还存在差距，市场监管中的一些深层次体制机制问题还未得到解决。

（一）营商环境理念仍有落差

依法、透明、公正的行政理念仍有落差。调查显示，有 85% 以上的企业表示对区域内的行政环境比较满意或非常满意。但是调研过程中也发现了一些问题：一是依法行政的流程还有待优化。二是新老政策衔接不够，企业没有调整的缓冲期。政府部门“监管 + 服务”的理念滞后，“重监管、轻服务”的现象应引起重视。监管部门发现问题后，没有具体了解企业实际情况，从帮助企业整改方面入手解决问题。三是行政执法时紧时松，让企业没有预期。

新型政商关系的营商理念有待加强。习近平总书记指出，“亲”和“清”是新型政商关系的具体体现。对领导干部来说，“亲”，是坦坦荡荡、真诚、以真心来同企业交往，尤其当企业遇到问题、陷入困境时，更要积极发挥作用、靠前提供服务，对非公有制经济人士，要给他们足够的关注、多与他们谈心、对他们多加引导，尽力给予帮助，帮助他们解决实际困难。所谓“清”，则是在与企业家交往的过程中，与企业家的关系要保持纯洁、清白，不可怀有私心、贪心，不能进行权钱交易，不得以权谋私。在调研过程中发现上海在“清”方面做得比较好，在各种诱惑面前，比较规矩，保持定力。但是在“亲”方面做得还不够。究其原因，一方面是政府部门服务企业、服务市场的意识还不强，有些干部特别是“70后”“80后”，工作效率很高，但他们对企业的实际情况并不了解，以致接触企业时工作方式方法态度有些生硬；另一方面是解决问题的事权层级过多，即使一线干部和工作人员看到了问题也难以及时解决。

（二）市场主体对市场监管改革的获得感依然不高

1. 市场监管改革的协调性配套性不足

调研显示在政策制定层面，上海存在一些问题，其中比较突出的是政策落地实效有限，配套机制协同不够，实施细则不够明确（55.56%）。目前，改革后的行政审批事项，事中、事后的监管，由多个部门负责，而各个部门各有一套规定，且各自执行的数据标准格式不一致，无法与国际接轨。奉贤区市场监管局提出，在工作推进中，有的部门执行市级条线统一抽查系统，有些单位明确采取全覆盖监管，在市级层面未统筹形成统一的“双随机”监管模式。由于各部门缺乏联系，法律制定、授权、执行等方面缺乏整合，政策措施推进步调不一致，协同创新不完善、不全面，导致部分有利于贸易、投资便利化的战略举措没有发挥相应的作用，无法获得效率最大化的整合效应。

以办理施工许可为例，在上海，施工许可的办理前后共需要二十多道手续。其中，评估审图在前期许可环节中占用了最高的时间成本，建设管理仍需分别审批，涉及规划土地、环保、消防、住建等在内的多个政府职能部门，对项目分开各自进行审图、评估、检查、验收等程序，并且各部门之间没有形成信息共享，导致信息孤立，无法形成联动机制。这就要求项目单位需花费大量时间，反复与多个主管部门进行协调，不利于项目及时开展。在办理破产时，企业耗时长、资产回收比率低、破产成本高，同时，税务、土地、社保、工商调查程序烦琐，耗时较长。

2. “放权”后政府管理体制的动态调整与再造不足

行政权力下放或取消后，法制规章的调整没有及时跟上，政府工作的流程再造没有及时补缺。作为一场深层次、全方位的政府管理体制变革，权力事项实行清理、取消以及下放必然要求重新构建政府的管理运行方式以及行政组织架构等。一些地区和部门，改革目标提了，方式有了，组织能力、工作流程、制度规章却没有能够动态化地及时跟上，如行政权力的减少、“电子证照”、“一网通办”等，都遇到了管理和法治方面的困境，与政府职能转变的根本目标有所偏离，离推进政府治理体系和治理能力现代化还有不少差距，导致政府在“放权”之后管理能力不足。

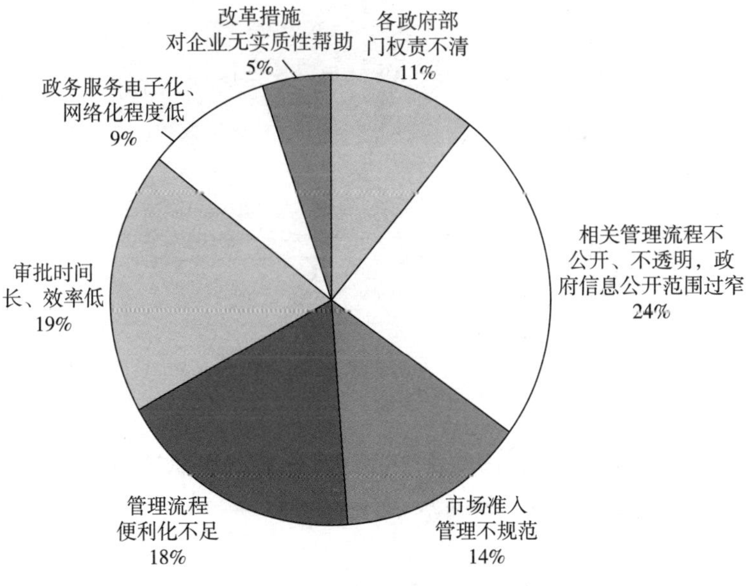

图 1　政府监管存在的突出问题

资料来源：调研整理。

3. 政策服务的便捷性、操作性与准确性有待加强

市场调研显示，51.5%的企业认为不少政策的申请程序、资料过于复杂、烦琐，特别是在工商登记中，有四成企业认为名称登记流程烦琐、住所登记限制条件多。例如，课题组在紫竹高新技术园区调研时有企业反映，工商部门流程合并后，尽管信息化程度提高了，但公司注册时选择名称过度依赖电脑操作，又没有行政人员协助，花费很长时间也难以在系统中选出合适的公司名称。49.7%的企业认为当前不少政策可操作性不强，如“文创50条”缺乏实施细则。同时，48.20%的企业认为政策的办理流程不清楚，没有明确具体办理部门、办理步骤。43.91%的企业认为，在信息对外公开环节，政府公开的相关流程不够具体、详细，且范围过窄，政府信息公开度还有提升空间，尤其是现在政策变化不少，民企难以获得完整的信息。

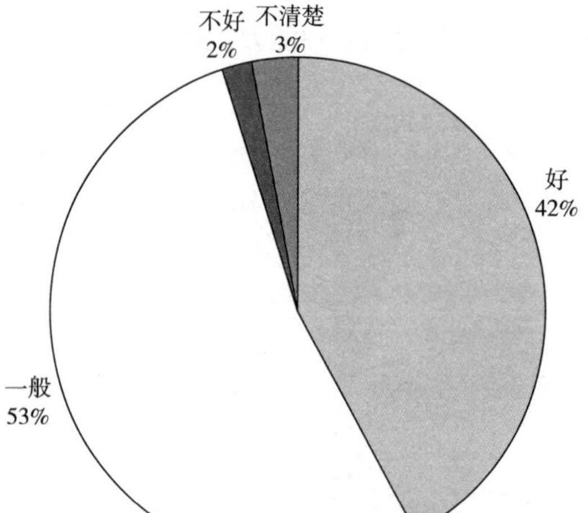

图2　企业对政策执行中的操作性与实效性的评价

资料来源：调研整理。

4. 市场监管模式的升级步伐有待加快

上海市营商环境调研显示，60.28%的企业认为上海缺乏与新产业、新业态、新模式相适应的监管模式，市场监管的升级步伐有待加快。

在一些新兴领域，还未充分建立相关的法律法规和实施监管制度体系，甚至尚未明确监管主体。监管体系与模式在专业化和精细化上还未与国际先进水平接轨，这也是市场监管模式亟待升级的重要表现。国外现行的行业监管体制比较扁平，层级较少，市场主体对监管体系和执法要求比较熟悉，而我国的行业监管目前还是“金字塔”形结构，层级较多，上层要求比较原则且与下层具体情况有脱节，市场主体难以适从。例如食品行业，产业链很长，国外一般都由专业的细分部门进行管理，而我国仅有大类管理，无法满足行业发展要求。此外，食品加工、经营、销售等方面的法律法规不够完善，相关指标与国际通行指标差距非常大，造成企业陷入“要么做不到，要么做不了”的怪圈。

（三）市场运转机制不够灵活

1. 政府体制机制尚未理顺，优化营商环境还流于表面

一是流程再造不便利现象比较突出。上海在政府职能转变方面做了不少工作，“放管服”改革方面推出了不少举措，特别是在流程再造方面进行了较大幅度的改革。但不少流程没有体现改革初衷，一些不便利的负面现象对冲了良好的服务愿景。比如，工商部门流程合并，尽管信息化程度高了，但公司注册很难在电脑上选出合适的公司名称，一方面过度依赖机器，没有行政人员出面解决；另一方面是电脑筛选程序没有优化，甚至给企业带来更大的不便。二是行政服务中心只是实现了“一窗”统收，离“一网通办”还有差距。基于传统的条线管理，条条之间不打通，条块之间不对接，块块之间不交流。比如企业的代码不统一，企业每个条线都要上报资料，即管委会对企业整体情况不清。三是行政审批制度改革还停留在程序上，没有实质性的改变。实际上，数据没有打通，材料没有减少，尽管是“单一窗口”，但企业的材料还是需要那么多，企业对流程优化无感。

2. 政府、企业和社会组织之间尚缺乏良性互动

一是政策制定出台前未充分征求企业的意见。专业型干部毕竟是少数，即便是专业型干部也并非样样精通。一项政策出台要广泛听取企业、专家和

社会组织的建议，而不是开完发布会就算结束了。二是社会组织本来是政府和企业之间沟通的桥梁和润滑剂，但实际上成为“二政府”。可见，如果规则流程不清晰，或者程序本身有瑕疵，不见面反而问题更大。

3. 社会力量参与市场监管存在局限

复杂的社会问题需要全社会共同治理，就基层市场监管来说，在重点难点问题上，推动促使市场监管社会化成为当务之急。但是，从上海甚至全国来观察，尽管各个地方都有着大量的调研成果，也形成了较为系统的工作构想，但是这些成果中缺乏成功实现基层市场监管“社会共治”的案例，体现为在推进市场监管社会化方面遭遇阻碍。

一方面，社会组织去垄断化、去行政化力度不足、程度不够。政府职能转变和简政放权使得社会组织获得的权力日渐增加，承担的职能日益增多，成为“二政府”的隐患日益凸显。例如，一些承接了一定职能的社会组织，本应改善做事方式、履行相应职能，但实际情况是其仍遵照传统的行政审批方式，并以此开展工作，最终还是给企业和居民带来了极大不便。

另一方面，社会组织的自我能力发展和建设不足。由于我国的社会组织和行业协会缺乏主观能动性和自主权，大多依附于政府部门，相应地，其权威性和影响力也较弱，导致其想要在市场监管“社会共治”中发挥重要作用较为困难。过去的市场监管活动中，较少看到行业协会的身影，行业覆盖率低。对公众和企业来说，行业协会没有相应的公信力。并且由于行业协会没有处罚权，针对企业的不法行为也难以产生实质性的威慑。此外，一系列的问题包括专业人才稀缺、内部监管不力、协商机制不完善、获取资金途径有限等都会对社会组织产生制约作用，妨碍其积极主动参与市场监管共治。

4. 公平公正的统一市场体系建设不完善

根据市场调研，63.89%的企业认为，上海在政府管理上思想观念有偏差，仍旧存在“重国有、轻民营” “重大企业、轻小企业”的现象。38.89%的企业表示，市场准入、审批事项、办事、相关权益保障等环节仍存在不足。

一是公平、公正、开放的市场准入制度没有完全落实。“法无禁止皆可为”，凡是法律法规未明确禁入的行业和领域都应该鼓励民间资本进入，凡是我国政府已向外资开放或承诺开放的领域都应该向国内民间资本开放。但是，就实际情况来说，一是在政府采购、对供应商选取、政府招标、项目审批等方面，办事流程以及竞争规则透明度不足，民间资本更易遭遇隐性壁垒，准入机会少；二是就服务领域来说，部分开放程度不足、力度不够，存在行政性垄断现象，在进入一些垄断行业过程中，民营经济仍面临“玻璃门”“旋转门”问题。

二是中小微企业的融资渠道有限，相应的渠道拓展不足。以中小企业、小微企业为例，其中民营企业尤为突出，获取资金机会不均等，融资渠道有限甚至狭窄，资金紧缺，资金链紧张，导致在参与进入资本需求量较大以及风险系数较高的一些行业时遭遇阻碍，面临困难。在平等使用资金资源方面，大企业和中小微企业之间有明显差别，从贷款、融资到财政扶持，大企业尤其是国有大企业具有明显优势。例如，部分大型企业可以从商业银行获得低于基准利率的贷款，而小企业在利率上浮一半时都有可能无法获得贷款，只能转向小贷公司。再如，虽然允许民营企业对合适的财政资金扶持项目进行申报，但有时结果不尽如人意。

三是执法和监管存在不足，对中小企业权益保护不够充分。第一，在一些市场监督领域，如工商市场、食品药品监管、环保环评等方面存在不足。例如，课题组在漕河泾开发区调研时某外资检验检测认证企业反映，很多业务经营领域在政策、法规上已放开，但在实际执行过程中并不顺畅，迫使外企成立很多合资公司来办理特别业务，大大增加了企业成本。第二，就法律环境、监管力度来说，民营企业无法享受到与国有企业一样的待遇，各种所有制经济尚未完全得到法律的平等对待和保护，不利于营造市场主体公平竞争的环境。例如，执法与司法机构对于侵害国有资产、国有资产流失的案件高度重视，而有时民营企业产权受到侵害却无法得到有效及时保护。此外，我国中小股东的权益保护机制不完善，最优的利益平衡点在市场管理者与公司管理者之间、少数股东与控股股东之间仍未达到，公司治理模式不健全，纠纷调解、股东治理等问题时常难以找到适当的法律或仲裁解决办法，致使在发生纠纷后，中小股东的诉讼困难，不仅流程繁杂，且成本高。

5. 营商环境信息数据体系不完善

一是审批与监管信息分割，部门条线信息割裂。监管部门尚未实现资源及数据的共享，导致信息割裂。目前，上海仍未实现市级层面市场服务和监管基础大数据的共享，部门间基础数据的共享未能完全实现，信息流动未能实现完全畅通，由此形成数据“孤岛”，使得企业不得不重复多次地在系统上填报提交基础信息。如社会投资项目的审批，现在仍由规划局和住建委的两套系统同时审批，彼此信息尚未实现共享，造成企业营商困扰。

二是营商及征信数据质量有待提升。从上海事中事后综合监管平台数据质量看，由于平台没有要求以一定比例、频次上传部门监管信息，也没有统一梳理部门所需及可提供的信息，在上传监管信息过程中，各部门常常处于“茫然无序”状态。这种状态主要体现在，一些部门会将处罚、许可、监管全过程的信息全部上传至平台，另一些则只将部分信息上传，且未能及时更新。另外，在主体数据库中，各部门进行数据采集时，采用的字段不一致。例如，工商部门采用“企业名称＋企业注册号＋统一社会信用代码”方式，相对而言，其他部门大多是采集企业名称，个别部门甚至根本没有采集上述三项，从而导致数据无法匹配。从上海商务领域征信数据质量来看，一些平台型企业商户范围遍及全国，需要在全国范围内开展业务，但由于尚未实现全国数据共享，公共信用信息数据的获取受到制约，同时，很多公共信用数据不全面，包括水电煤、工商、社保、税务等在内的数据都不完善。企业期望能够便捷地通过单一窗口查询，但目前相当一部分公共信用数据还需要分别查询，如税务相关的数据需要到税务局网站查取、货物运输资质相关的数据需要到交通委网站查取。

三是数据开放共享程度较低。尽管市场层面、公共层面、商业层面以及金融层面等信用信息交互共享的探索已经开展，但整体看来，程度仍旧很低，共享力度不足，直接的后果是更为烦琐的部门监管流程。根据某些一线工作人员的反映，各平台间的信息标准以及归纳收集口径不统一，直接导致信息录入工作相当烦琐。以登记注册信息为例，针对同一市场主体，有些业务部门工作人员需要录入四遍同类信息，分别是向网上政务大厅标准化数据录入平台、本部门对应的市级部门数据系统、公共信用信息服务平台、事中事后综合监管平台录入信息。其中，除了向市级部门审批许可系统上传的信息，区自建的 3 个平台对录入信息要求各不相同，有的平台要求上传许可证的扫描件即可，有的平台则规定必须以 24 个字段的形式分段录入许可证信息数据。由此可见，平台间对信息的共享程度不高，共享效率较低。

（四）长三角区域营商环境有待全面优化

1. 长三角推进整体区域市场协调发展面临行政壁垒

根据上海市工商联联合苏浙皖三省工商联进行的 1635 份企业问卷调查，行政壁垒影响较大，是决定一体化发展程度、发展水平的关键要素；在长三角地区，区域政策环境不一致、不协调、不均衡，地区间的共享协同机制不完善、不全面、不健全，市场体系不统一、不标准、不规范。调研结果显示，大约一半的企业认为，影响商品要素在长三角自由流动的主要原因是标准不统一、数据信息共享程度低；51% 的企业则认为，区域规划各自为政、各行其是，金融、创新、交通、环保等一些公共服务平台难以共享，基础设施难以共建。

另外，长三角区域缺乏高层次的政府间协商协调机制。虽然多边协商制度、双边互访等相关政策已相继推出，但是就区域内的基础设施建设、产业结构调整等战略性协同问题，长三角地区各省市高层领导一直未能进行深入磋商，且在各方协同切入点以及各方利益结合点上未有重大突破。此外，作为长三角中心城市的上海，国有经济占比较高，发展受政策导向影响较大。

2. 共治共享的市场协同联动机制尚未建立

一是统一的市场规则有待完善。比如，自贸区建设稳步推进，但向长三角周边的复制推广力度不足；长三角区域无纸化通关的比例和水平还需提

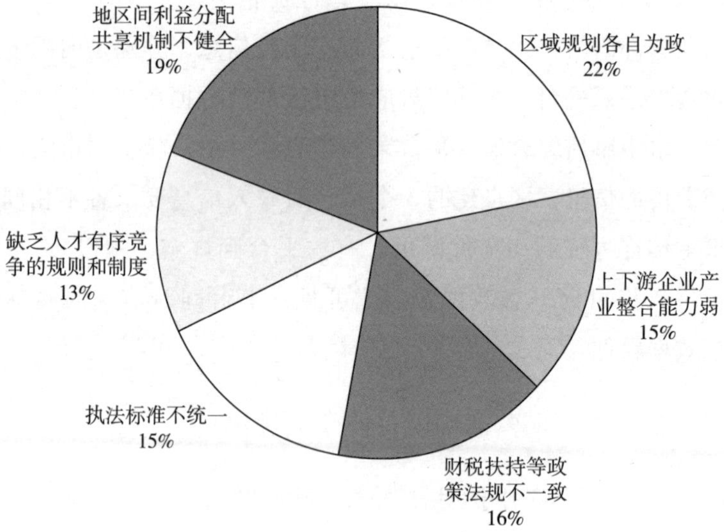

图3　长三角市场一体化主要行政壁垒

资料来源：调研整理。

高，上海、南京、杭州、宁波、合肥海关一体化试点可向更多城市或地区推广；在口岸公共信息平台建设中，信息和单证标准化水平亟待提高，执法部门之间的信息沟通、执法互认、监管互助等尚有困难。

二是公共服务一体化水平依然不高。长三角区域在人事管理、社会保障、医疗保险、劳动监察等方面的合作协议和机制不断完善，然而沟通、合作、协调等还存在不足。例如，养老保险关系转移、接续、沟通机制有待进一步畅通；医疗保险管理和业务办理的信息化水平有待进一步提高，医疗保险信息化管理合作平台有待完善；食品安全联动协作机制缺乏统一，食品安全风险会商评估机制缺少协调，在区域内食品安全方面，对食品安全风险的联防、联控亟待加强，对食品安全违法犯罪行为的打击力度有待提高。

3. 要素流动的制度性及政策性障碍依然存在

一方面，市场行政分割阻碍金融和创新要素自由流动。长三角区域国有经济占比较大，国有、外资、民资相互隔离，大企业更能得到区域金融市场的偏好。这些金融市场主要为大型企业提供服务，较少甚至忽视中小企业，使之在长三角区域内缺乏金融市场支持。其他以中小企业为服务主体的市场发展明显滞后，互联互通不足，条块分割现象明显，金融创新产品缺乏。股权交易市场中，挂牌企业虽然数量较多，但融资功能不强。新三板中，只有20%的企业能够顺利获得融资，创业板企业数量则较少。另外，长三角区域的外资和国资垄断高端研发资源，民资很难同等分享资源，民企创新只能集中在低端领域，区域创新动力受到很大影响。

另一方面，区域内的人才管理一体化和人口自由流动正在缓慢推动中，而人才的流通在长三角一体化进程中最为重要。2018 年 3 月 25 日，苏、浙、皖、沪人社厅（局）共同签署了《三省一市人才服务战略合作框架协议》，相关部门签订了《人才服务项目合作协议》，但是，如何加快户籍制度改革、打破公共服务一体化的行政区划藩篱等核心问题仍未解决。长三角地区相互协调的人才政策以及人才引进、流动协商机制尚未形成。

（五）营商环境对标国际高标准存在较大差距

1. 营商环境立法缺失

一是缺乏地方性立法保障。辽宁、河北、黑龙江、陕西等多个省份已出台或即将出台营商环境地方性法规，目前上海优化营商环境仍停留在行动方案层面，未能上升到地方性法规的高度。二是存在内部法规立法不规范现象。遇到一些重大矛盾，采用内部口径，即便出台的一些法规，其公开性、透明性也显不足。例如，在 P2P 出现问题时，自贸区融资租赁公司的变更一定要新老股东谈话、三堂会审，这样的规定显然存在问题。

2. 一些法律法规与国际尚未接轨

一是法律法规的调整不能与时俱进。一些法规在国际上已经普遍认可，但在国内仍然行不通。比如，进口的奢侈品就面临内外标准不对接的问题。上海要打造国际消费城市，品牌包希望在上海首发，但国内的标准仍然是五六十年代的。二是行业规范不能与国际接轨。如新药行业，现在的药品审核机制导致新药上市基本上要比国外晚 8 年左右，中国大陆现在才流行的女性宫颈癌疫苗在中国香港和国外早几年就已上市。

3. 营商环境评估体系仍不完善

课题组通过与企业和相关部门座谈发现，对营商环境的评价还存在一些误区，评价流程与评价对象也有待规范。上海缺乏既符合自身发展阶段又能对标国际一流营商环境的评价指标。目前主抓的指标主要来自世界银行提出的营商环境评估体系，尤其是上海排名比较靠后的指标，然而这些指标可能并不一定适合上海，主要体现在：一是世行的指标只涉及企业启动和选址，对融资、运营和容错处理并未涉及。然而，上海具有全国最发达的资本市场、较高的监管水平，这些指标不放进去势必拉低上海整体的营商环境评估值。二是世行的调查对象不具有代表性，存在偏误。世界银行等现存的国外评估体系并不完全符合中国国情和上海实际，迫切需要建立切合实际的、具有前瞻性的营商环境评估体系。

四　上海深化体制机制改革，优化营商环境建议

营商环境优化应对标国际一流水平，但上海作为发展中国家的重要城市，处于不同的市场化阶段，不可能完全按照世界银行的标准推行优化措施，而是要面向全球、面向未来，依照全球城市建设的要求，在体制机制改革、行政理念、行政立法上下功夫，切实形成具有中国特色的国际一流营商环境。

（一）从根本上改变行政部门的营商环境理念

1. 处理好政商亲清营商关系

改变观念是优化营商环境的前提。一是要改变“一把手”思维，从以部门服务为重点转向以企业服务为中心。企业希望政府改变观念，能够切实按照市场规律办事，以市场需求为导向，而不是“一把手”的想法、重要领导的意思。二是营商环境的优化要软硬兼施。一方面要缩短审批时间，“一网通办”等属于硬指标；另一方面要提升干部工作人员的服务意识，改变工作作风。主要是通过教育和规范提高服务质量，进一步提高干部的服务

质量。只有观念改变了，上海的营商环境才可能有优化的空间。

2. 处理好服务和监管的关系

一是以服务企业来维持市场正常秩序的宗旨去监督。监管的目的是维护市场秩序，让企业有更好的发展，监管部门应该本着服务企业的态度去监管。监管中发现问题只是第一步，还要进一步研究怎样帮助企业，了解企业的实际情况，制定合理的整改措施，分批分期落实，逐一整改验收。二是畅通市场对行政部门的意见反馈机制。首先，针对各层级管理部门、服务部门的工作评价机制，适时做出改变，在对服务工作人员评价中，应增加被服务对象的评价权重。其次，建立行政工作人员到实体经济中锻炼的机制，增进对被服务对象的了解，提高服务质量。最后，提供市场对政府工作反馈的多种渠道。通过网络、书面、电话、App 等企业反映问题的途径，确保营商环境的完善更加符合实际情况，更好满足企业实际诉求。三是营商环境的优化不可能一蹴而就，要以久久为功的理念不断调整。营商环境改造的过程中新问题不断出现，改造后的流程也不可能一成不变，应根据实际情况，持续动态调整，这样才能以好的改革初衷换来企业的良好始终。

3. 尊重企业家的市场主体地位

李强书记指出，"面向市场时，政府要有求必应、无事不扰，甘当服务企业的'店小二'，打造世界一流的营商环境"。一是明确政府职能负面清单。对于属于政府职能的，必须列入考核范围，对于负面清单中没有的，法规中没有要求的，适当放手，由市场机制决定。二是对非法干扰企业正常运营的行为严惩不贷，坚定企业家信心。企业之所以对一些政府官员的干扰行为敢怒而不敢言，关键是对执法的刚性信息缺乏了解，觉得举报的风险过大。对于一些典型的问题，政府要杀一儆百，让企业看到政府惩罚这种不良现象的决心，让企业有信心。

（二）深化改革，提升市场监管水平与企业获得感

1. 探索"放得开、管得住、服务好"监管新路径

一是寻求市场监管"底线"管理模式，开展国内规制创新试点。在监

管架构方面，可尝试由侧重分业监管转向混业监管，对于行业共性问题，则制定监管清单。可增强以市联席会议为主、其他部门协作的跨部门协调机制，加强对某一特定行业发展问题、发展难点的统筹协调，针对该行业共性问题，可制定监管清单。在自贸试验区内，可考虑试点，设置综合性的监管机构，进而打破部门壁垒，结束分割状态，消除行政垄断，对资源重组，充分发挥市场的决定性作用，扩大原则性监管的范围，增加原则性监管的比重。另外，建议从行政干预的监管方式转向法治管理方式，同时对行业管理进行探索，并设定底线；缩小政府职能范围，减少政府经济管理事权，进而减少政府介入；建立新型监管机制，以信用为核心，依托全国信用信息共享平台，不断完善政府部门之间沟通交流、信息共享、联合惩戒等相关机制。并且，在控制、减少企业不必要的负担及成本的基础上，探索行政性约束、行政性惩戒措施，根据企业不同的失信情况，采取相应程度的负面评价、重点监管等措施。

二是进一步推进与加强事中事后监管相适应的公共服务机构改革及创新。例如，推动事业单位改革，推广短名单库模式。扩大规划、安全生产、地下管线、测绘领域的开放度，通过各种适当的方式，如政府购买公共服务等，使服务市场主体具有危机感，以此提高它们的竞争力。鼓励逐步推广有限竞争模式，如推广短名单等，在保证公共服务能够平稳供给的前提下，支持并且逐步培育市场服务主体，推动供给侧结构性改革。引入功能性审批分支机构、审批分支中心。针对一些业务，需要行业机构和中央政府协办的，加紧推出一批落地、飞地优化措施。例如，对于企业金融开户，尝试中国人民银行委托上海总部，使之负责本地的账户审核工作。另外，一些行业性的审批中心，如天津的平行车进口中心，在上海设立分支办事机构，通过服务机构本地化，实现跨省、涉外事宜的本地化办理。

2. 着力推进公平公正的统一市场体系建设

在目前经济增速放缓的大环境下，政府对待外资与民企，尤其是中小企业，需采用保护政策，遵循少索取、多给予、“放水养鱼”的方针，能免则免、能减则减、能缓则缓，以最大的力度减负。

一是提高法规、政策以及政府采购等方面的一致性。将行政服务标准化和规范化，并全面推行，做到同一事项，具有同等条件，则须无差别办理，从而减小企业办事的随机性，减少不确定性后果。尤其要明确外资企业和民营企业参与政府项目的渠道和流程，在政府项目招投标中对内外资企业一视同仁，完善招投标管理机制，引入综合评标方法。

二是加强面向中小企业及外资企业的政策宣传与解读。定期召开或者不定期开展政策解读与宣讲会，进行专题培训，使得清单管理的条件和程序、改革的主要内容能够及时、全面、充分地被企业掌握；重大政策出台时同步发布英文版政策摘要。

三是消除中小企业融资梗阻。建立中小企业发展基金，加大各类融资平台对中小企业的投资力度，减免中小企业参与投标的相关费用，简化相关手续和流程。加强职能部门、金融机构与企业之间的沟通与协作，健全财政联动增长机制。

四是加强对中小投资者的保护。一方面，完善商事纠纷解决制度，包括培育多元的社会文化、包容的社会环境，通过双方谈判，以最小成本解决纠纷；健全商事纠纷非诉讼解决机制，如协商、调解、商事仲裁等形式。另一方面，健全公司治理制度。可通过修正或引入新的公司法、商业法、民事诉讼法、法院规则、法律、法令、命令、最高法院的决定、证券监管或证券交易所上市规则等，健全公司治理制度，保障中小股东权益。

3. 以社会化推动市场监管改革全面深化

一方面，通过市场化改革实现政府权力的“放”；另一方面，通过社会化改革纳入更多改革主体，鼓励和培育商会、行业协会等社会化团体来接手或承担政府下放的职能，并以此来构建监管格局。在监管格局内，市场主体自律（落实主体责任清单）、政府监管、业界自治、社会监督等互为支撑，形成社会、政府以及市场各司其职、各尽其责、互为支撑的良好局面。

一是以“社会共治”为目标，进行政府管理及行政流程的优化再造。在政府机构设置、流程设计方面，要以优化营商环境为主要目标和重要导向，对政府机构实施重新设置，对管理及行政流程设计再造。根据监管流程，尤其在事中事后监管方面，对相关部门进行组织拆解、重构，在人力、资金等资源的调配上，真正实现向监管工作转移，在监管环节集中。另外，以便利企业为导向，对政府管理流程进行优化，加快管理流程再造。

二是以“社会共治”为目标，加大对社会组织的扶持力度，具体措施包括：加大政府购买、公共资金扶持力度，落实税收优惠政策，以此扶持社会组织，使之长久发展下去；加快行政机关与社会组织脱钩，明确社会组织权责，支持社会组织依法自治；适当提高对员工的薪资福利待遇、加强专业能力培训、建立良好适用的人才选拔机制，吸引并且留住人才，走出缺乏专业人才的困境；完善独立董事、监理、监事制度，在监督社会组织参与市场监管共治的行为、效果、规范、成本等方面发挥作用。

三是构建社会组织参与市场监管共治沟通协调机制。通过社会组织与市场监管部门的对话协商，建立相关机制，为政府、社会组织、公民之间的有效沟通提供制度保障，使社会组织与政府两者之间的沟通对话法制化、程序化，为之后的深入互动合作以及共同治理打下基础。将参与对话的主体范围及对话的内容、时限、形式明确下来，保证在市场监管中各类治理主体之间协调一致。相关行业法规、措施出台前，市场监管部门应采取主动的态度，接收社会组织的意见与建议，尤其是重要的监管执法行为，更要听取意见，并与之联合，采取相关措施，根据不同情况进行分类处理。

4. 借助大数据征信建设引领营商环境改善

一是利用大数据技术实现审批与监管的无缝衔接。例如，为了解决行政审批局事项审批和监管部门事项监管之间的信息不对称问题，贵阳市行政审批局依托贵州省大数据发展的先行优势，建立审批服务云平台，应用大数据技术建设“审管分离”信息系统，让“数据多跑路”，从而实现审批监管的无缝衔接。在完成审批这一行为后，行政审批局将事项办理的审批过程性资料，如申请资料、现场踏勘图片、审批结果、专家评审意见等，自动推送给监管部门。监管部门可及时获取相关事项的审批信息，依法开展后续工作，进行事中事后监管，并在规定时间内，将执法人员、执法时间、经营状况、存在问题及处理结果等信息公示，以接受社会大众、各相关机构的监督，同时与行政审批局形成良性互动，完善相关审批工作。

二是加强各方商务数据信息开放共享。①整合上海市各信息化平台的功能与数据，将事中事后综合监管平台、政务信息资源动态共享交换体系、公共信用信息服务平台、网上政务大厅等信息收集整理，打破各平台“信息分割”状况，促进各平台互动交流、沟通合作，加强政务数据分类、归纳、整理，进行信息共享、协同运用，避免一线工作人员同一信息的多次重复录入。②进一步扩大公共信用平台信息收集的范围，提升数据归集的及时性、有效性以及规范性；改造升级上海市信用平台，推动国家信用平台进一步发展。③加强公共、市场、金融信息深度融合，在强化应用场景设计的条件下，尝试将金融信用信息数据库与市公共信用平台对接，实现共享。

三是加强商务信息数据专业人才队伍培养。加强对专业人才的培养，提高收集数据及挖掘、分析数据的能力。①政府引导。加强对营商信息数据方面的专业人才培养，可以支持高校设立信用管理相关专业，并开设相关课程，将信用管理纳入高等教育重点学科范畴。②平台协同。市商务信用平台发挥作用，深入分析行业指数，通过组织论坛交流、录制网课，为企业服务。③市场主导。鼓励、引导企业与专门的咨询公司、信用评估机构进行合作，对相关业务人员、企业管理层定期进行信用管理培训，通过此种方式，从内部培养专业人才。

5. 完善政府白皮书制度，强化依法政务公开

一是赋予白皮书权威性与弱强制力。政府以规范性文件的形式，明确规定白皮书的立项、起草、审查、决定、公布、解释的职权职责、主体资格，赋予白皮书弱强制力。一是可避免行政权被滥用，二是通过非强制的形式拓展政府回应社会需求的方式。在推动政府改革进程中，政府要将白皮书作为规范性文件，要求各级政府、各个部门将白皮书中的政策建议、改革措施落到实处，以保障白皮书的实效性。

二是规范政府白皮书评价指标体系与评估程序。可组成一个评估小组，由政府发展研究中心牵头，联合实务与理论专家，围绕白皮书开展工作，引导社会舆论、宣传国情市情、塑造政府形象、发布政策信息。构建白皮书评价指标体系，可从政策分析的科学性与指导意义、信息的准确性与及时性、宣传和推广效果等方面着手。在白皮书评估工作中，引入第三方参与，按照“接受委托—收集研判信息—论证评估—提出建议意见”的流程开展评估工作。

三是依法健全政府政务公开监督制度。一方面，健全政务公开内部监督制度。可将党风廉政建设责任制纳入一同考核，将政务公开考核评估标准细化，构建科学合理的绩效评估系统，将领导干部选拔任用与考核结果挂钩，建立政务公开激励机制，包括荣誉、物质、目标等方面的激励。另一方面，健全政务公开外部监督制度。充分发挥人民团体、社会公众、新闻媒体、民主党派、政协委员、人大代表的外部监督作用，发挥舆论作用，依法健全政务公开外部监督制度，形成良好的外部舆论环境，有效监督政务公开。

（三）建设更加公平、公正的市场准入和监管机制

1. 建立更为公平、公正的市场准入机制

市场准入一定要公平、透明，不设隐性障碍。公平透明的市场准入是市场经济发挥决定性作用的第一道门，各类市场主体只有在透明的规则下才能公平参与竞争，进一步活跃市场经济，提高市场效率。一是对于不在负面清单中的行业和产品应该切实放开。在特定的行业和部门，社会主义市场经济有必要对外资设置准入门槛和一定的投资比例，但准入门槛要透明、公平，简政放权，且简政比放权更重要。二是减少审批流程、审批事项，切实下放审批权。审批流程简化，不是指不再需要审批程序，而是将之合理化，对新兴事物、新业态以及新产业要持包容态度。从根本上说，正是基于政府职能转变，市场化、法制化加强，才促使政府由审批型转变为服务型。三是增加市场准入的相应指标，优化准入评价体系，如政府采购中明确民营企业的比

例和份额，建议运用社会信用分、已成功案例证明等形式替代，为民营中小企业发展提供便利的制度环境。

2. 健全“五位一体”的监管理念

政府部门的监管应该是有层次的，而不是无论什么行业，政府部门的监管都是冲在第一线，事无巨细。针对不同的行业设立不同的监管主体。对于关系国家安全、公众生命安全等重要事项的监管实行国家部门第一责任人直接监管的方式。对于日常生产生活服务方面的监管设立多层次“多防线”的监管模式。首先，要突出经营者的主体责任。国外大企业内部基本上有一套成熟的自我监管系统，对日常的生产经营做到尽职尽责，可以规避企业内部的大部分风险。明确相关行业协会的责权利，其中很重要的是给商会、协会授权，同时加强监管。国外行业协会具有审批权，对行业内不法企业有依法进行起诉的权利。要加强政府监管和督查。其次，要逐步形成诚信管理、分类监管、风险监管、联合惩治和社会监督“五位一体”的监管体系。对于新产业、新业态、新模式，要建立与之相适应的监管模式，推进监管政策精细化。针对不同信用等级的企业，落实不同的监管政策，在确保监管到位的同时尽量减少对企业正常经营的影响。

3. 给予市场主体一定的自主权

人才落户政策应赋予企业更大的裁量权。市场需要什么样的人才，企业最有发言权。落户政策要按照既定的标准来筛选人才。尽管也有行业发展需要和技术创新的考量，但进来的只会是高学历、高职称人才。高学历、高职称可能对于研究部门来说是重要的，但对于大多数企业来说能力才是最重要的，而学历和能力不能画等号。在选择人才方面，既定的政策永远不可能比企业和市场的“嗅觉”更灵敏。政策制定者一再试图将这张“网”设计得足够精细，这样只会把网眼做得越来越小，最终使得该进的人才进不来。把人才落户的配额根据一定的标准（如税收、就业人数等）分发给企业，企业应珍惜这个配额，筛选合适的人才。此外，可考虑建立人才资源库，对于符合条件的人才，在人才库平台上直接给予资助。

4. 营商环境的优化要着眼于解决体制机制问题

首先，职能部门带头进行体制机制改革。优化营商环境的体制机制改革往往涉及多个部门，需要有牵头部门，但这还远远不够，有时特别需要职能部门带头进行改革，做表率，进而在全市上下形成“带头改”“带头做”的工作作风，这不仅能增强改革的推动力，也树立了良好的服务形象。其次，要打破条线管理，在条线之间建立疏通和交流机制。疏通某个点，打通某个条块，要将成功的案例尽快在其他地方复制推广，放大示范效应。最后，确保政府决策层与执行层分离。政府行政管理体制机制要顺应未来社会和经济发展的需要，不断创新政策流程。借营商环境改革契机，厘清市级、区级政府各部门职能交错的情况，区分执行层与决策层，让决策具有前瞻性，突出执行的操作性和基层及一线需求，以此解决执法的“最后一公里”问题。

（四）引领长三角地区率先探索全国统一市场建设

1. 塑造竞争规则以破除地区市场壁垒及障碍

政府的政策倾向要做出改变，要从注重产业政策转为对竞争政策高度重视，统一有效的竞争规则可以发挥巨大作用，可以避免政府的人为限制，对区域间生产要素流动以及贸易投资产生作用。政府推动一体化有以下着力点，分别是：①取消阻碍区域间生产要素流动的相关政策；②搭建平台以促使资源和要素充分流动；③进行跨地区基础设施建设的区域合作；④建立跨地区失信联合惩戒机制以及守信联合激励机制。

此外，在全国统一的法律法规、政策体系指导下，长三角各省市要努力统一各自的地区性政策、法规，废除与一体化相矛盾、有冲突的政策法规，将各地存在的经济社会发展战略协调起来，引导适应区域经济一体化。

2. 以市场化手段推进长三角区域经济一体化

一是鼓励企业承担推进区域经济一体化的主体职能。企业跨地区发展将自动产生经济一体化发展的内生效应，政府则主要提供外在环境，推动区域一体化发展。因此，上海市政府在制定推动区域一体化发展的相关计划时，要将自身摆在合适的位置，正确认识自身与企业、与市场的关系。若是让企业作为利益主体，在合作过程中就要进行符合市场规律的决策，让企业作为一体化发展的主角，政府则尽力扮演合作的“搭台人”角色。

二是以产业集群升级作为区域一体化的重要载体。早年，长三角地区出现的块状产业集群具有不同的特点，包括盲目性、自发性及无政府性，市场边界过宽，往往超越行政边界，有些甚至发轫于多省市行政管辖力度不足的“边缘地带”，并迅速成长。为提高长三角地区产业集群水平，集群中企业通过相互学习交流、相互模仿直至创新，提高自身竞争力，推动其在全球价值链中地位的提高。

三是以具体项目为载体逐步推进区域的合作分工与协调。长三角地区必须施行具体项目，实现联合——航空和港口等的基础设施联合、新能源汽车充电设施一体化等重大的科技合作研究项目——以市场为导向，企业主体在区域间实现自我协调、自我联合和自我发展，逐步打破省市之间的行政区划壁垒。

3. 发挥自贸试验区在消除一体化障碍中的作用

随着深入推进上海自贸区制度创新，各城市将以主动的态度进行对接，共享机遇，合作支持自贸区建设，增强自贸区改革创新。

比如，海关监管制度创新的成果中，海关总署开展的区域通关一体化改革试点等，针对这些做法，先取得经验，然后快速在长江经济带等地区进行推广。对上海自贸区经验，也要进行复制和推广，可以探索不同形式，不必局限于自贸区身份；换句话说，在借鉴自贸区的经验、政策方面，其他地区不是非得冠以“自贸区”称号才可以做，可先去做，为以后打牢基础。在苏州工业园区可尝试设立与新加坡合作的金融开放创新试验区，允许园区内的中外企业到新加坡发行人民币债券，进行融资贷款，筹备所需资金。未来，各个地区会探索建立各种形式的制度创新平台、创新试点和创新载体，以承担部分区域协调发展职能，不断完善负面清单管理制度，进一步破除行政壁垒，深入推进一体化。

（五）进一步加强营商环境的法治保障和评估工作

1. 制定营商环境相关法规

一是探索营商环境地方性立法。结合上海实际情况，参照兄弟省市经验，对标国际标准，积极探索营商环境地方性立法。二是推进商事争议多元解决机制。构建多渠道商事纠纷解决体系，包括人民调解、机构仲裁、司法诉讼、行政调处等，大大减少企业维权成本，对市场主体的合法权益给予多角度、全方位的有效保护，提高保障水平。推进司法执行体制改革试点，针对企业关注的“执行难”问题，开展专项治理。发挥民商事调解工作的优势，对于民商事纠纷方面的问题，就地且快速地解决。三是优化公共法律服务供给模式。提高法律服务惠企便民度，组织各级司法行政机关干部和法律服务工作者走进中小微企业，开展大走访、大调研活动；做好法律服务进楼宇（商圈）活动，组织资深律师为企业提供法治宣传、法律咨询、法律体检等服务；推进“送法进商会”工作，推动全市律师事务所与各商会建立协作关系，完善商会法律顾问制度，定点定时安排律师提供现场咨询和电话咨询服务。

2. 提高知识产权保护和服务的效率

知识产权保护和服务方面，上海相对来说做得比较好，但是较高的国际关注度，对上海提出了更高的要求。以司法保护为主，行政保护相协调的推进机制，民事、行政、刑事案件审判三合一。目前实行“三个快”，快速审查、快速确权、快速维权。一是扩展产业的范围，争取扩展到相关的领域。二是服务范围争取进一步扩大。现在范围是在浦东新区。这方面已经有效缩短了知识产权有关的审查和维权时间，非常有效，从之前的几个月缩短到现在的一个月内。三是进一步优化知识产权纠纷的多元解决机制，同时基于上海的开放度，进一步加强知识产权的海外维权服务力度。

3. 建立营商环境跟踪和考核评价机制

优化营商环境作为一项长期复杂的系统工程，必须有明确的建设目标，通过绩效考核评价进一步完善。一是明确各部门任务分工和任务完成时限，制定绩效评估标准和检查管理办法，以包括专家考评组综合评估、企业公众评议、日常考核第三方机构评估在内的多种考核形式进行考核，并定期通报结果。二是各部门要把细化的营商环境指标作为年度绩效考核的重要指标，进而纳入领导干部任用评价体系以及工作考核体系。政府改革既要有上级考核的压力，也要有社会监督的压力。

参考文献

董志强、魏下海、汤灿晴：《制度软环境与经济发展——基于30个大城市营商环境的经验研究》，《管理世界》2012年第4期。

宋林霖、何成祥：《优化营商环境视阈下放管服改革的逻辑与推进路径——基于世界银行营商环境指标体系的分析》，《中国行政管理》2018年第4期。

娄成武、张国勇：《基于市场主体主观感知的营商环境评估框架构建——兼评世界银行营商环境评估模式》，《当代经济管理》2018年第6期。

龚柏华：《国际化和法治化视野下的上海自贸区营商环境建设》，《学术月刊》2014年第1期。

刘江会、黄国妍、鲍晓晔：《顶级"全球城市"营商环境的比较研究——基于SMILE指数的分析》，《学习与探索》2019年第8期。

朱姗姗：《深化制度改革 打造良好营商环境》，《人民论坛》2019年第21期。

谢众、张杰：《营商环境、企业家精神与实体企业绩效——基于上市公司数据的经验证据》，《工业技术经济》2019年第5期。

岳伟：《优化营商环境的路径选择》，《开放导报》2019年第3期。

唐明、田王婧：《我国税务营商环境的短板及完善对策》，《中国财政》2019年第5期。

B.3

高质量发展下的
上海营商环境指标体系研究

李世奇*

摘　要： 通过设计和选取符合时代特点的统计指标，从经济效率、发展环境、产业结构、创新驱动和社会民生等五个方面构建反映高质量发展下的上海营商环境指标体系，研究上海2008～2017年在该指标体系下的运行特征。分析发现，上海劳动力结构优化，资源利用率稳步上升，宏观环境改善明显，企业经营充满活力，产业转型走在全国前列，外商直接投资到位率需要关注，创新投入驱动发展，创新产出效率有待提升，工资收入强度有所降低，生活质量相对稳定。因此要着力提升上海制造业效率，避免产业空心化，深化体制机制改革，加快上海国际金融中心建设，重视外商投资环境，提高外商投资效率。

关键词： 高质量发展　营商环境　指标体系

优化营商环境是推动高质量发展的重要保障与核心动力，而实现高质量发展是优化营商环境的根本目的与最终要求。将营商环境的优化放在高质量发展的大背景下，就不能只关注微观领域的简化审批、缩短流

* 李世奇，经济学博士，上海社会科学院经济研究所数量经济研究中心助理研究员，主要研究方向为宏观经济增长与科技创新政策评估。

程、降低成本、提升服务等“放管服”改革政策措施的实施效果。高质量发展不同于高速发展，更加注重经济发展的质量、动力和效率，而优化营商环境正是在提高质量、改善动力和提升效率等方面为经济发展中各类主体提供有效的支撑与保障。

上海作为全国改革开放的排头兵、创新发展先行者，既承载了国家重大发展战略任务，又肩负了自身重要的历史使命，在优化营商环境、推动高质量发展上走在全国前列，既是国家战略需要也是历史使命担当，而浦东新区作为排头兵中的排头兵、先行者中的先行者，更是国家战略的直接承载对象，上海自贸区及其新片区的设立，强化了浦东新区在全面深化改革与扩大开放试验田中的作用，构建评价上海高质量发展下的营商环境指标体系，需要突出浦东新区在打造一流营商环境新高地中的标杆作用。

传统的统计指标与评价体系在反映新时代上海高质量发展的最新态势上略显不足，需要用新的指标体系进行系统衡量。本文从现有统计指标出发，通过设计和选取符合时代特点的统计指标，从经济效率、发展环境、产业结构、创新驱动和社会民生五个方面构建相对科学客观、合理可行的反映高质量发展下上海营商环境的指标体系，力争做到可追溯、可对比，跟踪研究与全面衡量上海2008～2017年在该指标体系下的运行特征，从而对上海十年间的纵向发展脉络有更加清晰与直观的认识，不仅能够突出浦东新区的特殊地位，也能与其他主要城市进行横向比较分析，显示上海在优化营商环境、推动高质量发展中取得的新进展，反映相对的优势及不足，为上海“改革开放再出发”提供政策建议。

一　高质量发展下的营商环境指标体系构建

（一）高质量发展下的营商环境指标选择

提高经济效率是优化营商环境、推动高质量发展的直接目的，改善企业发展环境是主要着力点，调整产业结构、提升产业能级是重要保障，吸引创新要素、提高创新产出是重要动力，而增强人民的获得感、幸福感、安全感则是根本落脚点，所以本文构建的高质量发展下的营商环境指标体系包括经济效率、发展环境、产业结构、创新驱动和社会民生5个一级指标。在研究对象的选择上，除了浦东新区，为了能够在长三角区域内外进行横向对比以做到对上海的清晰定位与精准分析，本文选择了同在长三角地区的苏州市和粤港澳大湾区的核心城市深圳市作为横向比较的对象。

高质量发展下的营商环境指标体系中的每个一级指标都包括若干个二级指标，而二级指标下又有若干个三级指标。新时代下中国的经济发展不再一味追求绝对规模的增长，相比于绝对指标和增长率指标，相对指标更能够体现新时代的特征与要求。指标权重的确定方法是专家咨询约束下的主成分分析，该方法能够将专家知识和样本信息相结合。在计算高质量发展下的营商环境总指数时，先对负向指标进行处理，再以2008年上海的指标值为基期，根据指标权重进行加权计算得到一级指标和总指数，所以2008年上海的营商环境总指数为100。指标体系设计中存在的难点是合理性与可行性的平衡问题，尽管存在部分更加合理的指标，但由于缺乏相应的数据支撑无法进入指标体系，而如果此类指标非常重要且没有替代性指标，则也放入指标体系中，但是暂时不进入指数计算。比如，产业结构中的“战略性新兴产业占比”指标，对于反映产业结构调整至关重要，但该指标存在三个问题：第一，各地区对战略性新兴产业的定义范围不同，如上海和深圳就存在显著差别；第二，战略性新兴产业既包括制造业，也包括服务业，而部分地区只统计制造业中的战略性新兴产业，如苏州；第三，部分地区在统计制造业中的战略性新兴产业时是统计总产值，与增加值不具有可比性，如苏州和浦东新区。所以本文所设计的指标体系在统计数据支撑力度提高后具有进一步完善和改进的空间。

表 1　高质量发展下的营商环境指标体系

总指数	一级指标	二级指标	指标指向
高质量发展下的营商环境总指数	经济效率	制造业有效劳动生产率	正向指标
		服务业有效劳动生产率	正向指标
		有效土地利用率	正向指标
		综合能耗产出率	正向指标
	发展环境	税收活力	正向指标
		金融发展程度	正向指标
		企业实际税收负担率	负向指标
		企业负债率	负向指标
	产业结构	战略性新兴产业占比	正向指标
		服务业占比	正向指标
		房地产占比	负向指标
		实际吸引外资到位率	正向指标
	创新驱动	研发经费投入强度	正向指标
		每十亿 GDP 发明专利申请数	正向指标
	社会民生	工资收入强度	正向指标
		消费支出占比	负向指标

（二）高质量发展下的营商环境指标内涵

1. 经济效率

新时代下，经济发展指标不仅要反映要素投入规模，更为重要的是突出要素投入产出的效益。在市场经济下，经济发展质量的提高主要表现为要素资源配置效率提高，特别是随着构建资源节约型和环境友好型社会的绿色发展理念成为高质量发展的重要支撑之一，营商环境优化一定不能以浪费能源为代价。因此，本文选取了有效劳动生产率、有效土地利用率和综合能耗产出率三类共 4 个指标来反映经济效率。

有效劳动生产率进一步分为“制造业有效劳动生产率”和“服务业有效劳动生产率”，分别以第二产业和第三产业的增加值与相应产业的从业人员数之比来表示。之所以将二产和三产的有效劳动生产率区分开，是因为在高质量发展的过程中，制造业和服务业扮演的角色不同，产业结构与就业结构有着密切的联动关系，全面深刻地改造就业结构，提高有效劳动生产率，对产业结构升级有着巨大的推动作用，尤其是在转型升级的过程中，存在高素质劳动力在产业部门之间的转移，将两者区分开能够准确衡量在营商环境提升的过程中劳动力要素的产出效率与流动方向。

有效土地利用率是对土地这一重要生产要素产出效率的准确评价，也是衡量以“亩产”论英雄的关键指标。土地资源是经济发展的基础，城市的土地利用更与经济发展密切关联，长期以来依靠要素驱动的经济增长方式造成了绝大多数地区土地资源使用的高消耗、低产出，城市土地资源供应的刚性约束促使我们必须想方设法提高土地有效利用率，科学布局、统筹规划，走可持续发展的道路。土地有效利用率一般用地均 GDP 表示，由国民生产总值和有效土地面积之比构成。本文所使用的有效土地面积是由行政区土地面积减去农作物播种面积（或耕地面积）而得。这种对土地面积的计算方法，既考虑了统计数据的可得性，也借鉴了相关领域权威专家的观点。一般来讲，城市土地具有广义和狭义之分，广义上是指城市行政区内的所有土地面积总和，狭义上是指城市建成区面积，后者为非农业用途，其人口密度高、建筑稠密、设施比较齐全，计算土地有效利用率具有较高的价值。但是在现阶段的统计年鉴中，对于性质上仍属于农用地但已在城市规划范围内的土地，或者已经进行城市开发的土地，统计具有滞后性，所统计的建成区面积无法全面真实地反映城市有效使用面积，所以采用行政区土地面积减去农作物播种面积（或耕地面积）间接得到的有效城市土地面积。

综合能耗产出率是践行绿色发展理念的核心指标，也是反映以“能耗”论英雄和以“环保”论英雄的关键指标。环境污染与能源浪费是关联紧密的两个概念，粗放型增长往往是以污染环境和大规模无效率使用能源为代价的，转变发展方式，构建新型的政府与市场关系，需要以法治化的手段一视同仁地规范企业在环境保护和节约能源上的行为，这也是优化营商环境的应有之义。综合能耗产出率以国民生产总值和能源消费量之比来表示，能够集中体现在环保约束下能源的使用效率。

2. 发展环境

经济发展环境是营商环境的整体表现，直接决定了企业家进行投资的地点选择。发展环境一般从宏观环境和微观环境两个角度来考察，宏观环境指当地的金融政策、法律法规是否有效，当地的经济是否有活力等，微观环境表现为企业的经营状况。因此，本文从宏观和微观两个角度选取4个指标来反映发展环境。

从宏观层面上看，企业纳税总额占地方财政收入的比重最能反映当地的经济环境。因为全国范围内企业所得税的税率是统一的，各地方无权自行决定，所以对于企业而言所得税的税收负担是相对固定的。对于一个地区而言，地方财政收入主要包括增值税、营业税、企业所得税、个人所得税、契税、房产税、城市维护建设税、土地增值税等。作为微观经济的主体，企业经营的好坏直接反映在其纳税能力上，更准确地说，反映在其缴纳的所得税规模上。当一个地区的宏观营商环境越有利于企业的发展，那么自然而然企业所得税占地方财政收入的比例就会越高，反映出该地区依靠市场化推动的经济与税收活力越高，尤其在现阶段房地产严格调控政策的背景下，依靠土地财政已无法维持一个地区的经济发展，这就需要企业在财政税收上扮演更为重要的角色。因此，本文用税收活力来考察当地的经济环境，以企业所得税和地方政府一般公共预算收入之比来表示，该比例越高说明地方财政收入更多来源于企业盈利后的所得税而不是日常经营活动产生的流转税。

越来越多的学术研究与发达国家的发展实践证明，金融发展对经济增长具有明显的促进作用，金融发展促进经济增长的传导机制在于一个发达的金融市场能够弱化企业的融资约束，缓解企业的融资压力，降低交易成本，提高资源配置效率，从而推动经济发展。基于此，本文使用金融发展程度作为考察发展环境是否良好的第二个指标，由金融机构贷款余额和国民生产总值之比来表示，该比例越高说明各项金融活动越频繁，金融交易越便捷。当然，仅用贷款余额和国民生产总值之比来反映金融发展程度较为片面，尤其是多层次资本市场的构建为企业直接融资带来了越来越多的选择，但是现阶段我国直接融资的规模相较于间接融资仍然不大，并且仅有基于省级层面统计的社会融资规模，所以本文采用贷款余额和国民生产总值之比来反映金融发展程度。

从微观层面来看，企业的经营状况能够反映当地的发展环境。政府间税收竞争是经济市场化和财政分权的产物，尤其是2012年开始的“营改增”

试点改革，使得政府间的税收竞争更加激烈。“营改增”的主要目的是通过采取结构性减税措施来优化税制结构和减轻部分行业负担，促进经济发展方式转变和经济结构调整。政府间的税收竞争引发了企业、人才、资源以及各种经济活动的频繁流动。通常而言，企业经营环境较好的地区，企业的实际税赋较低，即政府会采取降低企业实际税收负担的措施，吸引流动性税基。对于发展环境来说，使用应缴增值税金来反映企业实际税收负担是反映微观营商环境的一个关键性指标，也是反映经济结构调整的重要指标。本文使用规模以上工业企业本年应缴增值税金和主营业务收入之比来计算实际税收负担，比例越高说明企业的实际税赋越高，微观营商环境越恶劣。

企业负债率用来考察企业长期的经营状况，可视为一个永续性指标。企业的负债率问题实质上是企业的资本结构问题，当企业的负债率提高时，企业的价值会增加，但当负债率上升到一定程度时，企业价值会因破产风险和成本的增加而下降，因此企业的负债率并不是越高越好，而是有一个平衡点，当企业负债率增高使得企业增加的价值与引起企业破产风险和成本上升而使企业下降的价值相等时，企业的资本结构为最优。尽管各地区最优的企业负债率会因地区发展差异而有所不同，但是横向比较各个地区的企业负债率，并纵向分析其企业负债率变化，对衡量一个地区的发展环境仍有很大价值。近年来，降低企业的杠杆率水平已经成为供给侧结构性改革的重点，考虑外部因素的变化，本文在具体实践与比较中将企业负债率作为负向指标进行考察，由规模以上工业企业负债总额和资产总额之比表示。

3. 产业结构

随着我国经济进入新常态，产业结构调整和转型升级越来越具有紧迫感和现实意义，营商环境优化对于产业结构的自主调整具有重要的促进作用。高质量发展下新旧动能的转换表现在产业结构上，一方面是制造业内部的优化升级，另一方面则是服务业代替制造业成为经济增长的主要动力。以先进服务业和现代服务业为代表的战略性新兴产业已经成为经济增长的新动能，服务业逐渐成为新一轮改革开放持续增长的动力，房地产投资对经济增长的拉动作用逐渐降低，自贸区的设立使得外资对于服务业的发展起到了进一步的促进作用，向改革要动力，向开放要活力，产业能级的提升离不开外资。因此，本文从战略性新兴产业增加值、服务业增加值和房地产增加值在国民生产总值中的占比以及实际吸引外资到位率等方面，对产业结构调整状况以及转型升级进行说明。

战略性新兴产业是国家核心竞争力的关键组成部分，包括新一代信息技术、高端装备、新材料、生物医药、新能源汽车、新能源、节能环保、数字创意和相关服务业九大产业，这些产业知识密集度高、成长空间大、综合能力强，但是面临的风险同样很高，所以培育战略性新兴产业需要与之相适应的营商环境，而优化营商环境也是为了培育促进战略性新兴产业蓬勃发展的土壤。全面深化改革与扩大开放就是要通过新一轮改革开放找到持续的增长动力，知识经济、数字经济的爆发式增长，尤其是投资领域的负面清单管理为服务业的发展提供了历史机遇，衡量服务业占比有助于整体评价一个城市的产业结构与能级水平。而房地产作为高速发展时代的主要动力已经成为制约“三新”经济落地、生产要素自由流动与合理配置的主要因素，控制房地产在经济总量中的比重，摆脱经济对房地产的依赖是优化营商环境的重要组成部分。产业结构不能关起门来转型升级，而是需要开放发展的理念，实践证明，不管是制造业还是服务业，凡是对外开放彻底的，都会发展得较好，具备全球竞争力。实际吸引外资到位率就是为了能够衡量在优化营商环境的过程中外资的认可程度，由外商直接投资实际到位金额和外商直接投资合同金额之比构成，比例越高说明外资对当地的营商环境认可度越高，当然外资的流动不仅与当地的营商环境有关，更容易受到国际政治经济环境的影响，所以本文通过横向的比较，能够准确判断上海和浦东新区在优化营商环境的过程中吸引外资的相对实力。

4. 创新驱动

创新驱动是实现经济社会可持续发展的主旋律，创新发展也是引领高质量发展的第一动力。优化营商环境关键就是要吸引创新要素的流入，鼓励创新要素发挥作用。符合创新发展的营商环境一定能够带动更多创新要素的投入，提升创新要素的产出效率。衡量创新驱动最主要的两个方面就是创新投入与创新产出。研发经费投入强度，即研发经费投入总额占 GDP 的比重，是反映全社会创新投入的代表性指标，具有广泛可比性。而创新产出的种类有很多，如专利、技术交易成交额、新产品销售收入、高技术产品出口额等，但是专利申请数在本文分析框架中是唯一具有可比性、代表性和数据可得性的指标，而在专利中具有较高质量的则是发明专利，实用新型和外观设计的含金量并不高，所以类比研发经费投入强度，在创新产出上构建每十亿 GDP 发明专利申请数指标，通过创新投入和创新产出两个方面综合反映创新驱动力。

5. 社会民生

选取社会民生指标是为了充分体现“以人为本”的共享发展理念，优化营商环境、促进高质量发展的落脚点就是为了提高人民群众的生活水平，让人民能够共享经济社会的发展成果，并且一个地区的社会民生状况对于人才的吸引也至关重要。从现有的研究来看，反映人民生活水平主要包括收入和消费两个方面。考虑到本文的研究对象城镇化率都相对较高，所以选取城镇居民的社会民生统计数据进行分析。

工资收入强度可由职工平均工资与城镇居民人均可支配收入之比来衡量。该指标反映工资对收入的支撑强度。人均可支配收入能够反映一个地区居民的生活水平，工资收入强度则可以直观地体现出依靠一个职工的工资能够支撑该地区生活水平的居民数，能够支撑的居民数越多，说明该地区的工资水平对人才越具有吸引力。消费支出占比由城镇居民消费性支出和城镇居民人均可支配收入之比构成，该指标可以从一个侧面反映人民群众的生活质量。一般而言，富裕程度越高，居民的边际消费倾向越低，生活支出中消费性支出占比就越低。因为尽管居民的消费水平随收入增加而提高，但消费水平提高的幅度小于收入增加的幅度。

二　高质量发展下的上海营商环境变化趋势

2008 年以来，上海高质量发展下的营商环境总指数呈现稳步上升的态势，2017 年达到近十年以来的新高。从纵向和横向的比较来看，上海、深圳和苏州的营商环境总指数逐年提升，2011 年之前上海的上升速度要慢于深圳，2012 年之后则反超深圳，2013 年之后又慢于深圳。苏州的增长态势与上海类似，也是在 2013 年以后进入了相对稳定增长的阶段，这与三个城市的实际经济发展情况相符合，从一个侧面印证了营商环境总指数的合理性与准确性，反映了新常态下中国发达城市经济发展的新特征。浦东新区总指数在 2009 年下降主要是由于原上海市南汇区在当年并入浦东新区造成统计数据变动，2010 年以来浦东新区呈现高位平稳增长态势，近两年更是在经济效率与创新驱动 2 个一级指标的带动下呈现加速上升的趋势，浦东新区在高质量发展下的营商环境一直处于全国“领头羊”的位置。

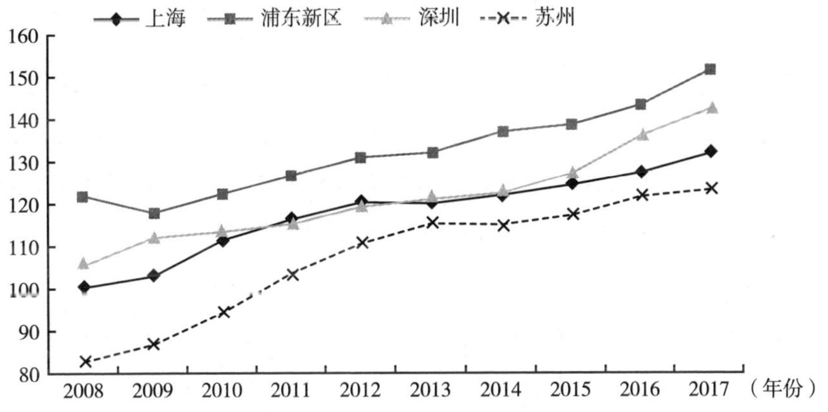

图 1　2008 ~ 2017 年各地区高质量发展下的营商环境总指数

（一）经济效率：劳动力结构优化，资源利用稳步上升

上海的经济效率整体呈现稳步增长态势，2013 年出现小幅下降主要是由于制造业和服务业的有效劳动生产率出现了一定程度的波动。浦东新区经济效率与其他城市相比具有明显优势，变动幅度也更大，主要原因是：在这十年时间里，浦东新区更早地完成了高水平劳动力从二产向三产转移的过

程，在营商环境不断优化的过程中，浦东新区在劳动生产率、土地利用率和综合能耗产出率方面都走在了上海乃至全国的前列。

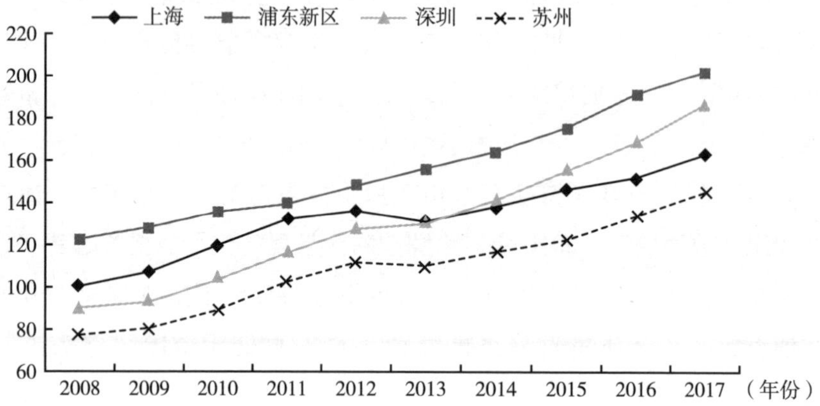

图2　2008~2017年各地区经济效率情况

上海制造业和服务业有效劳动生产率在2008年分别为14.35万元/人和13.58万元/人，制造业相对于服务业在有效劳动生产率上的优势在2012年正式结束，2017年两者的有效劳动生产率分别为21.67万元/人和23.55万元/人，可以看出在产业结构升级过程中伴随着高水平劳动力在产业部门之间的迁移，各个产业部门的生产率都在提升。上海有效土地利用率也从2008年的5.73亿元/平方千米增长至2017年的8.64亿元/平方千米，综合能耗产出率由14.22元/千克标准煤增长至25.83元/千克标准煤。深圳经济效率的4个二级指标制造业有效劳动生产率、服务业有效劳动生产率、有效土地利用率和综合能耗产出率2017年分别为22.23万元/人、25.18万元/人、11.98亿元/平方千米和27.52元/千克标准煤，相比于上海均有一定程度的优势，尤其是制造业和服务业有效劳动生产率以及土地有效利用率在2012~2014年均超过了上海。苏州制造业和服务业劳动生产率也略高于上海，但是有效土地利用率则远低于上海和深圳，2017年仅为2.71亿元/平方千米。

浦东新区制造业有效劳动生产率在2008~2012年呈现明显下滑趋势，2012年降至13.90万元/人，但2013年开始恢复上升态势，2017年升至

24.82 万元/人，浦东新区服务业有效劳动生产率在 2009 年就确立了相对于制造业的优势，2017 年达到38.44 万元/人，远高于上海和深圳的水平，说明浦东新区的经济发展阶段要领先于其他地区，浦东新区营商环境也要优于其他地区。2009 年的两区合并给浦东新区有效土地利用率指标带来了较大影响，2009 年仅有 4.07 亿元/平方千米，但是凭借连续八年的高速增长在 2017 年超过上海，达到 8.87 亿元/平方千米，与深圳的差距逐渐缩小。浦东新区的综合能耗产出率一直以来就高于上海、深圳和苏州，体现了浦东新区带动上海在绿色发展上取得的巨大成就。

表 2　2008 ~ 2017 年经济效率二级指标 10 年均值

指标	上海	浦东新区	深圳	苏州
制造业有效劳动生产率(万元/人)	17.25	17.48	15.31	16.98
服务业有效劳动生产率(万元/人)	18.29	32.19	18.26	24.42
有效土地利用率(亿元/平方千米)	7.88	5.94	7.37	1.98
综合能耗产出率(元/千克标准煤)	19.41	25.06	22.72	16.83

资料来源：历年《上海市统计年鉴》《浦东新区统计年鉴》《深圳市统计年鉴》《苏州市统计年鉴》。

（二）发展环境：宏观环境优化明显，企业经营充满活力

上海的发展环境总体态势较为平稳，整体水平高于深圳和苏州。发展环境表现平稳的主要原因在于企业实际税收负担率和税收活力指标常年分别稳定在 2.6% 和 20% 左右的水平，波动幅度非常小，且企业负债率稳步降低和金融发展程度不断提高，上海企业负债率从 2008 年的 53.09% 降至 2017 年的 49.17%，金融发展程度从 1.72 上升至 2.13。上海的发展环境整体好于深圳，主要是由于深圳企业实际税收负担率较高，2013 年一度达到 3.18%，之后略有降低，深圳企业负债率较高，稳定在 60% 左右的水平。苏州在发展环境上进步明显，企业实际税收负担率由 2008 年的 2.20% 降至 2017 年的 1.40%，大幅低于上海和深圳的平均水平，企业负债率也由 57.91% 降至 52.56%，尽管企业实际税收负担率和企业负债率均有下降，但是苏州来源

于企业所得税的税收活力从 14.68% 升至 17.54%，说明“减税降费”和“去杠杆”政策增强了企业的活力，优化了企业的资产结构，提高了政府的税收活力。

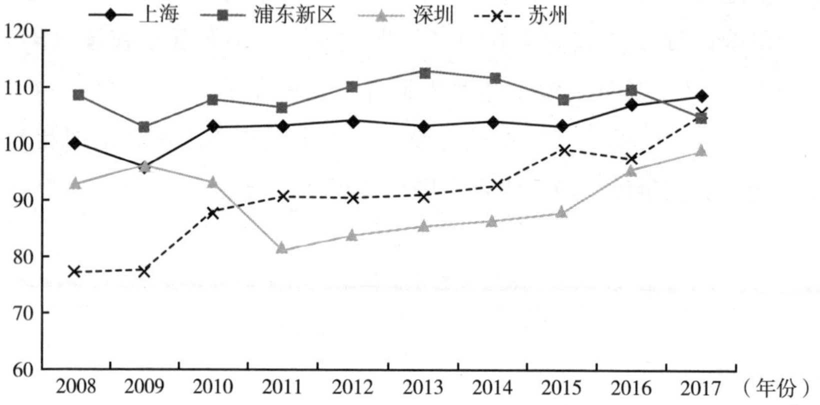

图3　2008～2017 年各地区发展环境情况

浦东新区的发展环境 2008～2016 年连续 9 年高居第一，说明从宏观环境和微观环境两个角度来看，浦东新区都具有较大的优势。浦东新区的税收活力从 2009 年的 20.73% 一路上升至 2017 年的 22.36%，企业负债率一直维持在较低水平且逐年降低，从 2009 年的 51% 降至 2017 年的 44.74%，财务风险和去杠杆压力不大，企业经营非常健康，企业实际税收负担率从 2.7% 降至 2% 左右。金融发展程度较高一直是浦东新区的核心优势，浦东新区发展环境在 2015 年出现震荡下行的主要原因是以贷款余额和国民生产总值之比来衡量的金融发展程度出现了下降，但是浦东新区的直接融资额在资本市场的有序发展下快速增长，由于缺乏横向可比数据，无法体现在本文所设计的指标体系中，浦东新区贷款余额的降低是金融发展程度不断深化的结果，体现了浦东新区金融发展程度高于其他地区。结合宏观的税收活力、金融发展程度指标和微观的企业实际税收负担率、企业负债率指标可以发现，上海和浦东新区的经济发展环境总体上优于其他地区，这充分说明了以浦东新区为代表的上海营商环境不断优化。

表3　2008～2017年发展环境二级指标10年均值

单位：%

指标	上海	浦东新区	深圳	苏州
税收活力	20.99	21.61	16.52	15.65
金融发展程度	201.17	197.38	176.95	118.51
企业实际税收负担率	2.70	2.31	2.82	1.76
企业负债率	50.84	47.54	59.81	55.79

资料来源：历年《上海市统计年鉴》《浦东新区统计年鉴》《深圳市统计年鉴》《苏州市统计年鉴》。

（三）产业结构：产业转型走在前列，外商投资需要关注

上海产业结构升级一直走在全国的前列，相较于深圳和苏州具有明显的优势。上海服务业占比从2008年的55.95%上升至2017年的69.18%；房地产占比在2009年达到8.22%的阶段高点，2011年降至5.31%，2016年升至7.54%，十年平均占比为6.47%。深圳服务业占比从2008年的50.32%上升至2017年的58.48%；房地产占比从6.29%上升至8.42%，十年平均为8.08%。苏州服务业占比从37.96%上升至51.17%，房地产占比从5.22%上升至6.16%，十年平均为5.87%。可见上海的服务业发展水平全国领先，对房地产的依赖度也低于深圳，苏州正处于房地产占比上升期，快速上涨的房价制约着苏州制造业的发展。近年来，实际吸引外资到位率下降是全国性趋势，该指标的降低也是上海产业结构一级指标从2011年开始下滑的主要原因。上海从2009年的79.23%阶段高点降至2015年的31.32%阶段低点，2017年回升至42.31%，但相比于2013年以前65%以上的水平仍有差距，到位率的下降，一方面是FDI合同金额快速上升，上海FDI合同金额从2009年的133亿美元上升至2015年的589亿美元，另一方面是FDI到位金额增长过慢，上海FDI到位金额仅从2009年的105亿美元上升至2015年的185亿美元。深圳和苏州面临的问题更为严重，深圳实际吸引外资到位率从2009

年的116.92%降至2016年的12.90%；苏州从2008年的49.62%升至2014年的94.65%，而后降至2017年的50.30%，苏州到位率的下降伴随着FDI到位金额和合同金额的双降，FDI到位金额从2012年的91亿美元降至2017年的45亿美元，FDI合同金额从2011年的170亿美元降至2016年的58亿美元。中国沿海发达地区整体的外商直接投资形势不容乐观。

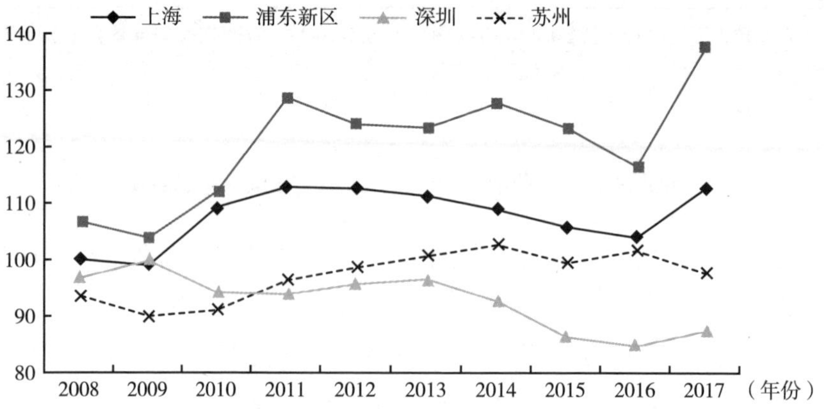

图4　2008～2017年各地区产业结构情况

浦东新区的产业结构水平近十年来一直优于上海、深圳和苏州，尤其是服务业发展水平更是遥遥领先于其他地区。浦东新区服务业占比从2008年的54.42%上升至2017年的74.66%，房地产占比从2009年的6.47%降至2017年的4.06%，达到十年以来的最低点，十年平均占比仅为5.01%，远低于上海、深圳和苏州。浦东新区也存在实际吸引外资到位率下降的现象，一方面FDI合同金额从2009年的50亿美元快速上升至2015年的413亿美元，2017年又回落至250亿美元，另一方面FDI到位金额保持上升态势，从2008年的34亿美元增加至2017年的78亿美元。浦东新区FDI到位金额稳步上升且快于深圳和苏州，到位率近年来有所好转，说明浦东新区营商环境得到越来越多的全球资本的认可。

表4　2008～2017年产业结构二级指标10年均值

单位：%

指标	上海	浦东新区	深圳	苏州
服务业占比	62.54	63.76	55.38	45.24
房地产占比	6.47	5.01	8.08	5.87
实际吸引外资到位率	57.62	52.29	58.53	64.84

资料来源：历年《上海市统计年鉴》《浦东新区统计年鉴》《深圳市统计年鉴》《苏州市统计年鉴》。

（四）创新驱动：创新投入驱动发展，创新产出有待加强

上海自2008年以来创新驱动二级指标保持了连续9年的增长势头，2017年略有下滑，主要是由创新产出效率的下降所导致。上海高水平的创新投入是驱动高质量发展的主要动力之一，研发经费投入强度从2008年的2.46%一路上升至2017年的3.93%，已经达到或超过主要发达国家的水平。当然相比于深圳2013年以后即保持4%以上的研发经费投入强度有一定差距，当然这与深圳本身非常高的战略性新兴产业占比有很大关系。上海每十亿元GDP发明专利申请数从2008年的12.67件增长至2016年的19.28件，2017年降至17.83件，而深圳和苏州尽管在2017年均有所降低，但仍分别保持26.79件和26.43件的水平。上海的发明专利申请数规模相比于GDP规模显著偏低，与研发经费投入强度并不匹配。

浦东新区的研发经费投入强度在2009年达到3.17%后连续三年略有下降，而后稳步上升，2017年达到4.05%，与深圳的差距正在缩小。但是浦东新区每十亿元GDP发明专利申请数严重偏低，从2008年的9.73件增长至2012年的21.76件，而后回落至15件左右的水平，与研发经费投入强度不匹配的现象更为严重。浦东新区存在活跃的研发投入活动，但是专利申请等产出活动则发生在其他地区，特别是包括苏州在内的长三角地区，反映出浦东新区和上海在给予创新产出土地优惠、政策补贴方面与其他地区有明显差距，但是在资本、人才等创新资源方面又具有其他地区不可替代的优势。

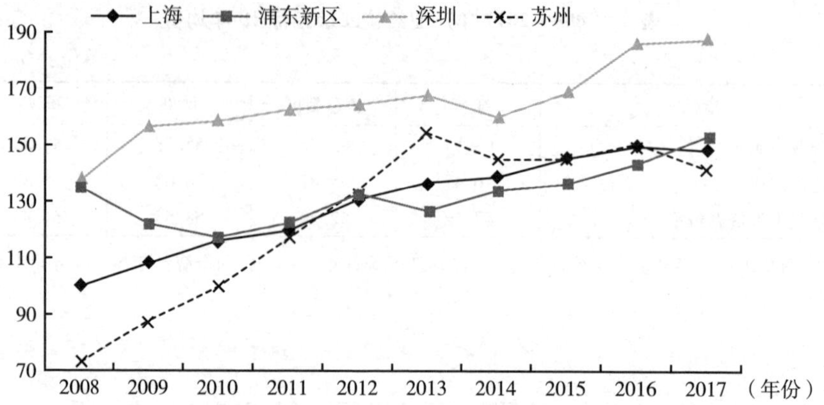

图5 2008～2017年各地区创新驱动情况

表5 2008～2017年创新驱动二级指标10年均值

单位：%，件

指标	上海	浦东新区	深圳	苏州
研发经费投入强度	3.15	3.38	3.77	2.48
每十亿元GDP发明专利申请数	16.77	15.18	24.19	22.89

资料来源：历年《上海市统计年鉴》《浦东新区统计年鉴》《深圳市统计年鉴》《苏州市统计年鉴》。

（五）社会民生：工资收入强度降低，生活质量相对稳定

上海在社会民生二级指标上有一定劣势，主要由于工资收入强度相比2008年的148.09%有所降低，2013年以后一直维持在137%左右的水平，而深圳和苏州在2017年则分别达到190%和150%的水平，当然上海工资收入强度降低可能部分是由于收入来源多样化。上海的消费支出占比从2008年的72.79%降至2014年的63.97%，2017年升至67.58%，但整体来看十年间保持在68%左右的水平，说明上海的居民生活质量相对稳定，深圳消费支出占比的变化趋势与上海类似。

浦东新区在社会民生方面具有较明显的优势，浦东新区的工资收入强度远远高于上海、深圳和苏州。根据十年均值，浦东新区1个职工的工资可以

支撑 2.4 个居民维持该地区的平均生活水平，而其他地区在 1.5 个左右。浦东新区消费支出占比的十年均值略低于上海，但变动幅度较大，主要是由于浦东新区统计口径在 2015 年发生了变化，城镇化的快速推进使相关统计数据由城镇居民的口径转为全体居民的口径。

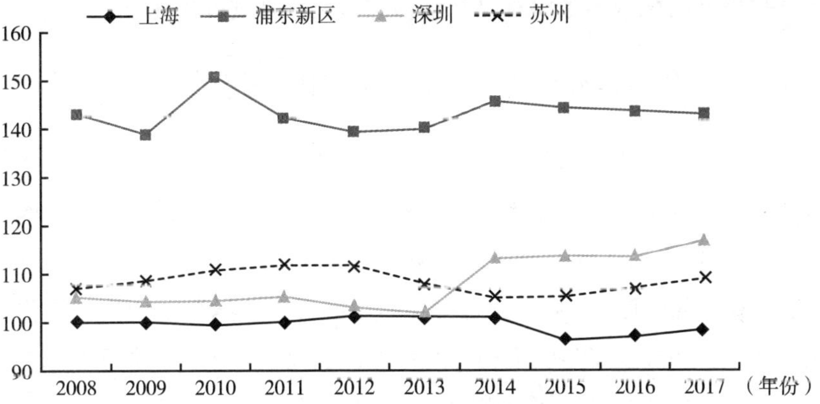

图 6　2008 ~ 2017 年各地区社会民生情况

表 6　2008 ~ 2017 年社会民生二级指标 10 年均值

单位：%

指标	上海	浦东新区	深圳	苏州
工资收入强度	140.84	244.61	164.68	151.37
消费支出占比	68.76	66.58	70.44	61.83

资料来源：历年《上海市统计年鉴》《浦东新区统计年鉴》《深圳市统计年鉴》《苏州市统计年鉴》。

三　优化上海营商环境、促进经济高质量发展的对策建议

（一）着力提升制造业效率，避免产业空心化

在上海建设具有全球影响力的科创中心的背景下，需要拥有适度规模的高水平、高效率的制造业，现有的制造业劳动生产率尚未达到这样的要求。研究表明，制造业是创新的主要来源，制造业是维持经济发展的必要源泉，

过度扩张的服务业带来的产业空心化会影响经济的可持续发展。上海可以通过行业有效分工与要素有序流动来提升制造业效率。行业分工带来的产业多样化有助于新产品的研发与创新、吸引更多的人才与资金，从而提高生产效率。在行业分工的基础上，促进要素在产业间自由流动，需要由市场机制决定要素价格，弱化行政手段对要素市场的干预，尊重市场规律。

（二）深化体制机制改革，加快金融中心建设

金融行业正处在深化改革与全面开放的重要机遇期，对政府职能包括金融行业的监管以及金融业的发展规划都提出了更高的要求。自贸区成立以来，中央各部委对资本项目可兑换以及金融服务业的全面开放都提出了“一揽子”措施，上海可以在此基础上，继续探索金融制度创新，深化管理与服务改革，积极发展与金融相关的行业，加大金融业对各个行业的支持力度，尤其是要搭建金融行业与小微企业、初创公司之间的桥梁，巩固上海国际金融中心的地位，使得金融业成为上海实体经济高质量发展的重要支撑以及上海营商环境持续优化的有力保障。

（三）重视外商投资环境，提高外商投资效率

上海的外商投资环境仍有进一步优化的空间。值得肯定的是，改革开放以来上海的外商直接投资取得了显著的成效，为上海的发展奠定了良好的基础，但是在全球经济低迷、复苏乏力以及贸易保护主义抬头的新形势下，对引进外商直接投资提出了更加细致的要求，最主要的是如何对待随着资金而来的外部人才，外商投资环境既要重视基础设施、生活服务、环境保护等硬环境，也要重视人才政策、制度管理等软环境，双管齐下，切实提高外商投资效率。

参考文献

李金昌、史龙梅、徐蔼婷：《高质量发展评价指标体系探讨》，《统计研究》2019 年

第 1 期。

宋林霖、何成祥：《优化营商环境视阈下放管服改革的逻辑与推进路径——基于世界银行营商环境指标体系的分析》，《中国行政管理》2018 年第 4 期。

孙玉山、刘新利：《推进纳税服务现代化　营造良好营商环境——基于优化营商环境的纳税服务现代化思考》，《税务研究》2018 年第 1 期。

周超、刘夏、辜转：《营商环境与中国对外直接投资——基于投资动机的视角》，《国际贸易问题》2017 年第 10 期。

B.4
上海后街经济发展优化营商环境研究

陈国政 *

摘 要： 优化营商环境有利于提升一个城市对投资的吸引力，相关法律政策等制度的完善，为上海营造了良好的营商环境，对上海的社会经济发展起到了重大的推动作用。营商环境除了受政策、法律等软环境影响外，还受生活、工作等硬环境的影响。后街经济作为城市发展的名片，既可以优化城市环境，又可以给周边企业提供优美环境，从而优化营商环境。本报告从这个角度探讨上海的营商环境优化问题，探寻优化营商环境的对策措施。

关键词： 后街经济　营商环境　上海

营商环境包括影响企业活动的社会要素、经济要素、政治要素和法律要素等，是一项涉及经济社会改革和对外开放众多领域的系统工程。世界各国都在加大营商环境建设力度，通过优化营商环境来吸引投资。自 2004 年以来，世界银行每年都会发布营商环境报告，对全球 190 个经济体的营商环境进行评估，近年来，中国名次出现较大幅度的提升。上海作为全球大城市，在营商环境改善方面也走在前列。2017 年 12 月 1 日下午，上海市委书记李强在调研上海市优化营商环境工作时强调，营商环境是重要软实力，也是核心竞争力，上海始终高度重视营商环境优化。从为企业服务的角度看，相关政策以及各项优惠

---

* 陈国政，上海社会科学院经济研究所副研究员，主要研究方向为人力资源管理、劳动经济学、上市公司景气与治理。

政策都取得了较大的进展，也对上海营商环境优化起到了重要的促进作用。从另一个角度来考虑上海营商环境优化，就是通过改善企业周边的自然环境，为企业员工提供休闲娱乐，为城市中心区域的高端楼宇企业提供服务。通过大力发展后街经济来优化上海营商环境，增强上海城市中心区域对高端专业服务的吸引力。

一 上海后街经济发展有助于优化营商环境

上海是都市核心功能区，商圈发展迅猛。商业的发展不仅要有高楼大厦、时尚街区，还要有经营业态融合互补的完整的商业生态链。后街经济经营业态丰富，既有餐饮美食、休闲娱乐、体育健身等服务功能，又有为商圈内顾客提供逛街购物等体验服务功能。特别是大量网红、私人定制等小店，为商圈内顾客提供了体验式消费服务，这种“接地气”的经营业态，成为电商盛行背景下的一道亮丽风景。后街经济改善了商圈内楼宇经济发展的营商环境，为上海商圈内的楼宇白领提供了休闲、运动等缓解工作压力的好去处。2017 年 12 月 1 日下午，上海市委书记李强在调研上海市优化营商环境工作时强调，营商环境是重要软实力，也是核心竞争力，上海始终高度重视营商环境的优化。大力发展后街经济有利于优化上海营商环境。

上海后街经济有助于提升上海的城市品质，有利于城区自然环境优化，有利于改善企业的硬环境。后街经济业态丰富多彩，琳琅满目的广告，色彩绚丽、形式多样的店面装饰，不仅展现了后街经济特色，也渲染了现代都市生活的繁华，是城市对外宣传的名片。后街独特的店面设计，在一定程度上反映了经营风格，美化了城市，体现了城市独特的文化魅力。商业店面装饰最能体现时尚气息和时代风格，上海后街独特的店铺设计，传承着上海二三十年代的风格。长乐路、富民路、巨鹿路等支马路各具商业特色，有的老字号云集，有的则集聚精品服饰店、咖啡吧、茶室、网红小店等，吸引着大量的楼宇白领和海外人士光顾，成为中西文化交流的独特场所。中华传统文化与海派文化元素紧密结合，展示着上海国际化大都市的异域风情。上海后街深厚的文化底蕴、强大的人气和海派文化完美结合，向人们展示着上海这座国际化大都市的独特城市品质，既有东方的含蓄，又有西方的开放，显示着上海海派文化的独特魅力。

二　上海后街经济的基本特征

本文通过问卷调查的方式，对上海后街经济发展的基本特征进行了归纳。调查对象涉及四种类型的群体，即经营者、社区居民、楼宇白领和政府管理者。从这四种类型的群体对后街经济发展的作用等进行对比，有利于更加全面地了解后街经济发展的特点，更好地平衡各方利益，促进后街经济更好更快发展。

（一）经营者年龄多50岁以下，且女性居多

经营者中女性多于男性。其中，男性占比44.07%，女性占比55.93%。经营者的年龄主要集中在：41～50岁（27.68%）、21～30岁（27.12%）、31～40岁（25.99%）。另外，51～60岁的占比12.43%，还有5.08%的经营者年龄在61岁及以上，1.69%的经营者年龄在20岁及以下（见图1）。经营者的年龄集中在20～50岁，这个年龄段是人生的最佳劳动年龄阶段，最

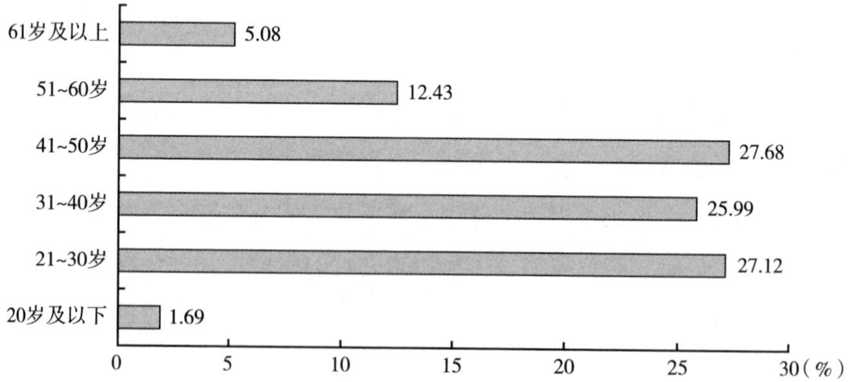

图1　经营者年龄情况

资料来源：调研整理。

有创造力，表明了上海后街经济的经营者充满活力，她们将推动上海后街经济的快速发展。

（二）经营者学历普遍不高，高中及以下学历占比超过3/4

与楼宇白领相比，经营者学历偏低，高中学历占比（44.07%）居第一，其次是初中及以下学历（29.94%），而后依次为大专学历（19.21%）、本科学历（6.21%）、研究生学历（0.56%）。这与上海后街经济主要经营业态相关联，以餐饮美食、便民蔬果等为主，这类经营业态对从业者的学历要求相对不高。由于后街经济对创业者的学历要求并不高，大力发展后街经济可以为低学历者提供创业的机会。但是上海后街经济中也涌现出了时尚创意、网红小店、文化休闲、商务咨询等业态，其中本科学历和研究生学历者主要涉及时尚创意、商务咨询等经营业态。对于大专及以上学历的经营者而言，所学专业以文科为主（56.52%），而后依次为理科（19.57%）、其他专业（15.22%）、工科（8.80%）。

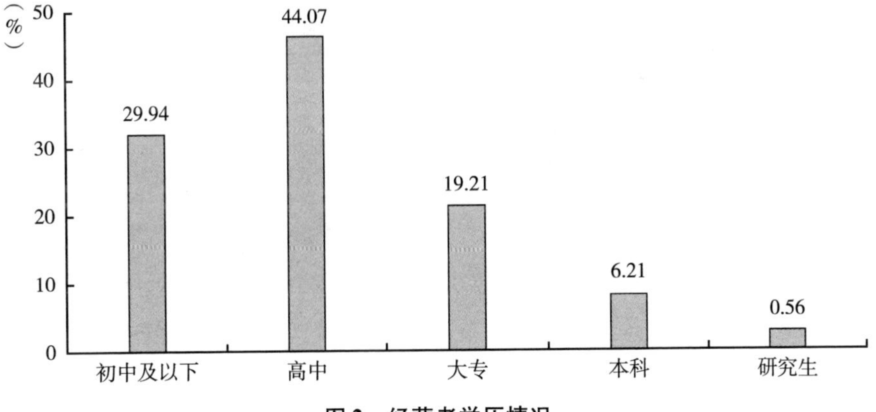

图2　经营者学历情况

资料来源：调研整理。

（三）经营业态丰富多样，成为主要商圈的重要组成部分

上海后街经济美化了上海后街，多元化的经营业态也为上海后街马路添

加了生活气息和城市活力，同时为社区居民和周边楼宇白领的生活提供了便利，特别是娱乐休闲、体育健身等业态为楼宇白领提供了强身健体、舒缓各种压力的场所；时尚创意、手工饰品为上海后街增添了时尚元素，成为上海海派文化的引领者；服装服饰、零售百货则为逛街市民提供了便利。177 个样本的经营者经营业态中，主要为餐饮美食（23.73%）、零售百货（15.25%）、服装服饰（15.25%）、便民蔬果（10.17%）和美容美发（10.17%），合计占比 74.57%。除此以外还有社区服务、时尚创意、手工饰品等。

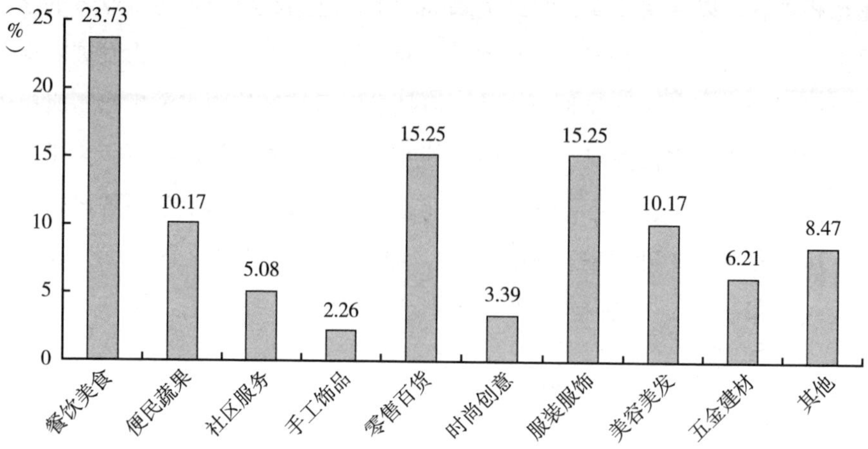

图 3　经营业态类型

资料来源：调研整理。

统计显示，截至 2015 年底，上海拥有商务区规划面积 515 万平方米，已建成 369.58 万平方米，汇集跨国公司地区总部 22 家，共吸纳约 25 万名白领在此工作，吸引国内外知名品牌近 1600 个入驻。恒隆广场、中信泰富、梅陇镇“金三角”汇集了 LV、Hermes、Gucci 等高端奢侈品及国际顶级品牌，久光百货、越洋广场、嘉里中心、会德丰国际广场、1788 国际中心“金五星”集聚了 Coach、MichaelKors、MCM 等中高端一线品牌及轻奢品牌。上海大量专卖店、旗舰店、名特商店、老字号、原创品牌、高端品牌、奢侈品牌协同发展、梯度分布的商业业态，云集了优衣库、H&M、M&S、GAP 等全球知名快时尚品牌，梦芭莎等国内原创品牌，以及王家沙、绿杨村、雷允上、龙凤、蓝棠博步等老字号品牌。后街美食、文化、休闲、娱乐、亲子……丰富多元、布局合理的业态组合，满足了消费者“一站式”消费及体验需求。后街与上海主街互补发展，形成了完整的商业生态群落，增强了整个商圈的“黏性”，有效增加了客流的停驻时间，让客流变成“客留”。

（四）后街经营者经营规模不大，年营业收入多在100万元以下

经营者规模较小，主要表现在：一是经营场地面积不大。24.36%的经营场地面积在10平方米及以下，35.90%的经营场地面积为11～20平方米，29.48%的经营场地面积为21～50平方米，经营场地面积在50平方米及以下的比例为89.74%；经营场地面积在51～100平方米的比例为6.41%，经营场地面积为101～500平方米的比例为3.85%。二是员工人数较少。84.18%的经营者员工人数为5人及以下，11.87%的经营者员工人数为5～10人，96.05%的经营者员工人数为10人及以下。三是经营者年营业额不高。2016年，94.70%的经营者营业额在100万元以下，4.71%的经营者营业额在100万～500万元。

表1　经营场地面积及员工人数

单位：个，%

面积	数量	占比	员工人数	数量	占比
10平方米及以下	38	24.36	5人及以下	149	84.18
11～20平方米	56	35.90	5～10人	21	11.87
21～50平方米	46	29.48	11～20人	3	1.69
51～100平方米	10	6.41	21～50人	2	1.13
101～500平方米	6	3.85	51～100人	2	1.13
合　计	156	100.00	合　计	177	100.00

资料来源：调研整理。

（五）后街经济凸显上海文化，与所在商圈共融发展

上海发展后街经济优势明显，主要体现在：一是城市商圈优势

（59.33%）；二是上海具有较深厚的文化底蕴（56.67%）；三是市场需求旺盛（44.33%）；四是具备较强的经济实力（39.33%）。

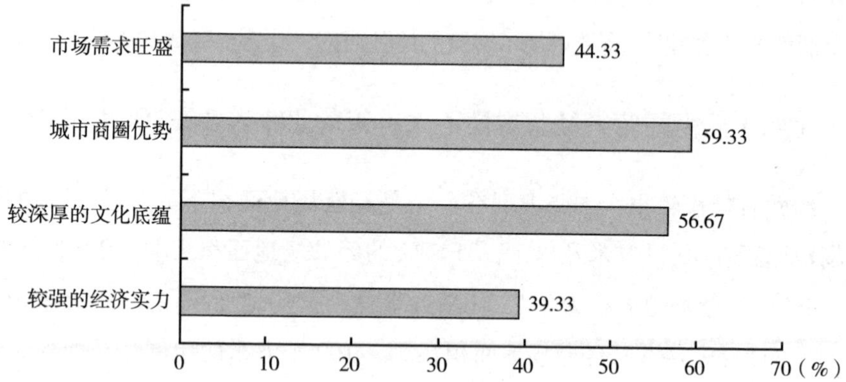

图4　上海发展后街经济的优势

资料来源：调研整理。

上海后街经济与商圈共融发展，既提升了城市品质，又为上海商圈增添了人气，主要体现在：增添街道生活气息（58.00%）、提升上海商圈的品质（52.00%）、为楼宇白领提供生活便利（44.67%）、提升城市活力（32.33%）、凸显上海历史文化底蕴（24.00%）、促进创新创业（23.67%）。关于上海发展后街经济的作用：经营者和社区居民中排第一的均是增添街道生活气息，占比分别为51.98%和69.01%；楼宇白领中排第一的是为楼宇白领提供生活便利，占比为70.27%；政府管理者中排第一的是提升上海商圈的品质，占比为73.33%。

表2　上海发展后街经济的作用

单位：%

作用	经营者	社区居民	楼宇白领	政府管理者	总体
提升上海商圈的品质	43.50	63.38	62.16	73.33	52.00
增添街道生活气息	51.98	69.01	64.86	60.00	58.00
为楼宇白领提供生活便利	45.76	26.76	70.27	53.33	44.67

续表

作用	经营者	社区居民	楼宇白领	政府管理者	总体
提升城市活力	25.42	38.03	43.24	60.00	32.33
促进创新创业	19.21	25.35	35.14	40.00	23.67
凸显上海历史文化底蕴	12.43	30.99	48.65	66.67	24.00

资料来源：调研整理。

三 上海后街经济发展面临的问题

上海后街经济经过多年的发展，已经取得了较大的成绩，丰富了上海商圈的经营业态，为上海附近居民和上海商圈楼宇白领提供了生活便利，让人们出行更加安全，让城市更具活力，促进了上海商圈的良性发展。但是上海后街经济发展中也存在问题，主要表现如下。

（一）经营场地“居改非”普遍，需要进一步加强引导

经营者的经营场地中大多数是“居改非”建筑，比例高达44.63%。“居改非”破坏房屋承重结构、违法搭建、违规经营等问题同时存在，逐渐演变为影响市容环境、破坏市场秩序、危害公共安全、影响居民生活的问题。近年来，“居改非”成为居民投诉较为集中的问题。上海市颁布了《关于加强本市住宅小区内“居改非”整治工作的实施方案》（沪建城管联〔2017〕130号），对“居改非”提出了整改要求。关于经营场地“居改非”的现象，调查样本中27.67%的人持反对态度，38.67%的人认为无所谓。社区居民中则是以反对者（56.34%）居多，超过一半的社区居民是反对“居改非”的，是支持者（28.17%）的2倍。如何引导“居改非”经营者的依法经营，减少经营活动对周边环境和社区居民的影响，需要政府部门进一步完善政策，经营者进一步提升经营品质，同时需要引导经营业态的布局和转型。

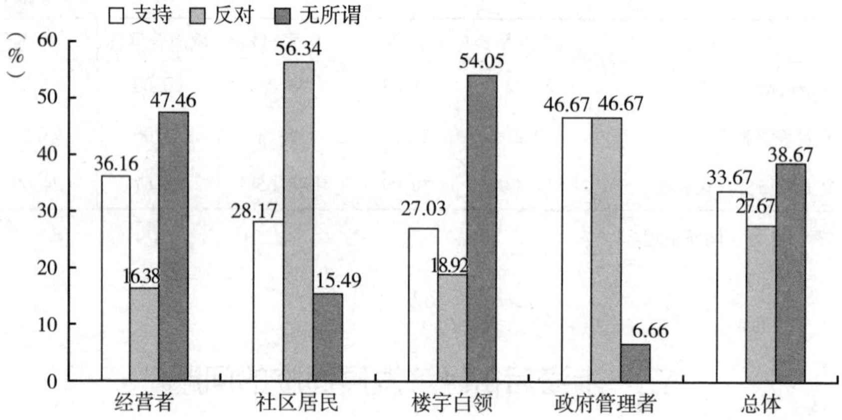

图5　对经营场地“居改非”的态度

资料来源：调研整理。

（二）经营者与社区居民矛盾是影响后街经济发展的主要因素

关于对上海后街经济发展中存在的问题的判断，不少调查样本认为存在两个以上的原因，主要有：经营者与居民之间的矛盾（33.33%）、相关配套措施难以跟上（30.00%）、缺乏高素质的从业人员（28.00%）、缺乏政府政策扶持（27.67%）、缺乏良好的经营业态（25.33%）、经营业态与市场需求脱节（15.33%）。但是不同群体的判断有所差别：经营者中比例最高的是缺乏政府政策扶持（35.59%），社区居民中比例最高的是经营者与居民之间的矛盾（46.48%），楼宇白领中比例最高的是相关配套措施难以跟上（48.65%），政府管理者中比例最高的是经营者与居民之间的矛盾（73.33%）。这也反映了不同群体的关注度不同，经营者希望政府有相关配套措施，楼宇白领更关注政府的相关配套措施，政府管理者和社区居民则更关注经营者与居民之间的矛盾。

（三）不规范经营是引发经营者与社区居民矛盾的最主要原因

经营者在经营过程中，有诸多行为会与社区居民产生矛盾，最主要的是

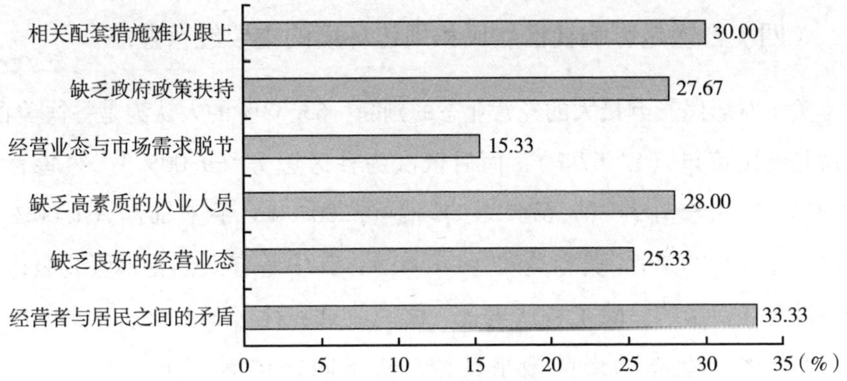

图 6　影响后街经济发展的主要因素

资料来源：调研整理。

来自餐饮、酒吧等经营主体，主要表现为乱扔垃圾（56.00%）和深夜制造噪声（55.67%），而后依次为乱排放油烟（46.67%）、侵占公共通道（39.33%）、搭建违章建筑（36.00%）、违法经营（34.00%）。不同群体的看法有所不同，经营者中排第一位的是乱扔垃圾（48.59%），社区居民中排第一位的也是乱扔垃圾（63.38%），楼宇白领中排第一位的是深夜制造噪声（78.38%），政府管理者中排第一位的是乱排放油烟（93.33%）。另外，在引起经营者和居民之间矛盾的行为中，无论哪类行为，在经营者中的比例均是最低的，也说明了经营者不一定觉得自身行为影响了社区居民，但是其他三类群体则认为这些行为对社区居民的影响要严重得多。

表 3　引起经营者与居民矛盾的行为

单位：%

经营者行为	经营者	社区居民	楼宇白领	政府管理者	总体
违法经营	26.55	50.70	29.73	53.33	34.00
深夜制造噪声	47.46	57.75	78.38	86.67	55.67
乱扔垃圾	48.59	63.38	72.97	66.67	56.00
搭建违章建筑	20.34	57.75	56.76	66.67	36.00
侵占公共通道	25.99	56.34	64.86	53.33	39.33
乱排放油烟	32.77	60.56	67.57	93.33	46.67

资料来源：调研整理。

（四）餐饮是影响社区居民和周边环境的主要经营业态

关于对居民影响最大的经营业态的判断，63.33%的人认为是餐饮美食，其次是便民蔬果（13.67%），而后依次为社区服务（9.00%）、零售百货（3.67%）、五金建材（3.67%）、其他（3.00%）、手工饰品（1.00%）、时尚创意（1.00%）、美容美发（1.00%），其中所有人都觉得服装服饰对居民没有任何影响。除了餐饮美食、便民蔬果和社区服务对居民影响较大外，其他经营业态的影响微乎其微。从不同群体看，社区居民中只有2.82%的认为社区服务对自身有影响，政府管理者则认为社区服务对居民没有任何负面影响；楼宇白领中有8.11%的认为五金建材对居民有影响，政府管理者中有13.33%的认为五金建材对居民有影响。

在招聘员工时，只有42.94%的经营者让员工进行体检，其中97.62%的餐饮美食类经营者让员工进行体检。但是餐饮是不能出任何差错的，要做到万无一失，做到员工100%的体检，确保卫生安全。

表4　后街经济发展中对居民影响最大的经营业态

单位：%

业态类型	经营者	社区居民	楼宇白领	政府管理者	总体
餐饮美食	53.67	76.06	78.38	80.00	63.33
便民蔬果	16.38	14.08	2.70	6.67	13.67
社区服务	12.43	2.82	8.11	0.00	9.00
手工饰品	1.69	0.00	0.00	0.00	1.00
零售百货	5.65	1.41	0.00	0.00	3.67
体育健身	1.13	0.00	0.00	0.00	0.67
时尚创意	1.69	0.00	0.00	0.00	1.00
服装服饰	0.00	0.00	0.00	0.00	0.00
美容美发	0.56	1.41	2.70	0.00	1.00
五金建材	2.82	1.41	8.11	13.33	3.67
其他	3.95	2.82	0.00	0.00	3.00
合计	100.00	100.00	100.00	100.00	100.00

资料来源：调研整理。

四 国内外后街经济发展优化营商环境的经验

国内已经有很多成功的“后街经济”优化营商环境的案例，如北京的南锣鼓巷、上海的田子坊、成都的宽窄巷子……这些带有浓郁地方文化特色的小巷，名震海内外。国外也有很多成熟的“后街经济”案例，如纽约第五大道、伦敦牛津街、东京银座……几乎每一条世界级商业街的繁荣，都不仅仅局限于那一条几百上千米的主街。那些各具特色的“后街”，才真正划定了商圈的影响力半径。我们通过梳理国内外“后街经济”的代表，可以总结出这些“后街经济”优化营商环境的经验。

（一）国内外后街经济发展优化营商环境案例

1. 重庆解放碑商圈后街经济优化营商环境

2016 年，解放碑商圈经济稳健增长，成为重庆首个 500 亿元级商圈。随着解放碑商圈的不断发展，解放碑后街经济的主要功能也不断完善，分布着金融、娱乐、文化、餐饮、百货零售、药店、住宿等业态。解放碑后街经济发展的路径体现在以下四个方面。

第一，政策助力解放碑商圈后街经济发展。2013 年底，重庆市政府出台了《关于加快重庆中央商务区建设的意见》，不断扩容解放碑中央商务区。重庆市委四届三次全会把渝中区划为都市功能核心区，渝中区委十一届四次全体（扩大）会议根据市委的会议精神提出了强化都市核心功能、加快转型升级步伐、倾力共建“美丽半岛、幸福渝中”的总目标。在解放碑商圈的后街小巷打造具有地方特色和时尚元素的主题街区，不断丰富解放碑商圈业态，满足消费者多元化需求。

第二，解放碑商圈的扩容推动了后街经济的加速发展。解放碑商圈的核心区面积为 0.92 平方公里。随着商圈的不断扩容，后街经济加速发展。解放碑商圈从 1997 年至今经历了数次大扩容：1997 年，重庆市、渝中区两级政府以解放碑为中心，将解放碑大十字地区（民权路、民族路和邹容路的面积共2.24万平方米）改造成中国第一条商业步行街——解放碑中心购物广场。2006年前后，解放碑步行街的面积再度增至3.6万平方米。2012年开始，解放碑二期扩容工程启动，覆盖较场口、民权路、邹容路至大世界酒店一段。整个二期扩建改造工程全部完工后，解放碑步行街的总面积达到9.6万平方米。不断扩容的商圈带动了后街经济的加速发展。

第三，不断优化后街经济业态以满足解放碑商圈的配套服务需求。利用主要商业中心内部或周边的支马路、背街小巷打造集聚特色餐饮、休闲娱乐等业态的特色商业街区，与主干道的商业中心形成互补发展的格局。升级改造和引入新业态成为后街经济进一步发展的关键所在，渝中区充分利用较场口“30°街吧”的成功经验和示范效应，以邮局巷—八一路二期—得意世界—30°街吧—日月光为重点，打造较场口精品夜市。

第四，完善交通网络，美化后街经济发展环境。交通拥堵、停车困难等问题，一度成为解放碑商圈发展中的瓶颈。随着打造“西部华尔街”战略的实施，解放碑商圈开始了交通整治工作，地下环道一、二期工程改造实现了车辆分流与1.32万个车位的串联，分流解放碑商圈30%以上的车流量。地下交通网络为解放碑后街经济的发展提供了便利，美化了后街经济发展环境。

2. 日本银座后街经济发展优化营商环境

银座是东京最具格调和品位的繁华商业街。因为在固定时间内禁止车辆通行，它又被称作“步行者的天堂”。银座大道全长1500米，北起京桥、南至新桥，大道两旁的百货公司和各类商店鳞次栉比，专门销售高级商品。银座后街以饭店、酒馆、小吃店居多，颇具特色的日本料理应有尽有，并且还有品种繁多的外国菜，如中国菜、法国菜、意大利菜、新西兰菜等。银座后街的上千家酒吧、夜店、私人会所代表了日本的“夜文化”。

银座后街经济的变迁经历了以下阶段。

第一，伴随着银座大道的逐步发展，在整个银座区域内，政府对银座大道和附近的街道进行了科学的规划。涉及土地及房屋产权属性的问题，政府与所在地的地权所有者共同讨论，商定新的容积率、高度限制、立面退让等具体细节，为银座附近街道的经济业态扫除了诸多障碍。与此同时，邀请专家一起，详细地讨论了银座后街经济的发展方向。

第二，除了合理规划商业街的布局外，还通过立法等形式规定营业时间，为小商店提供生存空间。与小商店相比，大商店综合成本较低，竞争力较强。为了使小商店不被大商店挤垮，日本通过专门的立法，规定大型零售商店必须在晚上 7 点以前停止营业，以此把晚上 7 点以后的购物人流引导至遍布小街小巷的小店铺。不仅如此，日本还通过立法，划出一些地区，禁止建立超级市场，为小商店提供更大的生存空间。

第三，一系列商业组织有力地支撑了银座后街经济的繁荣。随着银座区域街道的繁荣，日本按区域建立了自治组织“町会”，商业街还建立了“通会”等商业街振兴组织，以及不同行业的行业组织和各种名义的团体等。这些组织开展的多种多样的活动，有力地促进了银座后街经济的繁荣。为了进一步推进银座后街经营业态的多样化和精品化，2001 年日本制定了《银座街区营造远景》规划，成立了“银座最高意向决定机关”，以统筹整个地区的发展。

第四，独特的街道设计增加银座后街经济的吸引力，让更多的顾客流连忘返。银座附近的街道采用图案美观的陶板铺装地面，在主要的步行空间均匀地铺设这种陶板，形成漂亮的道路网；银座附近的街道还使用了多种铺装工艺，用精美的图案、流畅的线条造就了一个符合人体尺度的人性化步行空间。每隔一段距离就会变换一种铺装方式，以消除行人的疲劳感。这样既增强了空间的节奏感，也使整个空间充满朝气，精美的街道使得很多游客在银座后街驻足。

第五，便利的交通也对银座后街经济的发展起到了积极作用。交通便利对银座后街经济的兴旺具有十分重要的意义。由于交通基础设施的不断完善，现在银座四周环绕高速公路，四面通行电车，营团地铁银座线、丸之内线、日比谷线和有乐町线等在此交汇。据统计，在银座和附近六个车站上下车的乘客每天达百万人次，其中银座地下铁路综合站的乘客就有近 50 万人次，源源不断的客源进一步推动了银座后街经济的发展。

（二）“后街经济”发展优化营商环境经验总结

1. 政策支持是后街经济发展的后盾

相关配套政策对于后街经济的功能发挥、产业定位、用地布局等起着关键的作用。加强对后街经济发展的重视，加大对后街经济环境优化、交通改造的资金投入，完善对商圈和后街的整体功能规划等都是后街经济发展的重要保证。

2. 合理布局经营业态是后街经济发展的方向

国内外有很多成功的后街小巷商业，经营业态的合理布局是后街经济发展中至关重要的一环。后街经济具有商贸、文化、创意高度融合的特征，打造后街经济周期长、涉及面广，随着经济的快速发展和居民消费水平的提高，购物与休闲相结合的“一站式”消费理念被越来越多的消费者所接受。后街经济在经营业态布局上呈现多元化，满足消费者购物、餐饮、休闲、娱乐、旅游等多元化需求。特别是在后街经济发展到一定阶段后，合理布局经营业态显得极为重要。

3. 环境美化是后街经济发展的基本底线

很多城市中的支马路和后街小巷集聚着一些餐饮、饰品、服饰小店等，房屋老旧、业态低端、形象差，主干道和支马路之间已经形成业态“断崖”，阻碍了商圈发展。可以说大多数后街小巷都存在街道面积狭窄、人口过于集中的问题。由于缺乏成熟的物业管理，加之年久失修，后街小巷普遍存在垃圾污水乱倾倒、小摊小贩占道经营、交通秩序混乱等现象。因此，在发展后街经济的同时，应该关注环境卫生，守住基本底线。

五　上海后街经济发展优化营商环境的对策建议

（一）加强后街功能布局，服务主街商圈经济发展

上海后街经济的发展，要放在上海商圈的大背景下予以考虑，必须对

上海后街的功能重新进行布局，满足服务上海商圈发展的要求。加强支马路经营业态的进一步集聚，打造休闲、娱乐、餐饮、文化等精品小街，充分发挥上海后街在上海商圈中的互补功能。通过支马路功能的完善与提升，打造上海后街名片，展示上海独特的文化魅力，优化上海商圈营商环境。

（二）发挥市场调节手段，疏堵结合促进协调发展

充分发挥市场在经济发展中的调节作用，通过规划和扶持等手段，引导后街经营业态进一步集聚，形成以休闲娱乐、时尚创意等为主的特色鲜明的后街经济，让那些对市容卫生影响较大、不符合功能定位的经营业态失去生存空间。对于早点、小吃等流动摊贩则开设固定的经营场所，要求他们固定地点经营，避免占道经营和流动经营。对于无证摊贩和证照不齐全的经营者，则要设法帮助他们办理或者补齐证照，做到合法经营。对于经营中发现的问题，一定要采取疏通的办法，帮助经营者解决问题。但是对于一些严重违法经营问题，则要采取坚决取缔的态度，通过疏堵结合，促进上海后街经济协调发展。

（三）建立矛盾处理备案制，缓冲矛盾激化升级

针对经营者在经营中对周边环境和居民生活造成的影响，建立社区居民与经营者矛盾备案制。当社区居民与经营者发生矛盾时，首先要到街道相关部门进行备案登记，然后进行调解，最后进行调解效果的评估。在遇到矛盾与冲突时居委会要第一时间到街道进行备案；同时居委会要出面召集社区居民和经营者坐在一起，心平气和地分析冲突、矛盾所在，以身份互换的角度替对方思考。在充分保障社区居民和经营者双方利益的基础上，探讨解决问题的办法。当居委会没有办法调停矛盾时，街道要及时介入处理。年终时，街道要对所有备案进行分析总结，对处理及时、得当的居委会进行表彰，对处理不及时、不妥当的问题进行总结。通过化解矛盾，提出应对措施，提升处理问题的能力。

（四）搭建经营者交流服务平台，提升后街经济发展动力

搭建经营者交流服务平台，增强经营者之间的交流互动，加深经营者对行业发展趋势的了解。通过为经营者提供服务和经营者诚信合法经营提升后街经济发展能力。一方面，通过交流服务平台为经营者提供相关政策咨询服务。通过经营者交流服务平台，为经营者提供政策及法律咨询服务，指导办理相关证件、提供网络信息化方面的服务，经营发展战略及管理服务，人力资源管理咨询服务，财务税收筹划咨询服务等。同时通过互动交流服务平台举办经营管理知识讲座、经营者沙龙和茶话会等活动。另一方面，通过交流服务平台，增强经营者行业自律意识。通过交流服务平台，组织经营者共同探讨在经营中如何避免给周边环境和社区居民带来不良影响。使不扰民、不侵占公共通道、不搭建违章建筑、不乱排放油烟、不乱扔垃圾、不深夜超时经营、不制造噪声等成为经营者自律行为。

（五）建立经营者与社区联系制度，增强经营者社区归属感

建立经营者与所在社区的联系制度。所有经营者按照经营场地所在区域到所属社区进行登记，建立社区与经营者的联系制度化、常规化。充分发挥基础党组织的模范带头作用，通过“结对子”的形式让社区党员与经营者建立紧密的联系，帮助经营者解决生活困难，增加经营者融入社区的吸引力。主动邀请经营者参与社区共建工作，共同解决社区发展中的困难与矛盾。组织经营者诚信守法经营评比活动，增强经营者的社区主人翁意识。定期举办经营者与社区居民联谊活动，增进经营者与社区居民之间的交流。提前通知社区所辖范围内的经营者，让他们也像社区居民一样参与社区的各类活动。通过多样化的活动，增加经营者的社区归属感，使其全面融入社区。

（六）加大对安全隐患的整治力度，全面确保合法有序经营

根据上海市住房城乡建设管理委等八部门颁布的《关于加强本市住宅小区内“居改非”整治工作的实施方案》（沪建城管联〔2017〕130 号），

成立街道“居改非”工作小组，加大对存在安全隐患的“居改非”场所进行综合执法的力度，联合整治，依法取缔，恢复原状。对于存在安全隐患的“居改非”经营场地，要坚决进行整改，但是要召集经营者和房东共同协商，制定整改时间表，在整改的过程中要充分兼顾经营者和房东双方利益，不要操之过急，避免引起经营者的抵抗情绪。对无证经营和证照不齐全的经营者，要督促他们办理或补齐相关证照，并纳入相关部门的管理之中，决不能让这些无证经营者（证照不齐）游离于监管之外。加强执法过程中的多部门联合执法，避免部门之间相互扯皮、推卸责任，提高执法队伍的执法能力。加大对安全隐患和违法经营活动的整治力度，确保城区平安；加强对市容卫生环境的整治力度，确保城区美丽。

B.5
基于社会性别视角的上海营商环境优化研究

沈开艳　倪　外　周　婷　李泽众　由　欢*

摘　要：　性别平等不仅是促进营商环境优化的重要因素，也是区域经济增长的核心驱动因素之一。营商环境中性别平等程度是城市重要的软环境评价指标，对于上海到2040年建成全球城市而言十分重要。优化女性营商环境体现在女性就业和创业全过程中，不仅包含劳动力市场和社会保障政策，而且包括改善融资、评选和培训等环节的性别平等状况。本报告总结了上海市积极构建性别平等营商环境的现状，梳理了基于性别视角的上海营商环境中存在的问题，并提出了具有可操作性的对策建议。

关键词：　营商环境　上海　性别平等

上海是我国营商环境优化的引领性、标志性城市，上海女性营商环境处于全国领先地位。在国际性别平等的营商环境的突出引领与现实要求下，上海女性营商环境以更高标准、更高要求持续优化。在上海市政府出台的

* 沈开艳，经济学博士，上海社会科学院经济研究所所长、研究员，主要研究方向为政治经济学、中国经济体制改革；倪外，经济学博士，上海社会科学院经济研究所副研究员，主要研究方向为区域经济、城市经济；周婷，经济学博士，上海社会科学院经济研究所助理研究员，主要研究方向为医疗保障、社会政策；李泽众，上海社会科学院经济研究所人口、资源与环境经济学博士研究生；由欢，上海社会科学院经济研究所政治经济学硕士研究生。

《着力优化营商环境 加快构建开放型经济新体制行动方案》中，明确到2020年上海各领域营商环境要全面进入国际先进行列，性别平等的营商环境是其中的重要评价指标。

一 性别平等是全球营商环境发展的大趋势

（一）性别平等是国际营商环境发展的主要方向

进入21世纪，世界银行、联合国、世界妇女大会以及全球性高端智库等不同机构组织在不同场合均发表观点认为，性别平等是国际营商环境发展的主要方向，并指出性别平等是一个国家或地区社会进步的核心表现，性别平等极大地促进了一个国家或地区的经济发展，性别平等表现越优异的地区，营商环境的评价指数越高，经济发展的表现越优异。世界银行营商环境报告中指出性别平等是国际营商环境发展的重要内涵，也是未来的主流发展趋势。联合国妇女署在《赋权予妇女原则》中明确指出性别平等带来经济发展，并且倡导各国或地区创造充满活力的商业环境，为各方参与者、合作者、贡献者以及创新者提供广阔的空间，向所有的男性和女性敞开大门。

世界妇女大会通过的行动纲领中，在优化妇女营商环境方面特别指出：①敦促各国在商业银行、专门金融机构和私营部门促进女性获得平等机会。为不能获得传统担保的妇女包括青年妇女开放专门贷款窗口；进行立法和行政改革，给予女性与男性相同的取得经济资源的平等权利，其中包括拥有和控制土地及其他形式的财产、信贷、继承、自然资源和适当新技术等；审查和修订金融机构业务法，以确保这些法律在平等基础上为男女提供服务。②促进女性获得平等的资源、就业、市场和贸易机会。促进并支持妇女从事自营职业和发展小型企业，通过增加专门提倡妇女创业的机构，确保女性与男性平等的获得信贷和资本的机会；加强国家政策的激励作用，制定男女机会平等的政策；通过促进妇女平等获得生产资源、土地、信贷、资本、财产权等机会；促进微型企业、新式小型企业、合作企业发展；在必要时重新拟订以及执行各项政策，包括企业法、商业法、合同法和政府条例，以确保它们不歧视妇女开办的微型和中小型企业；分析、协调和执行各项政策，将妇女权益纳入部门性和跨部委的政策、方案和预算。③中央银行和国家开发银行以及私营银行机构酌情为女性提供机会。为参与微型、小型和中型企业的妇女提供服务，特别重视没有机会获得资本和资产的青年妇女，鼓励财务监督和管理改革，支持金融机构为此做出努力，更好地满足妇女经营微型、小型和中型企业的信贷需要和其他财务需要，从而增加妇女进入金融市场的机会；在项目规划和执行阶段促使更多的妇女参与，确保她们获得工作机会。

麦肯锡全球研究院发布研究报告指出，推进性别平等给国家和地区带来可观的红利，多元化的工作团队有利于增加盈利，受过教育的且可以自由选择职业的女性无疑会推动经济发展。亚太地区是世界上最具活力的地区，凭借投资、技术和创新驱动全球经济增长。显然，中国是这一地区最重要的成员之一。目前，女性正成为亚太经济增长新的驱动力，不断做出重要贡献。现在是开展相关工作的有利时机，各国都在加速促进性别平等，以便更好地服务于经济增长和社会福祉。

（二）性别平等是发达经济体营商环境的先进标准

由2009~2018年的《营商环境报告》和《全球性别差距报告》可知，性别平等排前20名的国家中，每年都有50%左右的国家营商环境也排世界前20名（去除中国香港、澳门等地区），如冰岛、挪威、瑞典、芬兰、丹麦、英国和爱尔兰等欧洲国家。当前，各国都积极推进性别平等，以便更好地服务于经济增长和社会福祉。发达经济体在营商环境方面表现出较强的竞争力，特别是在性别平等指数方面，按照世界银行2019年的评价结果，发达经济体的营商环境排名普遍靠前，性别平等是其竞争力的重要组成部门。发达经济体在优化女性营商环境方面制定了各种政策和措施，以增强这方面的竞争力，主要体现在：加大政府扶持力度，为女性创业提供保障；发挥不同机构和协会的作用，为女性创业提供支持和服务；构建女性创业教育培训体系，提升女性创业者技能；注重开展女性创业研究，指导女性创业；培育支持女性创业的外部环境，解除女性创业者的后顾之忧等。

女性创业是国际范围内的经济社会现象，女性创业的“她力量”在国外也受到重视和支持。随着价值观念的变革，女性创业的社会价值和引领作用日益为社会所关注和认可，支持女性创业的机构和协会蓬勃发展。发达经济体女性创业率的上升离不开其颇有特色的、专门针对女性开展的创业教育。教育内容和环节不断完善，并趋向于创业全过程，包括创业前的思想启蒙和各类基本知识储备（如会计、市场营销、行政管理、资源管理、领导和法律问题），创业中的问题咨询、经验交流、技能提升等。同时发达经济体利用高校资源搭建教育平台，充分发挥女性基金组织的力量。为支持女性创业，打造较完善的内外部环境，不只是围绕女性创业做文章，更重要的是不断完善支持女性创业的社会环境和家庭环境，包括完善公共服务体系、倡导家庭责任性别中立化、保障女性政治生活权利、构建创业女性人际网络等。主要发达经济体优化女性营商环境的政策措施如下。

英国制定了“女性创业战略框架”（SFWE），关注女性创业所面临的困难和障碍，致力于探究支持女性创业的措施。中央政府层面，协调构建和实施女性创业战略，设立了四个关键的行动方案——商务支持体系、融资支持政策、儿童看护支持体系、自主创业过程中的支持和帮助措施。地方政府层面，制定地区性女性创业战略。例如，伦敦发展署（LDA）建立了女性创业地区咨询小组，并针对女性创业过程中可能面临的创业障碍，在六个关键问题——商务支持与建议、融资支持、私人或公共部门支持、工作场所支持、信息和数据共享支持、国际合作和发展支持方面形成有关女性创业的主题框架，并围绕该框架，从各层面提供支持性的解决措施。

美国完善女性创业法律制度，并同时设立相应的部门以提供政策框架。美国国务院发起了美国女性创业项目（WE Americas）等计划，从帮助女性获得培训和人际关系网络资源、帮助女性在各州和各地区获得市场份额、帮助女性获得更多的融资及信贷额度三个方面对女性创业各环节提供帮助。同时，美国劳工部设立的妇女局则针对外交政策中的女性问题，制定政策以增进劳动女性的福祉，改善女性劳工的工作条件并促进其职业发展；支持美国民众创业的核心机构美国联邦中小企业管理局（CSBA）与分布在各州和地区的机构合作。美国很多高校都开设了以女性创业为指向的教育项目，如百森商学院（Babson College）专门设立了女性创业领导力中心（CWEL），推出了“女性创业领导力学者”（CWELS）四年制本科学习项目，通过一系列的学习、实验和辅导等培养女性创业领袖。

其他主要发达经济体在营商环境的性别平等方面均采取了各种政策与措施，且效果明显。西班牙政府在1983年设立了女性事务研究所（女性协会的前身），并赋予了部门自治权。政府鼓励妇女参与政治和经济生活，组织了促进西班牙人消除性别歧视现象的运动，并举办了有关女性创业的讲习班。加拿大妇女基金会为妇女与农村经济发展计划（WRED）提供资金，用于提供500~5000美元的小企业贷款。瑞典政府规定，父母双方均需至少休满60天育儿假，不可相互转让。平分育儿假的父母还可额外获得免税奖金。澳大利亚职场性别平等机构（WGEA）通过“雇主选择计划”褒奖致力于工作场所平等性别的公司。挪威政府规定，在所有官方机构的委员会、董事会、理事会等机构中应当有男女双方的代表。当某一公共机构任命或者选举一个4人以上的组织时，每一性别的代表都应当至少占到40%。韩国女性创业家联合会、韩国妇女小企业委员会、韩国女企业家联合会三个机构，保护女企业家权益，并建立了商业女性中心，致力于教育、数据交流等工作，同时建立商业女性培训机构，致力于对商业女性在管理和创业方面的培训。阿联酋推进阿联酋女性发展国家战略，并已经在组成UAE的七个酋长国建立了女性企业家的工商会，以此帮助女性创业者与政策制定者取得联系。芬兰贸易工业部、50%的私人企业和协会在首都赫尔辛基成立的女性企业署（Ladies Enterprise Agency）在对女性为企业主的中小企业进行支持的基础上，打算为开创企业的女性提供免费培训和咨询、组织交易会和展览会，为女性在创业过程中的一切活动提供咨询。丹麦还给予了男性“父亲假期”，使得男性可以回归家庭更多地承担起家庭责任；在扩大女性的人脉网络方面，配偶或家庭可以为女性进入男性社交网络铺平道路，商业协会则在女性与其他企业家的联系方面发挥着特别重要的作用。北欧国家完善了由市政府负责儿童日托的公共服务体系，使女性可以从照顾幼龄孩子的家庭负担中解放出来。欧盟各成员国都有设立相关的机构以提高女性创业的技能。

（三）性别平等成为促进经济发展核心驱动力之一

在区域经济发展过程中，性别平等的营商环境挖掘了女性在经济发展领域的巨大创造力和潜力，并且以此为基础建构的综合性营商环境表现出卓越的经济发展活力。以《2018 年营商环境报告》公布的各国营商环境排名为被解释变量（*Environment*），以世界经济论坛公布的《2018 年全球性别差距报告》中的性别平等排名为解释变量（*gr*），构建计量模型，分析性别平等的营商环境与区域经济发展的关系：

$$Environment_i = \alpha + \beta gr_i + \mu_i \tag{1}$$

其中，α 为常数项，μ_i 为残差。选取两个报告中皆有排名的国家为样本数据，共 147 个国家，回归结果拟合的上述函数为：

$$\begin{aligned} Environment_i &= 40.467 + 0.605 \times gr_i \\ &\quad (5.20) \quad (6.74) \qquad R^2 = 0.2387 \end{aligned} \tag{2}$$

其中，α 和 β 系数均在 1% 水平下显著为正（括号内数字为相应 t 值）。

将两者原始数据与上述计量模型拟合情况绘制成图，如图 1 所示。研究发现性别差距与营商环境呈正相关关系，即性别差距越小的国家，往往营商环境越优，越能激发区域发展活力，性别平等是区域经济增长的核心驱动之一。

近年来，我国坚持市场监管体制机制改革，营商环境不断优化。在世行发布的《2019 年营商环境报告》中，中国排第 46 位，比 2018 年上升了 32 个位次。性别平等是社会公平和文明程度的体现，也是我国构建和谐社会的重要内容。宪法明确规定，妇女在政治、经济、文化、社会和家庭生活等各方面享有同男子平等的权利。

（四）国家及上海市政府高度重视构建性别平等的营商环境

国家主席习近平在全球妇女峰会上指出，中国政府高度重视推动妇女和

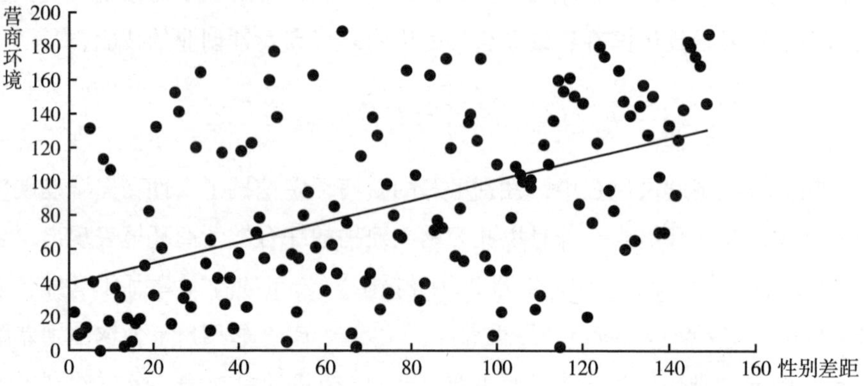

图 1　营商环境与性别差距排名散点图

经济社会同步发展。国家发展离不开妇女，发展要惠及包括妇女在内的全体人民，要制定更加科学合理的发展战略，既要考虑国情、性别差异、妇女特殊需求，确保妇女平等分享发展成果，又要创新政策手段，激发妇女潜力，推动广大妇女参与经济社会发展。中国实践证明，推动妇女参加社会和经济活动，能有效提高妇女地位，也能极大提升社会生产力和经济活力。

在世界经济重心东移和中国崛起背景下，上海提出到 2040 年建成全球城市。“全球城市”（普遍推崇美国哥伦比亚大学教授萨森的定义），即在社会、经济、文化及政府方面具有直接影响全球事务能力的城市。其内涵不只是世界著名银行和大公司的总部数、证券公司的市场价值、国际机场数等硬件指标，更包括内在的文化影响力及价值。更为包容的性别环境和在此基础上更为健康的营商环境显然是全球城市重要的软件指标。

二　上海女性营商环境优化成绩显著

（一）积极构建性别平等营商环境

上海市不断优化妇女创业就业环境、拓宽妇女就业渠道。上海一方面加强公共创业服务，加强妇女职业技能培训；另一方面充分调动社会力量，通过开展各项女性创业活动，积极营造有利于女性创业的社会氛围，开展女性创业大赛、青年女性职业飞翔计划、女大学生创业培训营等活动，推动建立一批女性创客空间、实训基地、创业基地，扶持一批有业务专长、能吃苦耐劳、有创造性思维的优秀女性走上创业之路，如2017年上海市女性创业大赛、浦东新区“俪人创客”女性创新创业大赛、徐汇区女性创业者联盟、松江区“女大学生创业训练营”、青浦区“青女创业赢”等项目。

同时，上海坚持实施就业优先战略，加强女性就业制度安排，确保女性享有平等就业权利。尤其是为应对“全面二孩”政策实施后女性易受就业歧视的问题，上海一方面通过规范用人单位招聘行为、加大执法监督力度等方式，逐步消除行业、性别的职业隔离现象，另一方面通过延长女职工产假期限、提高生育保险金和生育医疗费补贴标准等方式，提高女性就业保障水平，改善女性就业环境。推动女性参与上市公司和其他企事业单位高层管理、逐步提高高级管理层女性比例等，加强对女性人才资源的开发利用，提高女性就业层次。

围绕女性就业特点，上海充分利用社会职业培训资源，有针对性地组织开展女性职业技能培训。在女性就业集中的行业领域，不断开发适合女性的职业培训项目并纳入补贴培训目录，鼓励女性劳动者参加职业培训提升技能，提高职业转换能力，确保就业稳定性。

（二）上海女性企业家规模增长迅速

上海优化营商环境的重要表现就是近年来一大批女性企业家脱颖而出，在各个行业领域表现出卓越的领导能力和市场把握能力，促进上海相关产业发展，在部分领域成为行业引领者，或弥补了上海经济发展的短板。上海性别平等的营商环境造就了这一发展成就，成为上海优化营商环境的表现。上海优化女性就业制度安排，加快女性职业能力建设，提升女性就业层次，女性经营管理人才的比例、高层级管理人才比例有所上升。上海市注册登记的企业法定代表人和个体私营企业主中，女性比例呈逐年增加的态势，显示了上海市妇女的自主创业、自立自强能力不断增强。2017 年本市应届毕业女大学生签约率为 96.9%，与 2015 年 96.7% 相比高出 0.2 个百分点，比同年应届毕业男大学生的签约率高出 0.11 个百分点。

截至 2018 年 4 月，上海市法定代表人为女性的企业数量达到 457000 余户，占全市企业主体数量的 28.6%；女性个体工商户数量达到 151000 余户，占全市个体工商户主体数量的 34.8%。女性经营者在经济社会发展中的作用不断显现。2015～2017 年，国有企业中女性董事会、监事会成员的比例从 16.6% 上升至 19.2%；国有企业中女性高级管理人员的比例从 20.1% 上升至 22.3%。积极开展女性创业创新活动，通过开展创业创新大赛，推出“女大学生创业训练营”“青女创业赢”“辣妈返岗训练营”等项目，加大女性创业扶持力度，鼓励女性自主创业。

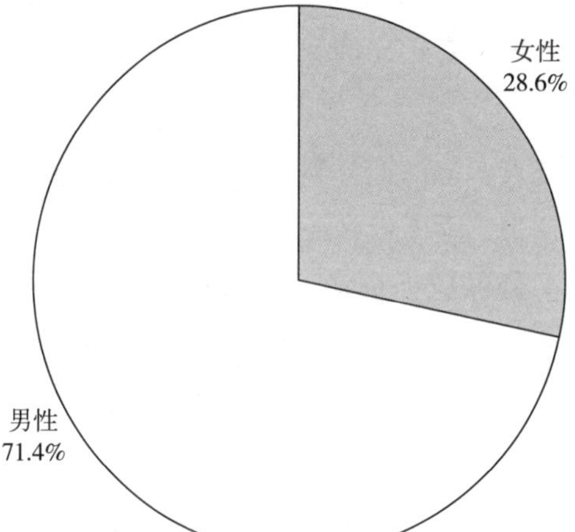

图 2　上海市企业法人代表性别比例

（三）上海女性创业与职业成就获得社会更多肯定

上海优化女性营商环境的成果表现就是在商业领域一大批女性的工作成绩获得了社会的积极肯定，特别是在男女公平竞争和成果的评价方面得到了

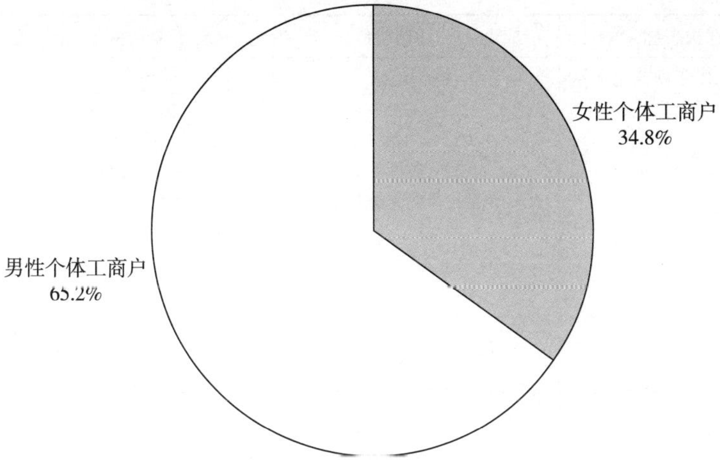

图 3　上海市个体工商户性别比例

社会的认可。例如，在商业领域，女性企业家的能力受到社会的肯定，在行业内认可度有一定突破。其中，“青年企业家提名奖”占 40%（2018），“上海市十大杰出青商”占 20%（2017），“上海商业优秀企业家”最高占到 33.3%（第十四届），“上海市优秀青年企业家”占 10%（2018）。在上海国企系统中，“十三五”以来，上海市国资委企业系统中涌现出一批优秀女性荣获全国或市级荣誉，有 1 名全国三八红旗手；2 名全国巾帼建功标兵、4 个全国巾帼文明岗；1 名上海市巾帼创新奖、74 名上海市三八红旗手、30 个上海市三八红旗集体；14 名上海市巾帼建功标兵、65 个上海市巾帼文明岗；等等。

表 1　上海女性企业家获行业荣誉统计

单位：%

评选名称	评选单位	评选时间	女性占比
上海市优秀企业家	上海市企业联合会、上海市企业家协会、上海市青年企业家协会	2018 年	0
上海市优秀青年企业家		2018 年	10
优秀企业家提名奖		2018 年	0
青年企业家提名奖		2018 年	40

续表

评选名称	评选单位	评选时间	女性占比
上海商业优秀创业企业家	上海市商业企业管理协会	2018 年	10
上海商业优秀企业家		2016 年	10
		第十四届	33.33
		第十三届	11.76
		第十二届	4.17
		第十一届	4.17
		第十届	0
		第九届	13.79
上海市十大杰出青商	青年报社、上海市经济团体联合会	第六届（2017）	20
		第五届	30
上海市工商业领军人物	上海市工业经济联合会（上海市经济团体联合会）、上海市商业联合会和上海市企业联合会（上海市企业家协会）	第四届	5.71
		第三届（2014）	8.33

围绕建设“五个中心”和卓越的全球城市、具有世界影响力的社会主义现代化国际大都市目标，上海培育、选树 18 名女职工成为“上海工匠”，引导女职工培育执着专注、精益求精、一丝不苟、追求卓越的职业素养，为经济社会持续健康发展做出贡献。培育表彰 30 家“上海市五一巾帼创新工作室”，在 150 个职工（技师、巾帼）创新工作室中，有 55 个工作室由女职工领衔。组织巾帼创新工作室与上海市的劳模创新工作室进行了联盟签约，形成了水资源保护、智慧交通运行等四大创新联盟，提升女性创新能力，激发广大女职工的创新动力和活力。

三　基于性别视角的上海营商环境中存在的问题

（一）竞争环境的性别公平性有待提高

1. 市场信息的公开透明度不足

上海在保证市场信息公开透明层面已取得了显著的成绩。例如，上海经信委微信平台、上海市人民政府新闻办微信平台等均能及时发布信息。同时，调研发现，部分女性获取信息的能力仍然较弱，这一方面与其自身的信息搜寻能力有关，另一方面也说明政府的宣传力度和信息公开公平的程度仍有改善的空间。上海的创业女性大量集中在中小企业，她们所掌握的政府和商业信息非常有限，面临信息不对称问题。企业在初创阶段的女性在信息获取和政策了解上也处于劣势地位，她们获取的往往是滞后信息、二手信息、过滤信息，大大影响了其获取资源、抓取市场机遇的能力。事实上，很多经营中小企业的女企业家受过高等教育且综合素质很高，她们希望可以在平等的竞争环境中得到更多的市场机会。否则，女企业家经营的中小企业将在由信息不对称、所有制差别等因素造成的不平等竞争环境中被淘汰，不利于营商环境的优化。

2. 职业竞争在性别层面缺乏公平性

职业竞争中的性别不公问题成为阻碍部分女企业家经营企业的因素之一。

首先，虽然中国女性的劳动参与率超过 70%，排名居世界第一，但是中国企业领导岗位的女性比例较低。以企业界董事会的女性比例为例，纵观全球，该比例排名前 5 的国家依次为挪威（46.7%）、法国（34.0%）、瑞典（33.6%）、意大利（30.8%）、芬兰（30.8%）。然而，我国该比例于 2015 年底为 9.2%，与上述国家存在较大的差距，职业竞争中的性别层面公平性仍有改善的空间。

其次，上海在企业家和创业者评奖方面存在不合理之处。例如，上海青年企业家评奖的年龄上限为 40 岁，未考虑女性 30～40 岁有一段时间忙于生育的特殊情况。事实上，在女性的社会职能逐渐与男性平等的同时，时间层面却由于生理特征、女性的家庭角色等原因无法实现平等。相当多的职场女性牺牲了大量照顾家庭、陪伴孩子、自我放松娱乐的时间，在工作中勤勤恳恳，取得了完全不输于男性的成绩。但她们在与男性竞争奖项评选、职位晋升、干部选拔等机会时难以脱颖而出，难以得到应有的认可。例如，在 2018 年的上海市优秀企业家评选中，20 位获奖者均为男性；同年在上海市优秀青年企业家评选中，10 位获奖者中仅有 1 名女性，占比 10%。这影响了职业竞争的公平性，实际上也是对女性的价值低估。女企业家难以凭借评选成绩获得行业的认可，会进一步导致社会加深对女性的刻板印象，也会导致女企业家的事业进取心受挫。

3. 缺乏扶持女性创业发展的组织网络

创业女性往往希望融入较高质量的网络联结，“单打独斗”和“经验缺乏”容易招致失败。然而，由于历史沿革等种种原因，我国的民间组织和行业协会多依附政府部门，自我发展能力不足，影响力和权威性有所欠缺。上海目前在女性创业平台建设和社会网络组织方面已经取得了一些进展，无论是由女企业家和创业者自发组织的互助网络，还是第三方服务组织等，都为女性创业带来便利，但是，其扶持女性创业的组织功能、中介功能、平台功能有待提高。以女企业家协会为例，虽然开设了学习培训专栏，定期举办综合素养提高班、信息化应用培训班等，但是在帮助女性获取资金、扩大社会网络、吸纳社会资源、建立互助网络等方面功能发挥不到位，女性创业者较难拥有较高质量的网络联结。

（二）融资环节的性别层面障碍依然存在

1. 银行信用评价体系与贷款标准不统一

据悉，离异单身女性群体申请银行贷款难度较大，其偿还贷款能力、经营企业能力等更易受到质疑。并且，从事电子商务等新业态的女性也由于收入较难衡量和估计，银行对其放款也十分谨慎。据统计，女性创业者主要集中在小微企业，其中包括大量从事微商、淘宝等电子商务的女性，也不乏离异和独身者。一份小小的事业可能是她们主要的经济来源，成为她们立足社会、找回自信的根基。女性在融资环节遇阻无疑将增加其经营企业的困难，由于无法得到应有的资金支持，企业也无法发展壮大。

2. 征信系统不完善

目前，虽然征信系统正在逐步完善，但是女性在征信环节得到不公正评价的现象依然存在。女企业家融资渠道狭窄、获得资金机会不平等，导致资金链紧张，在进入一些风险性较高、资本需求较大的行业时面临困境。社会公众与投资机构对女性创业和经营能力的不信任与征信系统的不完善有关。目前征信系统采集的数据以金融机构信贷信息为主，非银行信息采集面相对较窄，对公共信用、互联网信息和行业、部门信息涉入不深，成为征信系统在社会各领域应用的短板。征信系统的不完善不利于女性所经营企业的生存和发展，也会极大地抑制女性创业活动的开展和创业层次的提高。

3. 风险投资较难流向女性

在风险投资环节，投资方或多或少会不信任甚至歧视女性。女性在风投面试环节时常被问及家庭的详细情况，其平衡家庭和事业的能力常被强调甚至质疑。然而，男性创业者被问及的往往是以经营企业层面的专业性问题为主，家庭状况并不作为其是否能够获得风险投资的关键因素。有意思的是，女性创办的风险资本公司倾向于向女企业家投入较多资本，这些公司17.4%的资金投向了女性拥有的初创企业，高于行业内平均水平（12%）。同时，女性领导的小额贷款机构吸引更多女性管理人员和女性客户，其中有59%的机构公开以女性为服务对象，而男性领导的小额贷款机构仅有43%公开以女性为服务对象。① 女性投资人与女性经营者之间“惺惺相惜、互相温暖”现象体现了女性之间的天然情感联结，也可能成为解决女性贷款难问题的突破口。

（三）性别平等的营商政策与社会理念仍有落差

1. 上海与发达国家地区的营商政策存在差距

各国在当前阶段均积极推进性别平等，保障女性权益，努力提高女性劳动参与率，以便更好地服务于经济增长和社会福祉。尤其是高收入国家在女性的机会平等、包容和非歧视等方面基本保持领先地位。上海在保障女性平等权利、提高女性贡献度等方面（尤其在女性健康、教育等方面）取得了显著的成绩，在推进性别友好的营商环境层面也取得了不俗的成绩。女企业

---

① *CS Gender* 3000：*The Reward for Changes*，https：//www.credit-suisse.com/cn/sc/about-us/press-release/pr-09262016.html.

家普遍对上海营商环境的性别友好程度十分满意。

然而，对标国际先进水平，上海在打造更有利于女性创业的营商环境方面仍有提高的空间。部分发达国家已有多层多维的政策框架，覆盖了创业各阶段的需求，从创业教育和培训、创业融资到创业过程中的各个环节，都为女性创业活动提供了极大的便利。例如，欧盟中小企业政策有一项支持女性中小企业家创业的政策框架，框架涵盖创办中小企业全过程，包括在选项、技术培训、融资、税收方面给予女性特别关注和支持，对女性合伙人的界定，对女性合伙人生育期、离异丧偶后的权益保障等。为了使政策在支持女性创业方面发挥作用，欧盟建立了执行、检查的组织机构与支持网络，还专门开展统一检测指标基础上的监控和评估。

2. 营商环境信息统计工作存在不足

目前，上海无论是统计指标的精细度还是数据的公开化程度均在全国名列前茅，但是在基于性别视角的相关统计工作方面还不够常态化和精细化。

一是在指标建立、信息统计等环节未充分纳入社会性别视角。例如，目前上海每年发布的《上海妇女儿童发展状况监测报告》涵盖了上海女性发展的基本情况，但在其经济活动参与方面反映得还不充分，如女性劳动付出与经济资源的分享、女性参与经济和社会事务等数据。女性的职业分布等数据只在人口普查中进行统计，尚未进入年度统计范畴。统计数据的不完善与缺失使政府对女性中小企业家的发展情况掌握不足，从而使政府为其服务的能力有所欠缺。

二是已有数据难以对标世界银行等国际机构的性别维度指标。例如，世界银行关于女性发展的数据库显示，中国 2011～2018 年拥有女性合伙人的公司占比为 64.2%，但是拥有女性中高层的企业占比暂无统计。[①] 又如，世界银行发布的《2017 年营商环境报告》首次在 4 个指标中包涵了性别维度，分别是劳动市场法规、开办企业、财产注册和合同履行。世行的研究结果显示，在 190 个经济体中，有 23 个经济体在开办企业方面要求已婚女性比已婚男性办理更多的手续，有 16 个经济体限制女性拥有、使用和转移财产的

① http：//wdi. worldbank. org/table/WV. 5.

能力。然而我国目前在以上4个指标的统计工作中尚未加入性别维度。这反映出统计工作的不足，性别意识的不足导致统计数据的不完善，进而会使政府对女性中小企业家的发展情况掌握不足，影响政府为其服务的能力，不利于性别友好的营商环境的形成。

3. 尊重、包容、激励女性创业的向善氛围有待加强

课题组在调研中发现，目前女性在创业和经营的过程中，得到的社会理解和认可尚不充足，尚未完全受到社会整体行善向善氛围的良性影响。

首先，社会尊重和肯定女性能力的风气仍有改善空间，社会大众对于女性创业者和企业家存在偏见的现象依然存在。事实上，相比男性在知识、技能、专业、财富方面的强势地位，女性在讲求服务质量、社会影响力、形象、信任度、人性价值等方面更具有创业优势。调查显示，女性在高级管理层的比例越高，股东获得的超额回报就越大。财务表现的硬指标同样证明这个因素与公司股票的优异表现有关。2013年至2016年年中，女性占高层职位25%的公司，复合年均增长率达2.8%，女性占高层职位33%的公司，复合年均增长率为4.7%，女性占高层职位50%以上的公司，复合年均增长率为10.3%[①]。

其次，对女性创业包容友好的社会氛围不充分。社会对女性创业者勇于冒险的精神鼓励不足，对她们的创业指导和培训较为欠缺，对女性创业经营失败缺乏足够的理解宽容，家庭有时对女性创业形成较大的束缚和阻碍。调研发现，上海包容和激励女性创业的社会氛围已较为浓厚，但在家庭支持层面还有提升的空间。

最后，行善向善、利义共存的社会理念有待加强。良好的社会氛围和先进的社会理念是营商环境重要的软性评价指标之一，也是决定女性创业成败的重要因素。目前，政府大力提倡社会主义核心价值观，但社会上仍不乏唯利是图、损人利己的自私和不道德行为，对社会弱势群体的疾苦毫无同情心和同理心，

① *CS Gender* 3000：*The Reward for Changes*，https：//www.credit-suisse.com/cn/sc/about-us/press-release/pr-09262016.html.

表现出事不关己的冷漠态度，或为了竞争和盈利不择手段，采取毫无道德底线的经营手段，扰乱市场秩序，破坏社会和睦友好与行善向善氛围。这种体现于部分个体的极致利己主义与有违社会主义核心价值观和道德观的个人行为对于上海良好营商环境和社会氛围的培育十分不利，也不利于女性更好地创业。

（四）性别友好的劳动力市场体系不完善

1. 就业机制缺乏弹性与人性化

雇用劳动力是经营企业过程中的重要环节，劳动力市场的稳定性、规范性对企业经营至关重要。劳动力市场中就业机制的不完善不利于进一步优化营商环境。

首先，就业机制缺乏弹性，加剧了女性在工作与家庭之间的角色冲突。当前，托儿体系尚未形成有效的社区、园区、企业联动网络，幼儿抚育的重担往往落在女性的肩头。工作与家庭的冲突影响了女性安心工作、提高劳动效率，不利于企业整体生产力和创新力的提升。弹性工作制在发达国家较为常见，成为未来发展的趋势和潮流，有利于女性更好地平衡工作与家庭，保障劳动力供给的稳定和劳动力生产率的提高，从而有利于企业的健康运营和良好的营商环境的形成。

其次，就业及相关配套机制的人性化有待进一步提升，以增强劳动力市场的稳定性。目前，上海在0～3岁托幼体系、育儿行业管理等方面已做了大量工作，取得了不错的社会反响，但是职业女性仍然有一定的后顾之忧，增加了女性的经济负担，加重了她们的工作压力。例如，低收入或多胎家庭育儿负担较重，缺乏相应的政府补助；产假制度的合理化和人性化不足，二孩家庭的生育假不足，父亲的陪产假时间较短，育儿责任无法在夫妻间合理地予以分摊等。

2. 女性劳动力群体的职业培训与政策支持不足

世界银行发布的《2019年营商环境报告》明确提出，培训是获得新技能和进行知识更新的手段，有利于改善商业环境。上海目前已有部分促进企业联动方面的平台和举措，但是在建立扶持女性创业发展的知识培训机构方面仍有进一步提升的空间，这对于女性企业的发展和营商环境的优化十分重要。首先，部分女性或许有些天然能力弱项。经过调研和走访，我们发现女性创业者确实存在由传统观念、文化等因素导致的创业自信心不足、创业科技含量低、市场信息少、产品层次低等问题，这需要政府或社会组织提供培训与咨询等服务。其次，由于家庭原因暂时离开并重返职场的女性，在重新回到工作岗位时，可能存在能力与当前工作需求脱节的问题，这将增加其再次退出劳动力市场的可能。最后，对于处于事业初创期的女性或失业再创业的女性，在创业经验和社会关系方面都表现出较为明显的积累不足。课题组调研发现，该群体普遍反映缺乏解决困难的渠道，需要政府提供培训平台和咨询渠道，不仅可以使她们接受技能与知识培训，也可以使女性企业家形成互助团体，增强自我认同感和团体间互助的凝聚力。

3. 劳动保护政策执行缺乏有效落实与合理性监管

为规范就业市场，政府出台了各类政策对女性劳工提供保障。但是，相关政策在具体执行落实的过程中，可能遇到企业的变相抵制。例如，在人社部、卫生健康委、全国妇联等部门印发的《关于进一步规范招聘行为促进妇女就业的通知》中明确要求各用人单位、人力资源服务机构在招聘过程中不得以性别为由限制妇女求职就业、拒绝录用妇女，不得询问妇女婚育情况，不得将限制生育作为录用条件，不得差别化地提高对妇女的录用标准等。政府出台政策的意愿是良好的，体现了对女性劳动者予以保护的良苦用心。但是，由于政府的规定可能与企业的利益产生冲突，企业自发落实政策的积极性并不高。实际上，政府不可能对所有企业的招聘录用等具体行为予以现场监督，受到歧视的劳动者当事人可能并不善于利用政策保护自身权益，企业完全可以通过技术手段回避政府的各项硬性规定。

另外，课题组在调研中发现，企业中存在部分员工恶意利用政府的劳动者权益保护政策的现象，使企业利益受损。《劳动法》和《劳动合同》规定，对于“女职工在孕期、产期、哺乳期的，用人单位不得解除劳动合同”。虽然这是对“三期”女职工的保护，但在现实中，有些女性员工有意钻政策空子，过度利用产假制度，不劳而获，甚至刻意将整个孕产期安排在就职期，“假满即走人”，使公司遭受损失。以上政策的初衷是为促进女性就业和保护女性劳动者的权益，但由于缺乏科学性、合理性监管，反而产生了不劳而获的群体，恶化了风气。这会扰乱劳动力市场秩序，也会降低劳动力市场的公平性和稳定性，不利于良好的营商环境的形成。

四　对策建议

女性不仅是家庭组织的稳定器，更是社会经济活动的重要参与者和贡献者。当前，各国都在努力推进性别平等，提高女性劳动参与率，为女性提供机会平等、包容和非歧视的营商环境。我国各级政府也始终保持男女平等基本国策，对妇女事业予以高度重视，积极促进妇女发展，发挥妇女作用，将性别视角纳入各个领域，支持妇女建功立业、实现人生理想和梦想。

上海提出到2040年要建成全球城市，成为在社会、经济、文化及政府等各方面具有直接影响全球事务能力的城市。更为包容的性别环境和在此基础上更为健康的营商环境显然是全球城市重要的内涵与软性评价指标，对于建成令人向往的创新之城、人文之城、生态之城意义重大。

目前上海基于性别视角的营商环境还存在一些问题，在劳动力市场、融资环节、竞争环境、政策与理念等方面的国际差距仍有待进一步改善。上海应借鉴国内外有益经验，结合自身情况，集思广益、汇聚资源，为女性创造更好的工作和营商环境，推进社会和谐发展。

（一）优化竞争环境

1. 提高市场信息的公开度、透明度、传播力

创业女性获取信息的能力与政府的宣传力度和处理信息公开公平的态度立场有关。因此，政府不仅应培育女企业家的网络信息获取能力，推动性别间的数字和信息平等，更应将落实政府信息公开作为重要的任务，以各种渠道使信息在不同性别等身份特征的企业家、创业者之间实现真正共享，加大

信息的传播力度，增强信息的公开性和透明度。

此外，建立内容全面、程序规范、信息集中、公开透明的创业商业信息平台势在必行。平台可通过宣传等手段消除女性中小企业家在创业过程中由信息不对称等因素造成的不平等竞争，使她们及时充分掌握政府的制度与政策，了解与自身相关的信息。打破（国有）大企业市场和信息垄断的局面，帮助女性中小企业家获取更多市场机会，更好地参与经济活动，与男性企业家平等竞争，赢得事业成功。

2. 提升职业竞争中的性别公平性

在女性职业发展和企业公平竞争方面，政府应通过以下措施予以进一步完善。

首先，努力提高企业领导岗位的女性比例。充分借鉴国外经验，如挪威政府规定，在所有官方机构的委员会、董事会、理事会等机构中应当有男女双方的代表。当某一公共机构任命或者选举一个4人以上的组织时，每一性别的代表都应当至少占到40%。2018年9月，美国加州通过一项法案，要求任何总部设在加州的上市公司的董事会中的女性必须达到一定比例。台北市规定议员席位中女性必须占1/4以上。在“十四五”规划中可考虑对高层和领导岗位中女性比例提出具体目标，帮助女性消除职业上升通道中的“玻璃天花板”。

其次，在企业家和创业者评奖方面，可采取以下措施：针对女性适当放宽评奖晋升所设的年龄限制，充分考虑女性生育年龄阶段与事业上升阶段的重叠期，使其拥有与男性平等竞争的制度环境。例如，将女性参选上海青年企业家的年龄上限由40岁放宽至45岁；以直接或间接的手段提高评奖晋升中的女性比例，以激励她们的劳动积极性，对她们的付出给予充分的肯定与回报；设置专门的女企业家评选，为女性创业者提供更多在业界脱颖而出、展示风采的机会。

政府、企业、第三方机构应携手为女性创造公平公正的竞争环境，在政策制度上保障女性的权益，发挥优秀女性在职场的示范引领作用。

3. 扶持创业女性社会网络的组织与发展

诸多研究表明，有异质性网络资源的女性创业者可获得更佳的组织发展与竞争优势。这些结构性嵌入的女性创业者往往拥有较高质量的网络联结，因而更可能在未来的政策实施、合作关系和服务供给等方面优于非结构性嵌入的女性创业者。

为女性服务的社会组织在北美、欧洲等发达国家和地区已十分成熟，且形式多样，在帮助女性获取资金、扩大社会网络、吸纳社会资源等方面发挥了积极作用。这些社会组织和机构具体包括以下类型。

为企业融资助力的基金机构，如西班牙妇女协会与金融机构为扶持妇女自主创业，在20世纪90年代就设立了“女性创业者国际基金”；加拿大妇女基金会为“妇女与农村经济发展计划”（WRED）提供500～5000美元的小企业贷款资金支持。

为女性企业家提供培训、咨询等服务的各种协会，如芬兰的“女性企业署”（吸收了芬兰一半的企业与行业协会）帮助女性降低获取知识和技术的门槛，为女性创业者提供免费指导；英国的“工作就业平等机会委员会女性培训机构”，为有创业意向的女性提供服务，帮助她们创业。

为女性创业活动提供支持的各类协会和机构，如美国国家女企业家协会旨在推动女性创业活动，并对其支持体系的有效性进行评估和检测；韩国女性创业家联合会、韩国妇女小企业委员会、韩国女企业家联合会三个机构，致力于商业女性的教育、培训、数据交流等工作。

在女性与政府之间发挥桥梁纽带作用的商会机构，如阿联酋在七个酋长国建立了女性企业家的工商会，帮助女性创业者与政策制定者取得联系。

在女性创业平台建设和社会网络组织方面，上海市政府已做了大量工作。展望未来，可进一步借鉴发达国家的经验，对标国际先进模式，积极扶持各类社会网络组织的发展，既包括由女企业家和创业者自发组织的互助网络，也包括第三方服务组织；鼓励创建女性企业家和创业者互助平台，利用平台发布政府和市场相关信息，组织女企业家线下活动，增强女性的信息互动共享和互帮互助。应利用各种组织形式，帮助女性创业者拓宽网络联结和资源渠道，使她们在更具合作和互助性的营商环境中参与竞争，避免因

“单打独斗”和“经验缺乏”而失败，充分依靠社会组织的力量，将经营失败的风险和后果降到尽可能低的程度。

（二）规范融资环节

1. 规范银行信用评价体系与贷款标准

针对女性在融资环节受到歧视的个别现象，政府应对各类银行信贷决策中的潜在性别歧视行为予以审查和干预。建立女性贷款人的申诉渠道，并建立及时反馈介入机制，对银行的不当行为予以纠正甚至惩处，保障女性企业家、创业者拥有平等使用资金资源的权利。可借鉴发达国家的有益经验与做法，针对女性创业活动中面临的融资难问题采取积极措施，发挥有为政府的职责与功能，对银行相关信用评价体系和贷款标准予以规范。可尝试在部分银行设置女性贷款专项资金，为女性贷款人（尤其是单身母亲等特殊群体）开辟贷款绿色通道。

2. 提供适当政府信用担保与背书

部分银行放贷过程中对女性的隐性歧视其实源于对其贷款偿还能力、企业经营能力的不信任。为缓解甚至消除这种不信任，政府不仅应对歧视行为进行监督和纠正，还应积极为女性提供适当的信用担保，为她们的偿还能力进行背书，降低银行的信用风险与压力。政府可牵头完善贷款人征信系统，为银行及时准确获取贷款人资质信息提供平台服务，确保每一位信用记录良好的女性贷款人不因自身性别符号或身份特征受到不公正待遇。上海市政府相关部门还可借鉴其他省市的有益经验，针对女性企业家、创业者推出专门的贷款优惠条件及政策，缓解女性贷款难问题。比如，福建省政府推出女性创业小额贷款政策，扶持女性创业；广州市妇联成立专项基金，为女性创业提供金融服务和支持。

3. 设立支持女性创业发展的基金机构与专项基金

上海女性在创业经营方面表现突出，上海女企业家约占全国女企业家总数的25%，上海女性创业活动率为11.3%，互联网等领域的女性创业者占比更高，达55%。这一方面反映了上海女性在商业领域的卓越表现，另一方面也体现了上海营商环境对女性的友好。政府相关部门应发挥积极作用，使这种有利于女性生存发展的营商环境继续优化，在投融资环节给予女性更多的渠道与空间，使她们不必受到资金问题的制约，获得更充分的发展。

上海可借鉴国内外有益经验，结合自身情况，集思广益、汇聚资源，为女性创业活动提供便利，推进社会和谐发展。一是成立为女性创业提供金融服务和支持的基金机构；二是推出支持女性中小企业家创业发展的小额贷款和专项基金（以100万元以内的额度为主），并采取妇联与金融机构合作的运营模式。例如，浙江苍南县妇联与当地银行共同推出“巾帼贷”服务行动，由银行一年一次授信5亿元资金，支持优秀女性创业创新。该模式有利于妇联参与企业经营能力的评审，结合银行的专业优势，共同为符合要求的女性创业者提供小企业贷款资金支持。

（三）对标国际先进政策与社会理念

1. 缩小上海与发达国家地区的政策差距

上海应对标国际高标准，为女性提供更好的创业就业条件，进一步优化营商环境。

设置具有女性偏向与关怀的制度规定，如对政府议员和企业高管中女性的最低占比进行设置、延长女性所享有的生育假及家属享受的陪产假等。这些制度规定一经决定，任何单位不得违反，以体现政策红线的严肃性。

以多样化的手段为职业女性服务，以细致入微的具体行动计划帮助女性个体，如美国普遍采取“重返职场计划”，帮助休假照顾孩子或亲戚的员工经过18周带薪实习后重返工作岗位；鼓励公司支持性别平等，如澳大利亚职场性别平等机构（WGEA）通过“雇主选择计划”褒奖致力于工作场所性别平等的公司。

建立丰富和多元的女企业家服务沟通渠道，在女企业家与政府、其他企业家、银行、国外相关机构之间建立沟通渠道。例如，欧美等国通过基金组织、商会协会、信息平台等为女企业家提供各类服务，建立她们与外界之间的联系，使她们的诉求能通畅地到达对方，并尽快获得反馈。

2. 完善和细化分性别统计工作

分性别统计指标的完善与细化将帮助政府更好地了解和掌握女性创业者的全面发展状况和服务需求，测量和比较男女两性的创业成功率和经济贡献率，为相关政策提供有利的数据支撑和即时评估，使政策做到有的放矢、精准高效。

针对上海目前在营商环境信息统计方面存在的不足，应对标国际先进标准，大力加强上海基于性别视角的统计工作，使其进一步常态化和精细化，精准掌握分性别社会经济发展状况，以及女性创业者的发展状况和服务需求，这也是上海城市精细化管理的重要内容。

妇联可以督促有关部门加快建立女性相关数据的统计指标体系，建立和完善女性企业家数据库，全面掌握上海女性企业家的经济活动和经济贡献度，包括企业规模、行业排名、营业收入、税收贡献、发展动态等。精细化的统计数据将使政府能更好地为女企业家提供全方位的服务与政策支持。

3. 培育社会向善、利她的氛围和理念

从发达国家和地区的发展现状和经验来看，女性在创业和经营的过程中，不仅获得政府的全力支持，更得到社会的充分理解、认可和帮助，受到社会整体行善向善氛围的良性影响。这对于卓越营商环境的形成非常重要，也是评价营商环境是否优良的重要标志，是上海对标国际先进的重点内容。

首先，营造社会尊重和肯定女性能力的风气。消除女性能力弱于男性的刻板印象，宣扬对女性给予同等社会尊重和能力肯定的观念，在知识获取、技能提升、术业专攻、财富积累等方面树立优秀女性榜样，扩大女性社会影响力，宣传正面女性形象，建立社会对女性的信任度，挖掘女性的全方位价值。

其次，倡导对女性创业包容友好的社会氛围。提倡勇于冒险的企业家精神，对敢于冒险的女性创业者给予嘉奖鼓励，为她们提供创业指导和培训，倡导社会对女性创业者的失败给予理解宽容的良好风气，弱化家庭对女性创业的束缚和阻碍，对于初创阶段的女性企业家给予扶持，培育多元的市场竞争格局，打破行业垄断，为小微企业创造生存空间。

最后，培育行善向善、利义共存的社会理念。良好的社会氛围和社会理念是营商环境重要的软性评价指标之一，也是决定女性创业成败的重要因素之一。倡导全社会践行诚信友善、文明和谐的社会主义核心价值观，鼓励行善利他的个人行为，宣扬利义共存的社会理念，纠正唯利是图、损人利己的不正之风，营造社会向善氛围，构建和睦友好型的营商环境。通过教育引导、舆论宣传、文化熏陶、实践养成、制度保障等手段形成社会共同价值追求和精神支柱，树立正确的个人行为准则。

上海提出 2040 年要建成全球城市，其国际影响力不仅停留在经济层面，更应体现在社会、文化等更深层次，这也是吸引更多国内外女性趋之若鹜进行创业投资、贡献智慧才干的底层竞争力。只有友善文明、有情有义的社会氛围才能真正打动实干者在此扎根，谋求长远发展。

我们相信，在政府和社会各界的共同努力和推动下，上海将变得越来越有魅力，吸引无数优秀女性在此安居乐业、奉献才智，将上海协力打造成具有全球影响力的美好宜居城市。

（四）完善劳动力市场

1. 健全更为灵活与人性化的就业机制

女性通常承担了大量育儿等家庭任务，对工作参与率和贡献度造成一定负面影响。为缓解女性的时间分配困境，营造和谐稳定的劳动力市场，政府可倡导弹性工作制，鼓励有条件的企业为员工创设更加灵活的办公时间与空间，更有利于女性劳动者平衡工作与家庭，避免因分身乏术而退出劳动力市场，确保劳动力供给的稳定性。

另外，为消除女性劳动者在育儿方面的后顾之忧，将更多的精力投入工作中，提高工作效率，政府可采取一系列措施，帮助已育职业女性减轻育儿负担。首先，完善 0～3 岁公办托儿体系，以政府补贴、公办民营等多种形式，形成社区、园区、企业联动网络，提供可靠安心且负担得起的托育服务；其次，规范育儿者行业管理，加强育儿者行业培训，大力发展家庭服务业，规范家政市场，使更多训练有素的专业育儿师进入市场，服务家庭，更好地替代职业女性的育儿职责；再次，对低收入或多胎家庭实施育儿费用补助，帮助她们减轻育儿经济负担，提高其购买育儿等家政服务的经济能力，从而更可能增加自身的劳动时间；最后，使产假制度更具合理化和人性化，如延长二孩家庭的生育假时长以减轻二孩妈妈的压力；延长父亲的陪产假时间，并使育儿责任在夫妻间更合理地分摊，学习借鉴国外经验，如瑞典规定父母双方均需至少休满60天育儿假，不可相互转让，平分育儿假的父母还可额外获得免税奖金。

2. 培育更加成熟和符合职业规范的女性劳动力群体

由于主客观原因，女性劳动力在劳动能力和业务素质提升方面需要大量的职业培训和政策支持。政府可根据这些需求制定相应的政策措施予以支持，以培育更具职业规范性的女性劳动力群体，为企业发展提供更好的劳动力储备。首先，部分女性或许有些天然能力弱项，政府可聚焦这些能力短板，在女性需求比较集中的领域组织专业教育与能力培训，如管理思维、投资技巧、商业信息、专业技能等，提升女性专业素质；其次，对于那些由于家庭原因暂时离开并重返职场的女性，在她们重新回到工作岗位时，可能存在能力与当前工作需求脱节的情况，需要政府给予扶持和帮助，为她们提供过渡期和适应期的职业培训机会和岗位衔接机制；最后，对于处于事业初创期的女性或失业再创业的女性，在创业经验和社会关系方面都表现出较为明显的积累不足，亟须政府给予大力支持。政府可利用上海丰富的创业人才资源，为这些女性创业者牵线搭桥，使她们共享社会资源，快速提升创业能力。

3. 落实与合理执行劳动保护政策

针对劳动保护政策有待进一步落实的问题，政府应想方设法使劳工保护政策的可执行性得到有效提升，充分发挥上海相关组织机构（如法规政策性别平等咨询评估委员会）的作用，对用工过程中的性别平等进行及时有效的审查和监督，使劳动（性别）保护政策真正落到实处。另外，针对政府的劳动者权益保护政策被不良员工恶意利用的情况，政府应对原来劳动保护政策中欠合理的设计予以修订，防止政策被某些居心不良者过度利用，使企业和员工的关系处于良性的制衡与发展轨道。

参考文献

世界银行：《2019 年营商环境报告》，2018。

郝勇：《多元视角下女性创业的机遇、挑战与对策》，《山东女子学院学报》2019 年第 7 期。

鲍晓晔、刘江会、黄国妍：《上海进一步优化营商环境的思考——基于〈世界银行营商环境评价报告〉》，《上海商业》2019 第 1 期。

潘闻闻：《对标世界银行指标体系 改善上海营商环境》，《科学发展》2018 年第 4 期。

行业平台篇

Industry Platform

B.6

中国国际进口博览会的放大效应研究

沈开艳 张晓娣 文雯 李培鑫 谢婼青*

摘　要： 在中国经济高质量发展的新时代背景下，进博会正成为服务对外开放战略、服务经济社会发展全局的重要平台，具有显著的溢出和放大效应。应以进博会为抓手，推动长三角更高质量一体化发展；以进博会为推手，加速改善优化营商环境；以进博会为平台，对接上海自贸区新片区建设；以进博会为动力，加速推进上海科创中心建设；同时借进博会之力，全

* 沈开艳，经济学博士，上海社会科学院经济研究所所长、研究员，主要研究方向为政治经济学、中国经济体制改革；张晓娣，经济学博士，上海社会科学院经济研究所副研究员，主要研究方向为宏观经济和创新经济；文雯，经济学博士，上海社会科学院经济研究所助理研究员，主要研究方向为政治经济学、劳动收入分配；李培鑫，经济学博士，上海社会科学院经济研究所助理研究员，主要研究方向为区域经济和城市经济；谢婼青，经济学博士，上海社会科学院经济研究所助理研究员，主要研究方向为计量经济学理论及方法应用、金融统计与风险管理。

面助推上海国际会展之都建设。

关键词： 进博会　长三角一体化　营商环境　科技创新　会展业

改革开放40年来，以鼓励出口为主的开放模式推动我国成为世界第一贸易大国和第二大经济体。然而近年来，国际贸易保护主义、“逆全球化”思潮抬头，国内劳动力成本和经济要素成本上升，过去的开放路子不再适用，必须与时俱进地进行改革和调整。在这样的背景下，我国举办了“中国国际进口博览会”这样世界上第一个以进口为主题的大型国家级展会，以“买全球”的姿态欢迎外来商品、企业与要素搭乘中国发展快车，互惠互利促进贸易自由化和经济全球化，进而巩固进口大国地位，稳步提升国际贸易的话语权和定价权。

在中国改革开放这个大布局中，进口博览会正成为服务对外开放战略、服务经济社会发展全局的重要平台。2018年首届进博会成绩斐然，吸引151个国家和地区的3600多家企业参与，累计超过40万名境内外采购商洽谈采购，累计意向成交金额达578.3亿美元，总计100多项新技术和新产品在进博会上发布，200多家世界500强及行业龙头企业在进博会平台上汇聚。同时，首届进博会业显示出显著的溢出效应和辐射效应：一是为长三角更好对接国际市场提供了渠道和服务，让长三角的联动变得更加紧密，长三角区域一体化发展再提速；二是为提升营商环境创造机遇，特别是为上海营商环境跃进式进步提供持续的重要推动力；三是与上海自贸试验区3.0版建设联动，共同服务下一步上海做精高水平对外开放平台；四是打造了展示国家之间创新的最佳示范窗口，吸引全球重要创新要素在上海集聚并扩散到全球范围；五是为中国会展业发展提供了新的动能，尤其为上海会展业从高速度增长转换到高质量发展带来新的机遇，加快打造国际会展之都。正如上海市委书记李强所指出的那样，“上海要抢抓机遇，以开放共享的机遇意识，不断放大展会带动效应”。只有持续地发挥并不断放大进口博览会的溢出和带动效应，才能抓住此次关键历史节点进一步提升全球影响力，推进上海成为高水平对外开放的示范和辐射新高地。

一　以进博会为抓手，推动长三角更高质量一体化发展

进博会的举办显示了我国扩大对外开放、构建外向型经济的决心，作为举办地，上海具有开放、创新、包容的鲜明品质，以开放品格、开放优势和开放作为来引领我国更高水平的对外开放，在全球资源配置中发挥着重要的作用。但随着全球化和信息化不断深入以及技术革新、产业升级等不断加速，要素跨区域配置日益明显，参与全球分工与竞争的空间单元已不仅是全球城市，而且是全球城市与周边具有密切联系的城市所共同形成的全球城市区域。习近平总书记在首届进博会开幕式上宣布：“支持长江三角洲区域一体化发展并上升为国家战略，着力落实新发展理念，构建现代化经济体系，推进更高起点的深化改革和更高层次的对外开放，同‘一带一路’建设、京津冀协同发展、长江经济带发展、粤港澳大湾区建设相互配合，完善中国改革开放空间布局”。进博会的举办是长三角各个城市共同的发展机遇与使命，需要每个城市的共同支持，同时其溢出和带动效应也会辐射到整个长三角地区，推动长三角更高质量一体化发展。可以说，进博会既是对外实现更高水平开放的重要举措，也是对内实现更高水平一体化的重要抓手。而通过进博会与长三角一体化的联动，有利于更好地整合国内市场和国外市场，释放经济增长新动能，推动我国经济高质量发展。

（一）通过会展共办放大进博会的开放平台效应

作为我国建设开放型经济的重要举措，进博会架起了国家间贸易投资的桥梁，为国内外采购商和供应商提供了一个展示、沟通、交易、合作的平台，有利于推动企业与企业、政府与企业、居民与企业、政府与政府之间的对接，提高了供给与需求的匹配质量。在首届进博会期间，长三角各个地区都组织了大量的采购团队。但是，进博会在上海 6 天的展期可能并不能完全

释放其所应具有的开放平台效应，受到空间和时间的限制，一些有意的企业和消费团队并不能深入地参与其中，展览在多样化类型和专业性展示方面存在一定的不足。对此，进博会可以进一步利用整个长三角的区域资源，通过多地共同承办、同步展览的模式来扩展和优化博览会的空间布局，以此扩大进博会的影响力，更加充分地发挥平台作用，也为长三角一体化发展提供新的路径。

第一，可以考虑在上海之外的长三角其他城市设立分会场。作为我国经济最为发达的地区，长三角形成了较为齐全的产业门类，未来进博会可以在上海设立综合性主会场，同时在其他城市根据功能定位举办分会场，着重展示与地区特色主导产业相关的商品和服务，特别是对于区域性的次级中心城市如杭州、南京、苏州、合肥、宁波等，目前已经具备了举办高水平会展的硬件和软件设施。而通过上海主会场与地方分会场的配合联动，可以丰富进博会展示的商品类型，优化展会的展品分布，提升展览的专业化水平，扩展辐射的空间范围，调动各方的积极性，从而放大平台效应。

第二，可以在虹桥国际经贸论坛的基础上举办专业化论坛，借助进博会这一人才和信息集聚的平台，长三角各个城市都可以举办地区性的产业和发展论坛，邀请相关的企业家、专家学者和技术人员参与，从而更加充分地了解商品技术信息和国际市场发展趋势，进行更加深入的交流与合作，同时也能够起到城市宣传的作用。此外，长三角各地区也可以利用自身综合保税区和跨境电商发展的基础，有条件地建立相应的进口商品展示交易中心，从而更加充分地打造进博会“6 +365 天”线上线下“一站式”交易服务平台，延伸进博会的时间效应。

（二）加强多地联动形成进博会服务保障合力

进博会的举办是一项系统工作，涉及场馆布置、人员食宿、商品存储、交通出行、信息沟通、安全检查等多方面的服务和保障工作，尤其是随着影响力的不断提升，参与的企业和人员会继续增加，博览会的规模也将进一步增大，要求也会越来越高。在 2018 年长三角地区主要领导座谈会上，三省一市签署了《长三角地区协同做好进博会服务保障工作合作协议》，要办好进博会，不仅上海市要提高自身城市管理水平，增加相关产品和服务的供应，而且需要通过长三角各个地区的相互联动来形成合力，共同保障进博会的顺利进行，由此推动长三角一体化进程。

第一，以进博会为契机探索完善长三角区域协同治安管理体制机制。为加强进博会的安保管理工作，沪苏浙皖四地签署了《沪苏浙皖三省一市公安机关中国国际进口博览会安保警务合作协议》《长三角边检机关首届中国国际进口博览会安保合作协议》等多项协议，可以强化在重大警情协查快速响应、重大突发事件协同处置、出入境航班船舶检查管理等方面合作，推动区域公共安全共享信息平台建设，逐步实现沟通更及时、标准更统一、共享更彻底、协作更高效的安保合作体系。

第二，通过进博会的举办可以进一步推进长三角地区的交通一体化。加强综合运输通道和区际交通网络建设，逐步打通地区间断头路，增加到上海通勤车班次，同时推动建立长三角综合交通信息平台，增强不同地区不同类型交通间的衔接能力，完善机场、车站、码头间通联机制，如在环沪备降机场开通“进博会”通道等。

第三，可以进一步发挥进博会的会展经济带动效应，通过建立长三角地区后勤服务联动机制，在为进博会提供保障的同时，带动周边区域餐饮和住宿等产业的发展，也可以利用进博会吸引大量人员集聚的机会，整合各地区丰富的旅游资源，共同打造服务进博会的精品旅游产品，推动长三角一体化旅游市场建设。

（三）立足协同开放促进长三角产业转型升级

作为我国经济“增长极”，长三角在经济体量、产业体系、科创资源、市场培育、制度环境等方面具有较好的基础，是我国参与全球分工体系与全球资源配置的主要空间载体，而通过上海举办进博会，长三角也将成为受益最为直接和显著的地区。进博会既是贸易平台，也是投资平台，还是信息平台，通过进博会可以引进国外先进的产品、设备、技术和资本，了解国际上产业发展最新趋势和技术前沿，以此推动开放型经济一体化发展，通过协同扩大开放深化供给侧结构性改革，优化产业链、提升价值链、打造创新链，促进产业转型升级。如长三角 G60 科创走廊的九个城市在首届进博会期间就发布了《G60 科创走廊九城市协同扩大开放 促进开放型经济一体化发展的 30 条措施》。

第一，以进博会为契机推动长三角重点产业的优化布局和统筹发展，从而在产业链深度分工和融合中迈向全球价值链中高端。利用好进博会的平台效应，国内企业可以寻求与自身发展相契合的国外企业进行合作，地方政府也可以结合自身功能定位进行招商引资，这其实为长三角各个地区之间加强产业分工与协作、共建高质量产业集群提供了一个很好的契机。在此过程中长三角地区整体可以更加聚焦汽车、集成电路、高端装备等优势产业提升发展，大力培育民用航空、智能制造、生物医药等战略性产业，积极发展人工智能、“互联网 +”等新技术、新业态，培育若干世界级先进制造业集群，同时也能够推动企业总部、研发设计、金融法律、信息服务、贸易服务等现代服务业部门在主要核心城市的集聚。

第二，利用进博会的技术、知识和信息溢出效应，推动长三角区域协同创新网络建设。进博会的举办能够带来先进的设备、技术和管理经验，而这种溢出效应会辐射到整个长三角地区，基于此，可以加强产业发展的动力变革，围绕中心城市构建长三角科技创新资源配置载体，推动各个区域间创新要素的自由流动与更加高效的配置，共建科技资源共享平台，创新技术转移合作模式，围绕重大项目和关键技术促进联合研发与成果转化，积极培育高端产业自主品牌，实现科技研发、规模生产的有效衔接。

第三，可以通过进博会来推动长三角不同地区之间产业平台的合作。以产业深度融合为主线，共同打造长三角一体化发展的产业合作平台，充分发挥合作平台在产业分工、科技创新合作等方面的试验示范作用。作为集聚企业的主要平台和载体，一方面要促进各地开发区的共建共享，探索完善开发区的利益共享和成本分担机制，特别是可以加快各类海关特殊监管区域整合优化和开放平台创新升级，通过合作进一步释放其功能和作用，另一方面也要着力加强重点产业带，如G60科创走廊、G40生命健康走廊的建设。

（四）促进互联互通推动区域一体化市场建设

长三角区域一体化发展的核心要义在于建立统一的市场，实现资源要素在各地区间的自由流动和优化配置，而进博会的举办会带来大量的人流、物流、资金流、信息流、技术流，在一定程度上能够以此作为抓手消除商品和要素的流通壁垒。根据《长三角地区市场体系一体化建设合作备忘录》，三省一市将协同做好中国国际进口博览会服务保障工作，联合搭建进博会交易服务平台，推进长三角市场体系一体化。特别地，进博会的一个重要溢出效应是要营造国际一流的营商环境，而营商环境的优化必然有利于长三角构建统一开放、竞争有序的区域一体化大市场。

第一，加强长三角各地营商环境的联合建设和整体优化。利用进博会的倒逼机制，完善长三角法治化、国际化、便利化的营商环境，在长三角率先探索建立与国际接轨的统一市场规则，在市场准入、监管规则、技术标准、资质认证等方面形成一致性框架；推进长三角区域“一网通办”的建设，实现在长三角区域内企业事务异地办理；建立和完善长三角规范统一的产权交易市场，加强对企业产权的保护，坚决依法惩处侵犯产权行为；实现市场监管领域数据共享和信息互通，推动多维共治，提升网络市场监管治理能力，实施区域联动奖惩，组建区域商务诚信联盟，优化区域的整体信用环境；特别地，与上海自贸区扩区相互联动，推进自贸区建设并加快推广可复制经验，带动长三角整体投资贸易的便利化。

第二，加快长三角要素市场的一体化进程，进博会的举办对金融体制提出新的要求，可以利用其所释放的制度红利，在长三角地区推动金融体制机制创新，加强区域间资本的流通和整合。此外，通过进博会能够吸引大量高端人才的流入，这也为长三角人才市场的建设和联动提出了要求，要推进国际创新人才进出便利化，实行更加开放的永久居留政策，同时共建共享一体化人才管理平台，建立人力资源分享和补偿机制。

第三，推动长三角地区的通关物流一体化，以进博会的举办作为主要抓手，强化长三角地区跨部门、跨区域的内陆沿海通关协作，扩大长三角单一窗口跨区试点申报范围，试点推进长三角单一窗口通关物流信息共享和窗口功能融合，为长三角企业提供更加高效便捷的“通关+物流”服务。

（五）推动中心共建增强上海辐射和引领作用

长三角一体化发展离不开上海作为核心城市的辐射与带动作用，可以说，上海未来的发展需要放在中央对上海发展的战略定位上，放在经济全球化的大背景下，放在全国发展的大格局中，放在国家对长江三角洲区域发展的总体部署中来思考和谋划。而上海通过举办进博会，有利于建成联动长三角、服务全国、辐射亚太的进口商品集散中心，有利于集聚更多的先进生产性服务业和高端人才，有利于推动消费升级、贸易升级、产业升级、开放升级，特别是进博会平台与上海自贸区增设新片区、上海设立科创板并试点注册制等相结合，更加有利于上海“五个中心”和“四个品牌”建设，成为改革开放的新高地和全球创新的策源地，实现自身能级的不断提升。

虹桥商务区是上海连通长三角的重要枢纽，《长江三角洲区域一体化发展规划纲要》将其定位为服务长三角一体化发展国家战略的排头兵、持续办好中国国际进口博览会的主力军、打造国际一流营商环境的践行者。而进博会放在虹桥商务区，进一步提高了其能级和竞争力，丰富了其保税展示、商品交易、物流仓储、通关服务等方面的功能，增强了其服务长三角的能力和水平，显著推动了长三角企业互动、产业联动、人员走动。以进博会举办为契机，虹桥商务区利用自身大交通、大会展、大商务的优势，通过多平台集聚助推长三角发展，在虹桥进口商品展示交易中心还设立了以长三角为背景的长三角电商中心和长三角区域城市展示中心。依托进博会，虹桥商务区在长三角联动发展中的作用日益重要，成为服务长三角、服务全国的长三角集散中心，为国内外企业搭建起了一个更高层次的贸易平台。

二　以进博会为推手，加速改善优化营商环境

在世界银行的《2019 年营商环境报告》中，中国跃升至第 46 位，排名提升了 32 个位次。上海作为被测评、权重占 55% 的城市，在过去一年中大力改革，营商环境便利化进步明显，但总体水平与国际最佳水平还存在一定差距，尤其在办理许可、纳税、法律保障、保证政策持续有效的长效机制等方面仍有进一步提升的空间。下一步，上海需要借助进口博览会的推动力，以“行政效率最高、服务管理最规范、法治体系最完善”为目标，持续、全面、深化推进营商环境改革，进一步打通市场主体经营的堵点，突出营商环境的亮点，实现营商环境国际化的跃进式进步。

（一）切实查找进博会中凸显的营商环境短板

总体看来，上海营商环境对标世界一流水平仍有差距，且在国内领先优势有所弱化。从国际范围来看，上海 2019 年的营商环境总体评价得分为 73.68 分（满分 100 分），与排名第一的奥克兰（86.59 分）仍有不小的差距，与世界其他主要城市，如新加坡、香港、纽约、伦敦、巴黎等相比仍然存在差距。在评价中的 10 个指标上，上海在开办企业、获得电力、执行合同方面已经比较接近全球最佳水平，但在获得信贷、办理破产、纳税方面依然有不小的差距，在投资者保护、跨境贸易、产权登记和办理施工许可方面上海仍然有着较大的提升空间。尽管最近一年，上海在营商环境便利化建设中取得了显著的成绩，但在与拥有最便利全球营商监管程序的香港相比仍然差 11.98 分，与拥有最强法律保障力度的纽约相差 18.41 分。

在国内范围，全国各地加快了改革步伐，相应地，上海改革开放具有的先发优势有弱化趋势。在《2019 年营商环境报告》中，上海与北京的营商环境评价得分几乎持平，差距仅为 0.09 分。在办理施工许可、跨境贸易 2 个指标上，上海领先于北京，而其他指标的得分几乎与北京一致，且北京在开办企业、产权登记、税率、法制建设上更具优势。现阶段，地方政府治理

的竞争主要是营商环境的竞争，不少省市在改善营商环境过程中取得了不少经验，市场主体尤其是中小型企业开办难度显著减少，如浙江“最多跑一次”、江苏“不见面审批”、深圳“便利优先模式”、天津“效率优先模式”等。

面对国际差距与国内竞争，上海巩固营商环境先发优势的形势严峻且迫切。开放是上海最大的优势，在中央交给上海的“三大任务”和“一大平台”中，进口博览会是强化上海在国家对外开放中重要作用的砝码，也是上海吸收国际先进政府治理理念、推进营商环境国际化的重要支点。

上海营商便利化若干短板已经在首届进博会中有所体现。

纳税方面，上海在税收手续简化、企业税收成本方面仍处于全球中下游水平。上海企业高达67.7%的税费率是亚太地区主要城市平均税率的2倍，相比于OECD高收入国家主要城市也高出50%有余。不仅如此，首届进博会参展企业同样面对纳税程序不灵活、税负重的问题。例如，一些参展的海外贵重珠宝、重型设备在进行销售之前必须先行交税，即使没有卖掉也无法退税，只能原封不动带走；同样面临这类问题的还有参展的农产品和生鲜产品，不少此类产品在展会结束后被低价“内部销售”。这样不仅增加了厂商的参展成本，而且极大地降低了海外企业对上海税收环境的预期。

办理施工许可方面，上海在获得施工许可并完成竣工验收的时间成本、经济费用、程序复杂性等方面，仍超出OECD国家和亚太地区主要城市的平均水平许多。进博会以后必将迎来跨境电子商务、保税展销等行业的新一轮发展，大量保税（非保税）仓库的建设需求增加，而目前在上海建造一个标准化仓库，需经过19个程序才能办完许可批准、接受检查及获得公用设施等手续，而这些复杂繁多的程序往往使得审批时间冗长同时带来高昂的费用。此外，不少进口商品的进口许可批件、注册或备案需要较长的审批时间，办理烦琐的手续，这也使得整套商品进口完成落地的时间较难估计，从而削弱进博会的战略意义。调研发现，国内某企业通过2018年进博会招展引进了某国外品牌奶粉，该企业在引进该款奶粉的同时就开始申请奶粉的配方注册，而在2018年11月进博会期间，该企业已经与展商达成了上亿美元的采购协议，但是直到2019年年中，该企业在奶粉配方注册过程中必经的三个步骤——技术参数、工厂认证和实地考察——中的实地考察尚未完成，公司在进博会期间的签约意向尚未有效落地，因此也影响了与国外参展商的履约信用。

政策可预期方面，相较于短期内进行大刀阔斧的改革，上海当前亟须解决的问题则是如何确保政策的实施效果、持续改善营商环境。在首届进博会上，各家银行临时设了很多机构，为国内外参展商提供金融贷款服务，这样暂时降低了参展商的经济成本，但依旧没有跳脱惯有的“短期安排”模式。以后围绕每年进博会的举办，需要有关金融监管机构提前做出“一揽子”、常规化的安排，避免各家银行单打独斗、各自布展，把为市场主体提供便利化金融服务当成自家的产品及业务推广活动，导致资源分散，也增加了政府部门的监管难度。

（二）不断提升“亲商、重商、安商、富商”服务效率

进博会对于上海政府以及相关监管或职能部门而言，是强化“店小二”服务意识、增强政府服务市场及企业能力的一次“抢跑”。未来通过进博会的举办，将不断督促政府提高主观积极能动性，强化“店小二”意识，通过制度创新、行政流程再造，提升对市场主体的服务水平。

第一，将进博会作为零距离学习国际先进经验、获取不同背景企业感受度的大型“调研会”，通过建立以市场（企业或厂商）为导向的评价体系，使上海营商环境治理更加科学，从而打造持续有效治理的长效机制。改善营商环境，也绝不应该只由政府自导自演。基于对企业家、律师、会计师、建筑师等营商人士的问卷调研得出的世界银行营商环境报告从一定程度上体现了市场各方的主观感受。政府可以根据现阶段上海营商环境的薄弱环节，利用进博会与市场贴近的优势，面对面与海内外企业开展相应的专题调研、查找问题的源头所在、探索化解问题的有效对策。

第二，政府需要不断丰富“店小二”技能，为市场主体提供全周期、

全流程的专业服务。有关政府部门不仅应在展会期间在组织交易团、动员企业和采购商、促进供需对接、进行交易撮合等方面主动积极作为，更应该借助进博会的大环境，完善公平公正的市场环境，公平公正地对待民营企业和外资企业，维护公平市场秩序。同时，也要注重提升市场监管系统服务市场主体的“店小二”技能，如加大对本地法律法规、工商条例、投资环境的宣传和告知力度；加强消费者保护，让消费者放心“买”；加大知识产权保护力度，让参展商及后续进入中国的企业专心“逛”；规范广告宣传监管，让企业和产品安心“秀”。

第三，政府需要主动收集市场主体的痛点堵点，有的放矢，切实保证对企业诉求的回应。进博会的筹备和展览阶段正是上海营商环境红利最集中的释放期。因此，在每年进博会开始之前，政府需要进行大量的精准调研，及时了解境内外参与企业的需求和痛点，提前为参会企业提供更精准的服务，让企业可以心无旁骛、毫无后顾之忧地参会，积极帮助其解决参展中以及开展后续经贸活动中所遇到的问题，提升国内外市场主体对上海营商环境的信心，向世界展示“上海服务”，吸引更多优秀企业开展投资和贸易。此外，可以探索将进博会期间实施的政府服务和便利政策固定下来，把相关实质性内容固化成可推广、可复制的日常政策，打造“上海服务”口碑。政府服务不仅需要在场内场外存在、线上线下互动，更需要延伸到未来的365天，深入商圈、商务楼、社区、超市、市场、旅游景区等“神经末梢”，真正体现进博会对政府服务与治理水平提升的倒逼效果。

（三）推进行政流程优化以改善企业办事便利度

进博会既是上海落实更高层次开放的平台，也是倒逼内部市场机制体制改革的策源地，在推动政府积极作为方面还将发挥重要作用。世界银行营商环境指标中的办理施工许可、纳税、产权登记、开办企业、获得电力、获得信贷、办理破产等均为对企业办事环节和耗时的考察。为了保证进博会的可持续举办，相关政府职能和监管部门需要不断改革优化相关行政流程，探索建立各种适应进口博览会的限时、高效、简便的创新型办事模式，提高政府为企业解决问题、满足诉求的行政效率，以全面更好发挥其服务保障职能，并依托这些措施为相关领域的体制机制改革积累新经验、探索新路径，为市场体制改革注入活力。

为了将上海打造为全球新品首发地、高端品牌首选地、原创品牌集聚地从而增加对商家的吸引力，打响“上海购物”城市名片，需要完善一系列创新制度，如商品检验结果采信制度、在沪首发新品海外预先检测试点、新品“预归类”制度，同时对“全球新品首发”和“首店旗舰店落户”制定相关标准，完善对新产品、新专利进行商标维权保护的措施，在“上海市重点商标保护名录”中加入符合相应条件的首发新品。在过去由于政策对纯商业活动推广宣传的地点与时间的选择存在诸多限制，也使得本计划在上海首先发布全球新品的一些知名品牌的积极性受到了影响，需要相关管理部门开辟“绿色通道”来促进宣传，为将上海打造为全球新品首发地提供便利。例如，建立进驻博会场馆“窗口”从而“一站式”解决争端争议，对收到的任何争议、投诉，由政府驻场管理机构统一受理。应将各监管部门联合运转，及时反馈争议及投诉，并通知相应的监管部门。不能只是告知参展人员遇到问题时应当到指定的部门去提交问题，而是由监管部门直接通知具体的承办部门，不断提高政府服务意识，将更完善、便捷的政府服务提供给参展人员，让政府的监管更具有效率，提升政府在处理纠纷与争议时的速度。除此之外，政府也有必要建立快速处理机制，同时完善临时性强制措施。快速处理机制就是指当权利人通过提交有效合法的证明材料给展会主办机构和展会主管机构投诉时，受理单位应将相应的处理结果尽快告知权利人。如果被投诉人认为自身没有侵犯他人权益行为，则被投诉人也应提交有效合法的证明，否则被投诉人需要立刻停止被投诉展品的展览，且该展品在之后的展会不允许被展示，从而使得权利人的权益能够更好地保障。如果被投诉人在被投诉后不能提供有效合法的证明或者提供的材料不能说明其没有侵犯他人权益，而之后被投诉人仍未将有侵权嫌疑的展品撤下，主管机构可以采用临时性强制措施，即将有侵权嫌疑的展品暂扣下来，并在之后的展会期间禁止该展品展出。

（四）对标国外先进实践提高营商环境法治化

习近平总书记在中央全面依法治国委员会第二次会议上做出重要论断，“法治是最好的营商环境”。法治能在规范框架内调整各类市场主体的利益关系，依法平等保护各类市场主体产权和合法权益，进而保护生产力。进博会参展国家和地区众多，社会文化背景迥异，只有法治化的环境才能保证国外企业厂商在中国发展的信心，提高在中国市场活动和运营的效率。

第一，需要主动加强知识产权保护，打造知识产权服务与保护示范高地。习近平总书记在首届进博会主旨演讲中誓言要营造国际一流营商环境，措施包括“坚决依法惩处侵犯外商合法权益特别是侵犯知识产权行为，提高知识产权审查质量和审查效率，引入惩罚性赔偿制度，显著提高违法成本”。一方面，为了使政府在提供知识产权服务上更加便捷，需要打造“一站式窗口”为知识产权提供保障服务。目前进口博览会已经设立知识产权保护及商事纠纷处理服务中心，制定知识产权纠纷处理规则。为了便利厂商开展后续交易、经营及生产活动，服务中心的设立尤为必要，在公共服务中心设立的“一站式”政务服务窗口涉及商标、专利、软件著作权。“一站式”政务服务窗口能够很好地处理企业遇到的知识产权问题，使企业需求和知识产权的相关政务服务贴合更加紧密。另一方面，持续深入推进知识产权相关的各类行政执法与司法审判改革创新，探索实施惩罚性赔偿制度，建立体现知识产权价值的侵权损害赔偿制度，降低维权成本，提高侵权代价。将上海知识产权专门法庭作为机构保障，对审理侵权案件进行“三合一”改革；建立多元化（例如行政执法、仲裁、调解方式）解决知识产权争端机制，构建维权援助机制；将维护知识产权的行政执法与其他法律如刑事司法联结起来，支持用法律武器来维护知识产权，建立健全跨地域移送知识产权案件的部门联合调查机制。

第二，提升行业协会、社会力量对进博会筹备及举办的参与度，充分利用市场和社会各方力量监督保障法律规范的贯彻实施。目前以行业监管为主的监管模式是国外拥有发达会展业的国家普遍采用的，这些国家基本都拥有统一标准并且能作为国家会展行业内的权威管理机构的会展行业协会。政府更偏向于对会展行业进行宏观层面的调控，如通过法律、法规和产业政策，而行业协会的管理职能则更偏向于微观层面。虽然进口博览会由政府牵头，但也应当抓住本次机遇以促进行业协会的组织建设和功能发展，同时也应该逐渐将与能力相匹配的监管权限给予这些发展中的行业协会，加强行业协会在之后的展会中的作用。更加具体地说，可以将更多的参与机会分享给上海市会展行业协会，让会展行业协会与政府协调互助，完成信息记录与统计的任务，同时注意将展会过程中出现的问题和收集到的相关数据记录下来，为以后的博览会举办做好充分的准备。为了更好地监督市场，会展行业协会可以建立信息共享平台。信息共享平台收集由各展会主办单位提供的展会参展商的违规以及违法信息，行业协会统计相关信息后再分享到各部门。通过将存在违规信息的参展商加入黑名单，可以有效地减少这些参展商的出现，从而能够更好地维护市场秩序，为政府正在大力推动的简政放权、转变政府职能改革发挥助推作用。

三　以进博会为平台，对接上海自贸区新片区建设

充分加强进博会与上海自贸试验区的联动，将有助于确立中国对外开放新格局。一方面，进博会可以带动一系列高质量、高水平的措施来便利贸易、经营和投资，为试验区进一步完善开放制度环境提供试验场；另一方面，通过上海自贸试验区制度创新的引领作用，推动进博会在投资贸易便利化以及自由化上取得更多突破，服务贸易、产业及经济转型升级。

（一）逐步提升贸易投资政策的便利化

进博会可以带动一系列高质量、高水平的措施来便利贸易、经营和投资，为上海进一步完善开放制度环境提供试验场。在首届进博会上，习近平总书记指出，“中国将进一步降低关税，提升通关便利化水平，削减进口环节制度性成本，加快跨境电子商务等新业态新模式发展”。在海关总署等国

家部委的大力支持下，上海有的放矢地修改、完善相关管理制度，出台了通关便利化、服务保障等20多项为进口博览会量身打造的创新政策措施，覆盖了会展前、会展中、会展后。例如，对展会中的展品进行提前备案；对展品以担保方式进行放行；将展品的有效期延长至一年；会展后的展品若进入保税监管场所或者特殊监管区域，那么就将展品视同为离境并予以核销；开展保税展示交易常态化制度创新试点等。这些措施大都已纳入2019年7月发布的“上海扩大开放100条”。这些措施将为上海在贸易与投资相关领域更高层次的改革开放中，积累新经验，探索新路径。

接下来，上海需要借助每年进博会的召开，通过积极争取国家授予上海的先试先行权利，推动线性开放在更高质量、更宽领域和更全方位中进行，形成贸易投资监管服务制度体系，并使其能与开放型经济体制相联系、相适应，提升“上海服务”品牌形象，使上海的营商环境更具国际竞争力，具体途径如下。

第一，密切重视进博会参展和采购企业的新需求，做好充分的调研，使相关促进便利化的配套政策及时制定并投入运行。重新审视现有的海关监管、检验检疫、税收投资等方面的政策，改革与国际标准及通行规则不相符合的措施，进一步接轨全球“最高标准、最好水平”，将“365效应”发挥到最大。重点探索并完善进口商品检验结果采信制度以缩短新产品入境检查时间，同时，与博览会参展商积极沟通，搭建平台来为场内和场外的新品发布提供宣传并优化相应的服务，牢牢把握住进博会所带来的溢出效应，不断推动消费能级升级、贸易结构升级和开放水平升级。尤其当前在医疗保健、母婴健康、装备器械等商品需要经历较长的许可审核时间以及较烦琐的手续来进行进口审批的形势下，对有关进口商品的审批应提供更大的便利，削减进口的制度性成本，通过增加贸易便利性为市场提供更多的收益。

为了让进博会的溢出效应具有更好的辐射效果，首先应关注进博会展览过程中相关进口产品的审批，逐步下放审批权力，加速在进博会期间相关进口产品合同的执行。要逐步放开进口审批权，将国内通过进口商品的制度性成本下降，让更多群众分享到为贸易提供便利化后的红利。

第二，通过政策桥梁或制度性安排打通进博会与自贸区在相关政策上的延续性。一方面，可以在自贸区应用和推广仅在进博会期间提供的便利化政策，如海关出台的食品、日用品、消费板块中对以前没有在中国市场中出现过的商品，可通过产品拥有的境外产品销售许可以及原产地证，获得中国境内入境许可证的免办权，但当进博会结束后，这些便利性政策也会暂停。当前，这些进博会期间推出的仅有6天的政策可能并不具备常态化条件，但可以在自贸区内推行这些便利性政策并延长政策的实施时间，并发现推行政策时的潜在风险，为日后推行更多成熟的监管政策积累经验，通过利用自贸区的制度优势，促进进博会溢出效应的扩散。另一方面，自贸区新片区可以将“一线放开”范围扩大，在“电子围栏”范围中加入进博会期间的优质企业和商品，并为这些优质企业及商品提供税收政策上的优惠，同时为其开辟“境内关外”通道，减少企业审批过程中需办理的各类贸易许可证、监管文件等，同时简化办理过程，从而推进内外贸市场一体化并促进其发展。让自贸新片区以成为国际公认的、具有较强竞争力的自由贸易园区为目标，在牢牢把控各种风险的情形下，将“一线放开”以及“二线安全高效管住”贸易监管制度以更高质量、更高标准实行。

第三，继续探索保税展示展销常态化的制度安排，充分利用保税政策，进一步挖掘贸易自由化的创新制度红利。商务委员会等单位应创新保税交易试点的管理，对参与保税销售商家的事前审核和监管应该被适度减小，加强对进口商品品牌和质量的把控，例如设立准入门槛和建立推出机制，设立为店铺提供租金“指导价”，设立保税仓库和提供“零租金”的信息服务，通过商品销售价核征关税等制度性安排，不断完善保税延展和跨境电商平台“前店后仓”业务功能平台，为企业节省物流和资金成本，方便欠缺中国市场拓展经验和销售渠道的海外客商通过保税展示展销以有竞争力的价格便捷地打入中国市场。海关方面应尽快制定相应的方案推进博览会展品结转成为保税商品的展示交易，让展品与保税品相互转换的申报方式更加完善，同时增强后期对展品与保税品的监管，为展品结转成为保税仓储货物提供便利；同时，可以提前对参展单位做好企业评估、事前验核、货物备案申报，在参展单位需要业务指引时能提供更具有效率的服务，增强企业的实际获得感。

第四，继续深化认证认可、检验检测领域的改革，减少国际市场壁垒、强化国内市场准入、促进国际贸易便利化，建立信任经济。对认证检测市场的监管需大力加强，让认证检测的公信力以及公正性得到提升，同时营造市场竞争氛围；吸引外资增加在中国认证检测领域的投资，降低市场准入门槛，让认证检测市场能够容纳和吸引更多资金和人才；加强产品安全的准入管理运用，如运用认证认可手段，促使企业质量管理体系不断完善，提高企业生产产品和提供服务的质量，积极改善市场整体环境；积极推动国际和中国在合格评定领域的互相承认，增加国家间关于认证认可的交流，建立促进国内外企业之间交流合作的服务平台，并且能够提供有效信息以及咨询等服务给有关企业，从而能够更好地加强企业之间的信任、促进并便利国际间贸易往来。

（二）支持自贸新片区大力发展离岸经济

进博会的召开为上海自贸新片区先行先试离岸贸易服务提供了绝佳机会。离岸经济是国际贸易与投资中的高端业态，是发达国家控制全球资源配置的重要手段。离岸贸易及其带来的国际航运、维修、仓储等附加值业务，连带衍生出的离岸投资、离岸金融等离岸经济形式，推动着商品流动自由化向资金、技术、税收要素流动自由化演变，为不少发达国家的经济增长做出贡献。上海自贸试验区新片区有望着力发展离岸经济，打造适应转口贸易、离岸贸易、服务贸易发展的制度安排；而进博会则有可能成为离岸经济这一创新型经济模式的发展加速键，具体途径如下。

第一，在自贸新片区探索设立“离岸贸易服务平台”。向参与进博会的境外企业开放，建设国内外货源中心，为国外企业之间商贸活动提供包括信用评级、第三方国际支付计算、跨国争议解决在内的各项特色离岸贸易服务。同时，大力完善贸易自由化和投资便利化政策，尤其在贸易、金融、本币结算等领域，逐步完善贸易、物流、资金、信息等监管系统，争取在离岸业务税收政策及监管制度上实现创新突破。

第二，加速建设自贸试验区离岸保险业务中心。离岸金融市场中必不可缺的组成部分就是离岸保险市场，上海自贸区是我国最先开放的自贸试验区，其离岸保险业务也已经进入了起步阶段，但仍旧相对稚嫩、弱小。此次进博会展台展品丰富、各国参展商众多，这对于本土一些公司来说是开展离岸业务、承保海外商品的绝佳机会。当前自贸区离岸保险业务仍然处于摸索阶段，可以采取先易后难的原则，如先从货物运输保险、船舶保险这一类传统险种起步，通过逐步建立再保险结算中心，提升离岸业务的经营风险能力。一些专业机构，如航运保险协会等行业协会，可以引导企业更好地适应规则，指导企业在进口时采用港口贸易中的离岸价，使得市场的主导权由中国的进口方掌握。另外，国内保险企业可以在每年进博会的筹备和招商阶段便提前积极与外国参展企业洽谈对接，从而促进对外贸易中保险业服务的发展。同时，在业务发展的过程中逐步推动自贸区的具体离岸业务税收立法、优惠政策与监管法规的出台及完善。

第三，助力自贸新片区深化金融开放创新。利用新片区的优势，推进金融政策更自由、更开放，使金融开放创新向更高层面发展。而进博会一方面能够督促银行不断开发各类创新型跨境金融产品，境内外企业参加进博会或者从事后续进口活动可能遇到各种新的跨境资金业务或需求，这便为自贸新片区开发各类创新型跨境金融产品，如展品担保、短期贸易融资、跨境金融对接、外汇风险管理、地区风险管理等提供了需求和土壤。另一方面，能够促进金融机构及相关政府部门不断完善中小企业金融支持政策，中小企业、轻资产类企业参加进博会、采购产品以及发展后续衍生合作都需要系统性的资金支持，包括增强征信贷款能力、提升贸易议价能力、提供专业汇率管理服务等。通过以上两条途径有序推进各项金融开放创新的措施，有效激发市场活力。

（三）提升自贸区集聚配置全球资源能力

进博会作为国家级别的大型国际展会，可以通过其具有的重大影响力，在一定时间内促进全球市场范围内资源和信息的流通和共享，从而推进全世界市场范围内资本、人才、技术等生产资源的重新配置，并且能够将信息交流带来的扩散效应不断扩大，推动更深层次的全球产业链分工与合作的变革。此外，上海由于目前产业规划的战略性转变和升级，加上劳动力、土地、生活、经营等成本不可避免的上升，对制造业企业的吸引力已经大大下降。而首届进口博览会吸引了世界上 151 个国家和地区的 3600 多家企业参与，展会中参与采购的国内外专业采购商高达 15 万名。展会中跨国生产企业涵盖装备制造业、生物医药、食品农产品等，服务提供商包括保税仓储、检测认证、会展物流、供应链服务、展示销售、商务咨询、专业金融等，除此之外还有在贸易方式、管理理念、技术手段和服务模式等方面进行创新的数字企业。通过进博会汇聚全球高端生产要素，将极大地推动上海成为商品流、资金流、技术流、信息流、人才流的全球引擎，生产链、销售链、价值链的升级变压器，成为市场主体全球性关联建构的国际大平台，从而提升上海自贸区对全球资源配置能力，具体途径如下。

第一，建设进口交易市场，全面涵盖生产与消费领域。尽管上海港已是全球第一大港口，但是本地进出口规模近些年呈下降趋势，因而应该加快建设进口交易市场从而推动大宗商品、终端消费品以及中间投入品的交易，发挥服务业发达的市场优势。而在选择进口交易市场标的物上，不仅要推动大宗商品如农产品及能源资源定价机制的产生，还应该聚焦我国高端生产制造业，推动进口交易市场涵盖高端进口生产资料技术交易，如智能及高端装备（如高铁装备、人工智能、生物医药等），同时应完善进口交易市场中医疗、健康等消费品交易机制。

第二，推动政府政策和功能在保税、仓储、分拨、支付、结算、营销、追溯、售后等领域相联系、相配套。首先，在进口交易市场中努力探索保税展示模式，促进流动机制、定价机制、完税机制等在保税监管平台和交易市场之间的有效利用。其次，需要着眼于数字经济的发展，推动交易平台与数字化趋势更好地结合，构建线上与线下平台联动的有效模式，有效利用海量的交易数据并以此进行延伸。

第三，推进上海全球经济贸易合作伙伴城市网络逐步扩大。城市贸易投资活动是进口博览会中重要内容。借助进博会，上海可以进一步加强与参展城市之间的经济贸易关系。同时，上海可以通过此次博览会，与世界上其他国际贸易中心城市、港口城市搭建贸易合作伙伴城市网络，构建在当前经贸格局中的新通道以促进贸易投资活动，推动城市在全球经济中起到更重要的作用。上海通过进博会扩大经济贸易友好城市范围，深化与经济贸易友好城市的合作内容，推进政策沟通、设施联通、贸易畅通、资金融通。此外，在上海举办进口博览会后，上海吸引了众多境外贸易商会、机构，应以大虹桥为核心，牢牢把握进口博览会带来的机会，积极制定相关政策，建设贸易型机构，并通过机构的联结能力，推动城市间贸易网络的扩张。

（四）倒逼自贸区扩大及深化服务业开放

进博会是一轮触发我国服务业开放进一步上规模、优结构、促改革、增效益的“总体战”。首届进博会及其规划的大规模服务贸易展示在贸易史上有深刻的意义，而加强深化服务业开放的制度建设，是自贸新片区承担的制度创新重任之一。中国举办进博会，体现了中国坚定扩大对外开放的决心。站在跨国公司的角度，中国正处于“消费升级”阶段，尤其是服务领域会产生更多的机会，跨国公司可以以进博会为契机，拓展公司的业务。特别是进博会能够在上海最具优势的医疗、教育、养老、文化等领域，引进境外服务产品及服务机构，逐步提升外资在我国民生服务领域的参与度。为了使进博会发挥服务贸易作用及成为服务业开放发展的重要引擎，可做如下安排。

第一，借助进博会号召力，重点聚焦全球价值链的增值主体，通过国外服务贸易先进技术和管理制度、最新专利和著名商标等知识产权在进博会上的集中展示交易，增强上海自贸区在全球贸易网络中的影响力，充分挖掘大国在服务贸易领域的发展空间和潜力。制造业规模的下降可能会使得上海面临货物贸易分流的困境，因此，为了进一步巩固上海国际贸易中心的地位，需要不断完善上海的贸易服务功能。上海应该增强对贸易集散的控制，将生产与市场连接起来。服务作为全球价值链中的重要投入元素，一是吸引企业来为贸易提供服务。过去的40年间，上海已经在货物进出口方面展示出了强大的服务能力。而进口博览会的举办则为货物进口带来了巨大的机遇，相较于出口货物，进口货物在运输、批发、营销以及金融服务等方面的需求更为强烈，同时对专业服务，如市场调研、法律、咨询的要求更为细致，因此，上海需要聚集贸易服务，成为贸易服务的主体。二是能够吸引服务企业进行跨境贸易。推动开放服务业细分行业，吸引建筑和工程服务、研发设计、融资租赁服务、宾馆和酒店服务等，以及在医疗、教育等领域能实现跨境交付的服务企业。

第二，以满足进博会的需求为契机，适时而审慎地采取数字开放、信息便利、贸易数字化处理等创新举措，推动数字类服务贸易新技术、新产业、新业态、新模式加快发展。《中国（上海）自由贸易试验区临港新片区总体方案》提出了“6+2”的政策制度体系。该政策制度体系明确提出了将全力推进投资、贸易、资金、运输、人员的自由流动，为互联网的接入提供便利，打造在国际上具有竞争力的全面风险管理制度和税收制度。此外，进博会期间产生的海量交易数据，会吸引众多数据挖掘类大数据和数字化企业。同时，展会期间的进口货物跨境交易平台也会吸引物联网、区块链、软件服务等数字企业。

第三，逐步完善适用于服务贸易和离岸贸易的监管模式。上海通过举办进博会，将进一步巩固其全国最大贸易口岸的地位。由于上海制造功能逐步向外转移，本地生产和消费将不再是上海外贸发展的主要服务对象，上海外贸发展服务对象逐渐扩大到长三角、全国，乃至亚洲和全球，也因此带来了大量研发、维修、会展等与货物流动相关的服务贸易发展，因而应解决货物流、资金流和信息流分离之后海关如何实施有效监管的问题。建议在进博会参与者中间选取一些满足条件的企业来实行分类监管制度。同时，为了减少风险发生以及减小监管难度，需要基于“包容审慎”原则，选择具备一定资格的企业进行复制推广，从而获得更高的成功率。在这种模式下寻找流畅高效率的运转模式，规模化发展离岸贸易和转口贸易，充分利用上海贸易服务的优势。

四　以进博会为动力，加速推进上海科创中心建设

在上海建设具有全球影响力的科技创新中心的背景下，进博会是中国坚定不移扩大开放的平台，更是推进经济结构调整、追求高质量发展和建设创新型国家的动力。习近平总书记在首届中国国际进口博览会上强调，坚持创新引领，加快新旧动能转换。尤其在当前国际经贸摩擦和单边主义抬头的局势下，经济形势尚不稳固，迫切需要各国共同推动科技创新，培育新的增长点。同时各国应该把握新一轮科技革命和产业变革带来的机遇，加强数字经济、人工智能、纳米技术等前沿领域合作，共同打造新技术、新产业、新业态、新模式；上海作为改革开放排头兵、创新发展先行者，要坚持推动高质量发展，生物医药、集成电路、人工智能、高端装备、新能源等领域是上海着力发展的关键领域和优势产业。在首届进博会上国家展馆和七大企业展馆均展示新产品、亮相新技术，为培育新业态，上海应更好地对标国际科技前沿，加快科技创新的前瞻布局，聚焦装备制造、医疗器械、电子信息等关键领域，集合精锐力量，使创新成为高质量发展的强大动能。

（一）信息共享促进全球价值链上下游整合与延伸

进博会促进信息共享表现在：其一，参展企业的信息透明化，通过大数据和移动终端平台分类、参展，能够促进细分领域的行业龙头和相关企业信息共享，促进全球价值链上下游企业合作交流，最终实现价值链的整合与延伸；其二，进博会在展会期间成功举办了“2018 数字经济国际合作论坛”，以论坛的形式搭建平台，以“共创数字新动能·共享智慧新时代”为主题，相关领域的专家学者和企业信息共享、交流，促进产学研合作。进口博览会还为消费电子及智能制造企业搭建桥梁，数字平台作为进博会的拓展和延伸，能让参展企业甚至未参展的企业及广大的中国消费者都能获得新技术、新产品、新业态、新模式等相关信息，使得进博会在提高我国企业竞争力方面有更广泛和深远的影响。为进一步促进信息共享，推动全球价值链上下游

整合与延伸，打响“上海制造”品牌，具体途径如下。

一是发挥信息共享功能，持续举办进博会配套论坛，促进企业合作和交流。在进博会期间，“虹桥国际经贸”论坛和200多场现场配套活动同时开展，大大促进了政府与企业、企业与企业之间的交流和合作。企业集中参展应与开放论坛相结合，为进一步发挥进博会“6+365”的溢出效应，可以鼓励上海相应的行业协会、经济园区共同参与承办与进博会配套的论坛，促进行业企业的交流和合作。推动张江高科技园区与医疗器械及医疗保健展区、智能及高端装备展区的企业相互合作，承接进博会在集成电路、人工智能、生物医药“三大产业”方面的溢出效应，在展会闭幕期间举办各类产业相关论坛，对接进博会所展示的新产品、新技术，加快提升张江科学城、张江综合性国家科学中心的集中度和显示度，促进上海“三大产业”的发展。

二是发挥信息共享功能，发展数字经济，为工业经济转型升级服务。数字经济的发展在我国已上升为国家战略，习近平总书记多次强调要发展数字经济，建设制造强国、网络强国。发展数字经济不仅是全球化趋势，更是落实国家战略的关键，对实施供给侧结构性改革和创新驱动发展具有重要意义。发展数字经济的关键在于融合，即技术融合是核心，目的是提升制造能力，切实为工业经济转型升级服务。首先，促进数字基础设施的建设，可以将5G设施建设和进博会相结合，为进博会数字平台赋能，从而为智能及高端装备区、汽车展区、医疗器械及医药保健展区的新产品展示提供更高效的融合网络。其次，推动数字经济创新商业模式，助力经济转型，促进进博会企业向以消费者为中心的商业模式转变，从而带动新商业模式改革浪潮。最后，提高数字公共服务的能力，数字经济不仅为企业创造新的商业机会，也可以提高政府及进博会举办方的服务效率和服务实体经济的能力。

（二）重视基础研究原创成果的前瞻布局

在累计578.3亿美元的意向成交额中，智能及高端装备展区成交额最高，达到164.6亿美元，占总成交金额的28.5%，排首位；汽车展区119.9

亿美元成交额占总成交金额的20.73%。参会企业的各种新产品、新技术频频亮相，如全球首款“会飞的汽车”、最重的200吨“金牛座”龙门铣、最贵的价值2亿元AW189型直升机、会与人协作的机器人等，令人耳目一新，总计100多项新技术和新产品在进博会上发布，200多家世界500强及行业龙头企业在进博会平台上汇聚，共同交流新产品和新技术，其中美国企业近180家，居参展国家中第三位，高通公司、通用电气等多家全球500强和跨国公司也发布了新技术、新产品。聚焦先进制造业的新产品和新技术，重视基础研究原创成果的前瞻布局，推动上海打响制造品牌，推动上海先进制造业发展。

一是推动智能和高端制造领域发展，供给侧改革创造需求。汽车展区从材料、零件、系统到整车囊括了汽车产业上下游的顶尖企业，在3万平方米的展区内，有17个国家和地区近70家汽车相关企业参展，包括超过30家世界500强和行业龙头企业，汇聚飞行汽车、氢燃料电池车、自动驾驶汽车等众多前沿和概念性产品。比如，丰田展台的“e－Palette”概念车，应用电动化、互联化、自动驾驶等先进技术；由斯洛伐克科技公司研发的“会飞的汽车”融合近40项专利技术，能在3分钟内“变身”，两侧车门开启后不断延展变成机翼，汽车模式最高时速160公里，飞行模式最高时速可达360公里。智能及高端装备展区是世界500强企业较为集中的展区，以科技创新和智能制造为主题，展品汇集材料加工、成型装备、航空航天、机器人自动化，如欧姆龙乒乓球机器人“FORPHEUS”能与人协作，最先进的仿真五指手能在太空中或者具有腐蚀性又要求精密操作的环境中，完成人手无法进行的维修工作。进博会展示的新产品、新技术，引领基础研究重点领域发展，有助于上海打响制造品牌。

二是重视基础研究原创成果，上海需要以更具竞争力的人才政策，为产业创新发展提供人才支撑。建设具有全球影响力的科创中心的核心是创新技术，而创新的源泉是人才，政府相关部门需要进一步建立和完善人才落户、扶持机制，健全和完善人才支持体系。上海的高校、科研院所具有其他区域无法比拟的人才优势，尤其是金融、生物医药等行业，但是由于上海的企业快速发展，出于对商务成本的考量，企业做大后会去更低成本的地方发展从而离开上海，研发人员存在流失的隐忧。人才是创新的动力。因此，上海应借助进博会的平台，大力推进国际创新人才汇聚、创新产品和创新技术落地本土，从而增强上海的国际创新汇聚功能，以更具竞争力的人才政策吸引创新人才留在上海为产业创新发展提供支撑。

三是加强知识产权保护，完善科创中心的机制保障。建设具有全球影响力的科技创新中心的制度基础是知识产权保护，严格科学的知识产权保护和管理制度不仅能够激发创造者的创新动力和活力，更能够推动国内外高端人才之间、企业与企业之间关于先进技术和产品的交流与合作，这是发挥进博会溢出效应的制度保障，也是推进上海科创中心建设的基本要求。进博会持续开展知识产权保护活动，上海知识产权局为进博会参展商品提供专利优先审查服务，使得首届进博会实现知识产权保护“零投诉”。知识产权保护是激发基础研究原创成果的制度保障。为更好地发挥“6+365”溢出效应，推动科创中心建设，上海市应当全面提升知识产权保护的综合能力，加快下放科技成果的使用、处分和收益的权利，促进创新研发的成果加快转化，最大限度激发创新人才的创造积极性和成果转化能力。此外，应当加大侵权赔偿和制裁的力度，探索实施惩罚性赔偿制度，加强对商业秘密的保护，完善司法保护体系，建立知识产权多元化解决机制，从而为新产品、新技术的交流与合作提供机制保障。

（三）直接引进与相互合作并举，深化推进关键领域核心科技成果产业化

李强书记指出，“上海制造”重在彰显美誉度，最紧要的是抓牢关键核心技术、高端产业集群、过硬质量品质三个环节。一方面，通过直接引进新设备，帮助研发新产品，从而实现产品升级；另一方面，加强对外联合合作，通过产学研合作，激发企业科技创新的活力，实现技术创新。为深化推进关键领域核心科技成果产业化，进博会企业引进与合作并举，具体途径如下。

一是增强进博会促进全球资源要素集聚功能和优化配置效应。以进博会为平台，传统机械、机电等行业能采购在国际上更有竞争力的原材料和零部件，利用智能及高端装备展区平台采购国外更先进的技术设备，提高企业生产效率，推动国内传统制造企业产品从低附加值环节向中高附加值环节迈进。技术的合作和交流有力地推动了上海生物医药产业的发展。医疗器械及医药保健展区有来自 51 个国家和地区的 300 多家企业参展，包含药品、医疗器械、保健品、医疗美容等细分领域，是科技研发产品较为集中的展区，集中近 30 家 500 强企业及行业龙头企业，其中最著名的有罗氏、强生、阿斯利康、赛诺菲、拜耳、飞利浦、诺华、赛默飞等，而德国阿特蒙集团、富士胶片、西门子医疗、日本永远幸医疗集团等已签约 2019 年第二届国际进口博览会，企业在展会上分享全球医疗行业最新技术与产品，如全球首台高场强磁共振放疗设备、Cobase801 全自动化学发光免疫分析仪等，寻求技术交流与合作，从而对上海生物医药产业发展产生溢出效应和带动作用，促进资源要素的集聚和优化配置。

二是提升进博会为全球创新合作提供广阔平台的功能。进博会七大展区均展示世界各个领域最前沿的新产品和新技术，从而能匹配潜在的客户和合作伙伴，共同开发新技术市场，也将助力中国企业向高端制造业转型，如进博会为上海生物医药企业对标国际一流企业提供了合作与交流的平台，世界 500 强生物医药企业罗氏、阿斯利康、诺华等企业纷纷在进博会上展示其新产品，从全球最小的心脏起搏器到全世界最薄的血压仪，作为糖尿病领域的排头兵诺和诺德发布“以干细胞疗法治愈糖尿病正在成为可能”等，都为上海生物医药产业的发展提供了合作机会。上海生物医药龙头企业——复星医药在会展上与诺华等国际企业交流癌症领域的 CAR－T 疗法。展会同期举办数十场行业论坛和贸易配对活动，不仅为企业和中国消费者提供相遇的平台，更是为全球企业，乃至全球企业和全球市场提供交流与合作的平台，未来进博会需要进一步提升为全球创新合作提供广阔平台的功能，吸引更多更优质的研发企业与本土企业开展合作与交流。

三是延续进博会推进国内外企业合作的效应。生物医药行业的国药健康实业（上海）有限公司与国际投资机构赛德思集团签署协议，国药健康实业收购海外尖端生物医药技术、吸引海外顶尖生物医药人才来华，着力于研发眼科保健和治疗、骨科器械及其治疗方案。全球领先制药公司阿斯利康设立上海全球研发中心，借助进博会的溢出效应，进一步加大在沪投资，将新项目、新技术放在上海，也为与上海生物医药企业的合作与交流提供了更便捷的途径。生物医药是技术密集和人才密集型行业，从技术研发到临床实验再到市场化需要历经较长的时间，应在合作中促进创新，引进和研发并举，推动本土优秀产品“走出去”，从而加快上海生物医药产业的发展。

五　借进博会之力，全面助推上海国际会展之都建设

会展业是构建现代市场体系和开放型经济体系的重要平台，在促进经贸合作、技术交流、信息沟通、城市发展、产业转型升级和服务国家战略等方面发挥着重要作用。从全球会展业的发展格局来看，老牌会展业发达的德国、法国、意大利以及后起之秀美国，几乎包揽了所有国际知名展会，在全球会展业中占据主导地位，汉诺威、法兰克福、科隆、巴黎、米兰、拉斯维加斯是国际知名的会展之都，国际知名会展的举办给这些城市带来了巨大的经济价值。

近年来，我国会展业发展步入快车道，各省市招展办展积极性高，不同级别、不同规模的会展数量增长迅猛。2015 年，为了规范会展业的发展，明确我国会展业发展的长期目标，国务院出台《关于进一步促进展览业改革发展的若干意见》，明确提出我国展览业要加快转型升级，推动中国从展览业大国向展览业强国迈进。

上海是我国会展业发展的排头兵，无论是会展数量、规模还是影响力，在全国都处于领头羊地位。根据上海市会展行业协会提供的数据，2016～2018 年，上海会展行业总规模从 1604.8 万平方米增长到 1906.31 万平方米，年均增长率为 9%。仅 2018 年上海举办国际、国内展览会以及各类会议、活动合计 994 场，展会总面积 1906.31 万平方米。在经济全球化、新科技革

命、产业转型升级的背景下，上海会展业正面临着由高速增长转向高质量发展的挑战。2018 年 9 月《上海市建设国际会展之都专项行动计划（2018～2020 年）》率先提出，到 2020 年上海要基本建成国际会展之都，让“上海会展”成为国际知名的城市名片。

进博会的召开为上海建设国际会展之都带来了重要契机。在做强做大进博会的同时，进一步发挥进博会带来的首创效应、标杆效应、虹吸效应和衍生效应，运用创新思维，巩固上海会展业的发展基础，提升会展质量，办出会展特色、打造会展经济，是进博会释放溢出效应、推动上海国际会展之都建设最重要的体现。

（一）发挥进博会首创效应，创会展品牌特色

享誉国际的全球知名展会总是抓住“新”这个概念，“新”是“特色”，也是国际品牌展会的生命力所在。进博会的“新”体现在：一是会展理念的首创。进博会是世界首个以“进口”为主题的博览会，是在全球贸易壁垒增加的背景下，彰显中国坚定维护多边贸易体制的平台。二是会展展示技术的首试。国家会展中心采用了世界最先进的 5G 技术覆盖场馆，为无人驾驶、智能机器人服务等提供了示范应用场景。三是全球创新产品和技术的首发。大到“会飞的汽车”、“金牛座”铣床，小到透明电视、3D 面膜打印，101 件具有代表性的先进产品、技术或服务为全球首次公开展示，全面呈现了国际最尖端、最前沿、最具代表性的产品和服务趋势。

进博会作为展示上海国际会展能力的旗舰产品，在场馆设计、展会布局、展会内容上不断求新求变，是塑造国际会展城市风格和特色的关键。进一步放大进博会的首创效应，可以从以下三个方面入手。

第一，将绿色低碳节能环保理念和做法全方位融入展会。在场馆设计上使用绿色节能环保材料，专门开辟展区用于宣传节能环保理念，展示节能环保产品和技术，对研发能效项目的参展企业予以补贴，举办以绿色环保为主题的行业研讨会和论坛，将绿色低碳发展理念融入展会。展会后，根据会议

用电量、用水量、厨余量、纸张使用量等指标，发布绿色展会运营报告。

第二，会展业与新技术融合升级，全面打造数字会展和智能会展。通过引入智能化展会管理系统，为会展主办方、参展商和参展观众搭建信息交换和实时互动平台，全面提升会场的组织、管理和服务效率；通过 VR 虚拟展厅，为不在现场的参展商和参展观众提供三维虚拟现实展厅，既可以观看展会产品演示和介绍，又可以参与在线研讨，增强用户的体验感和参与度。

第三，用好首发的概念和创新的集聚效应，将汇集创新、展示创新、引领创新作为上海会展最重要的品牌特色。从法律、政策、营商环境等方面全方位保障创新产品和理念在上海各类会展首发的全球市场推广效应和品牌扩张效应，尤其是在中国市场的推广，提升国内外品牌对在上海各类会展发布创新的信任度。

（二）树立进博会标杆效应，立会展行业标准

国际会展之都除了要有一定数量的展会产生的规模效应，更要有一批被业内认可的高质量展会作为支撑。从会展业的安全性和可持续发展来讲，会展业亟待形成统一标准。我国在会展业国家标准、行业标准和企业标准的制定、实施和实践方面还处于探索阶段，2018 年 11 月《绿色展览运营指南》《会议管理导则》等一批国家标准被审议通过。上海目前还没有专门的规范或指标体系用于评定展会的质量和会展企业的资质。进博会向国内外展示了中国最高的办展水平，也是国内外展会参考的重要范例。以进博会为标杆，推动上海研究和制定一套会展行业标准化体系。

第一，依托上海市会展行业协会，在上海建立会展行业研究中心。搜集全球会展业发展信息，整理最新的会展运作案例，研判会展业发展趋势，为上海和全国会展业的运营和发展提供参考和借鉴。

第二，依托上海市会展行业协会，在建立会展监测统计系统、会展企业服务资质评定体系，以及展会质量评价制度。根据展出规模、参展商数量、国际参展商比例、观众人数、展会服务质量和展会成交额等指标，监测展会质量，对会展企业的展会运营和服务资质进行评定；发布会展质量评估报

告，加快淘汰劣次展会项目，推动同质展会合并重组，全面整合会展资源，实现不同级别展会、不同展览场馆错位发展和规范化运作。

（三）利用进博会虹吸效应，建国际会展市场

国际会展之都建设离不开一个开放活跃的国际会展市场。进口博览会坚持开放合作办展，其体量、规模和影响力必将产生极强的虹吸效应：一是吸引成熟展览项目移师上海，潜在会展项目选址上海；二是吸引全球会展企业、人才集聚上海，将上海作为拓展业务的重点市场，这无形之中扩大了上海会展市场的规模和能级，也使上海成为国内会展企业的“练兵场”。

继续发挥进博会的虹吸效应，在上海把优秀的会展企业“引进来”，探索会展企业“走出去”的路径，将对上海乃至我国会展业的发展产生深远影响。

第一，围绕上海的产业优势和产业结构升级要求，积极推动工业 4.0、人工智能、生物医药、创意设计等领域具有国际知名度和行业影响力的大型展会项目和高端国际会议落户上海。

第二，构建政策引领、金融适配的会展产业发展体系，在上海集聚、扶持和培育一批获得国际会展组织认证的会展机构和具有国际竞争力的组展商、会展配套服务企业，具体措施包括：①积极与国外知名展览公司和国际知名会议公司，如德国汉诺威展览公司、英国励展博览集团等交流合作，引入相对成熟的展会资源。通过合作办展，加快提升我国会展企业的国际化和专业化水平。在“引进来”的基础上，积极进行海外会展市场的开拓。②建立会展产业投资基金，利用政府资本、企业资本和金融资本，重点投资会展行业有发展潜力的初创企业、新技术与会展业结合应用的示范企业以及国际大型会展项目。③采取收购、兼并、控股、参股等方式，加快会展企业洗牌，将优质的会展资源进行整合，在上海打造具有国际竞争力的展览业集团。

第三，全面建设以上海为中心的国际会展人才高地。一方面，进一步发挥国内外高等院校在培养会展专业人才中的主体作用。借助国内高校人才培

养体系，开设与会展策划、设计、营销、管理相关的课程，同时引进国外高校毕业的会展专业人才，为我国会展业发展输送高水平的复合型人才。另一方面，以会展行业协会和会展企业为主体，建立会展专业人才培训基地。通过会展业务实训、会展项目实操、专业资格考核认证等，培养一批会展专业人才队伍，与会展项目直接对接。

（四）挖掘进博会衍生效应，享会展资源红利

国际会展之都之所以会展业发达，主要原因在于背后有强大的会展产业链和会展经济作为支撑。进博会是大规模的综合性展会，承载着庞大的物流、人流、资本流和信息流，能够产生衍生效应：一是衍生出不同题材的专业性展览、论坛和会议；二是衍生出新的商机和经贸投资机会；三是衍生出新的会展关联产业。用好这笔资源，不仅可以为后续进博会的举办提供经验和便利，还可以辅助政府决策，带动关联产业的发展。

第一，将进博会衍生出的各类专业性展览，放到上海展览中心以及其他中小型展馆进行深度展示，推动中小型展馆专业化、特色化发展，与大型展馆和会议中心形成错位发展，优化不同规模展馆之间的功能布局，增强展馆之间的配合性，丰富上海地区展会的层次性和多元性。

第二，借进博会的辐射效应，进一步打通会展业与交通、通信、物流、广告、设计、租赁、金融、保险、旅游、住宿、餐饮等的前向和后向联系，增强上海会展产业链上下游企业的协同性，构建会展经济圈。

第三，进一步挖掘和利用进博会的大数据资产。利用大数据技术，建立进博会客户资源数据库，为国内外客商到上海参加各类专业性展会提供精准导向服务；利用上海高端服务业发达的优势，在展前、展中、展后为进博会参展的初创企业、中小型企业通过上海进入中国市场，提供安全便利的金融服务、项目咨询服务以及市场推广服务，全面开拓与参展企业的潜在合作机会。

第四，利用进博会期间获取的商贸信息，搜集归整上海不同行业、不同类型企业的进口信息，辅助上海全面掌握各类行业和企业的进口动态，便于上海制定更有针对性的贸易便利化举措和产业发展规划。

B.7

上海数字经济营商环境发展报告

——基于张江互联网企业调研结果的评价分析

张伯超*

摘　要： 数字经济已经成为经济增长的重要推动力量，各国在数字经济领域的竞争也愈发激烈。上海作为我国对外开放的桥头堡、改革开放的排头兵和先行者，理应在数字经济领域实现高质量发展，代表国家参与数字经济领域的国际竞争。本报告结合相关资料数据和企业调研结果发现，上海数字经济发展基础条件良好，总体处于全国第一梯队，但是在数字经济的营商环境方面，也存在龙头型企业缺失、人才资源流失、基础设施建设不平衡不充分以及政府监督管理滞后等问题，针对上述问题，本报告从重塑思维、战略清晰、人才为本、监管创新、需求牵引、开放合作等六个方面给出上海优化数字经济营商环境的对策建议。

关键词： 上海　数字经济　营商环境

一　研究背景

数字经济作为经济增长的全新推动力，目前已经得到全球多个国家政府

* 张伯超，经济学博士，上海社会科学院经济研究所助理研究员，主要研究方向为数字经济、企业创新发展与经济增长。

的广泛重视，各国政府纷纷制定国家层面的数字经济发展战略，抢占数字经济发展先机。比如，2018～2019年，美国在数字经济领域发布了《数据科学战略计划》，同时，也发布了《美国国家网络战略》和《美国先进制造业领导力战略》，其中明确提到了促进数字经济发展的相关内容。欧盟在数字经济领域发布了《欧盟人工智能战略》《通用数据保护条例》《非个人数据在欧盟境内自由流动框架条例》《促进人工智能在欧洲发展和应用的协调行动计划》《可信赖的人工智能道德准则草案》等一系列政策，同时，发布了《地平线欧洲》计划提案。英国在数字经济领域主要发布了《数字宪章》《产业战略：人工智能领域行动》《国家计量战略实施计划》等一系列行动计划。德国在数字经济领域主要发布了《联邦政府人工智能战略要点》和《人工智能德国制造》，同时，也发布了《高技术战略2025》，其中明确提出将推动人工智能技术的应用。法国在数字经济领域主要发布了《法国人工智能发展战略》《5G发展路线图》《利用数字技术促进工业转型的方案》等一系列与数字经济相关的前沿技术政策。日本发布了《日本制造业白皮书》《综合创新战略》《集成创新战略》《第二期战略性创新推进计划(SIP)》等战略和计划，详细阐述了推动数字经济发展的行动方案。2018年，俄罗斯总统发表了年度《国情咨文》并签署了《2024年前俄联邦发展国家目标和战略任务》总统令，强调了要促进数字经济发展。韩国在数字经济领域主要发布了《人工智能研发战略》，同时也发布了《第四期科学技术基本计划（2018～2022)》和《创新增长引擎》五年计划，着重指出推动数字经济发展的优先举措。中国作为全球范围内的数字经济大国，2017年3月首次将数字经济写入政府工作报告，发展数字经济由此上升为国家战略。可以预见的是，数字经济将成为未来国际经济竞争的重要领域。

上海作为我国改革开放的排头兵和先行者，理应充分利用自身的区位优势、资源优势和制度创新优势，在数字经济领域实现率先突破，代表国家积极参与数字经济领域的国际竞争，同时为国内其他省市提供数字经济领域发展的有益经验。因此，2019年10月，上海市委常委会审议通过《上海加快发展数字经济推动实体经济高质量发展的实施意见》，指出要持续增强新时代上海数字经济发展新优势，加快提升数字经济规模和质量。聚焦重点领域，大力推动关键核心技术突破，吸引培育一大批成长性好、有发展潜力的优质企业，全力打造数字经济发展新亮点。培育和壮大上海数字经济，需要打造适宜数字经济发展的高质量营商环境。习近平总书记在主持中共中央政治局集体学习时强调，要着力优化营商环境，培育壮大新动能。上海市委书记李强高度重视营商环境建设，指出优化营商环境是上海最持久、最强劲的制胜之道，要让营商环境成为上海的“金字招牌”，要坚持全面对标，不断追赶超越，借鉴各地经验做法，善于博采众长，不断研究推出新的改革举措，更好实现上海高质量发展。

然而，数字经济作为新经济的重要组成部分，其发展所需的营商环境必然与传统产业企业所需的营商环境存在较大差异。这从数字经济的概念和定义中可知一二。现在比较公认的是20国集团在杭州峰会上提出的概念——数字经济（Digital Economy）是指以数字化的知识和信息为关键生产要素、以现代信息网络为重要载体、以信息通信技术的有效使用为效率提升和经济结构优化的重要推动力的一系列经济活动。以此可以总结出以下四个数字经济相较于传统经济不同或者比较特殊的方面：一是数字经济生产要素不再是简单资本和劳动力，而是体现在数字化信息上的资本和掌握了数字化知识的专业性技术人才。二是数字经济发展所需要的基础设施不再是传统交通基础设施，而是以现代信息网络为代表的信息化基础设施，同时由于网络虚拟性等衍生出来外部性问题，需要政府提供安全网络环境这一软件基础设施。三是数字经济发展所倚仗的技术是信息通信技术，这也有别于传统经济技术。四是数字经济产出，也是最重要的一点，它的产出主要体现在原有经济活动效率提升和结构优化，所以与传统经济相比，数字经济囊括的经济活动过程需要有一个更加鼓励创新和尝试的市场环境。① 中国信息科技研究院把数字经济概括为数字产业化和产业数字化，和20国杭州峰会提出的概念一脉相承。综

① 张伯超、沈开艳：《“一带一路”沿线国家数字经济发展就绪度定量评估与特征分析》，《上海经济研究》2018年第1期。

上所述，数字经济发展所需的基础设施、技术要素、人力资本、经济社会环境、政府监管内容与监管手段等均存在较强的特殊性，同时也对营商环境的打造提出了更高要求。

为了进一步优化促进上海数字经济发展的营商环境，推动上海数字经济高质量发展，需要在深入分析上海数字经济发展的现状及其存在的主要问题的基础上，进一步结合数字经济企业的主观感受，开展深入调研，以期能够在优化营商环境的过程中增强数字经济企业的获得感。为此，我们选取上海浦东张江地区的重点互联网企业为调研对象，通过调研深入剖析上海数字经济领域的营商环境。

二　上海市数字经济发展现状及主要问题

（一）上海数字经济总体处于全国第一梯队

根据《数字中国建设发展报告（2018 年）》，上海在全国数字化发展评价指数的排名中列第四位，前三位分别是北京、广东和江苏。在信息基础设施方面，上海、浙江、广东、江苏和北京排名前五。在产业数字化方面，浙江、上海、北京、广东和江苏排名前五。在信息技术产业化方面，北京、广东、江苏、上海和浙江排名前五。从数字经济规模指标来看，中国信息通信研究院公布的数据显示，2018 年上海市数字经济规模排全国第五位，仅次于广东、江苏、山东和浙江，这也是上海连续两年数字经济规模居全国第五位。因此，从总体来看，上海数字经济发展水平位于全国第一梯队。

（二）上海数字经济发展基础条件良好

在城市信息化方面，上海智慧城市建设长期领先全国。自 2010 年上海提出创建面向未来的智慧城市战略以来，经过多年的努力，上海的信息化应用已经全面渗透至民生、城市管理和政府服务领域，在智慧城市建设领域走在全国前列，成为全国样板城市；在数字政府方面，“一网通办”和政府数据开放等取得长足发展，通过构建集约高效的电子政务云，以政府购买为主要手段，依托政务外网，为上海市政府各个部门提供全方位服务，已经在全市形成了“1 + 16”的市区两级云体系。同时，持续推动政府公共数据开放，上海市政府数据资源目录管理系统汇聚和发布了市级预算部门数据资源目录数 1.5 万条、数据项 21 万个，政府数据服务网累计开放数据集近 1000 项，涵盖了经济建设、资源环境、教育科技、道路交通等 12 个重点领域。目前，上海市数据资源开放与共享从市级向区级深入拓展，上海成为“国家大数据区域示范类综合试验区”，上海数据交易中心也正式挂牌成立。浦东率先建立了区级政府数据对外服务平台；浦东、黄浦、闵行、嘉定等区制定形成了政府数据资源共享开放的相关办法、规划与目录体系。[①] 在科研教育方面，上海集聚了一大批在国内外均享有盛誉的知名高校，如上海交通大学、华东师范大学、同济大学、复旦大学等，有实力雄厚的综合性大学，也有专业性极强的专业院校，拥有健全的中高端人才供给梯队。在应用需求方面，上海作为中国的金融中心、经济中心、科创中心，拥有丰富且优质的数字化应用场景（金融、制造等），为数字经济与传统经济的融合发展提供了良好的环境条件。在国际开放方面，上海良好规范的市场秩序，成为我国世界 500 强企业总部的集聚地，总部经济成为上海经济一大特色，对外开放度在国内首屈一指。此外，2019 年上海自贸新片区的成立，标志着上海的对外开放水平进一步提升。

（三）上海数字经济规模占比和增速并不理想

相较于国内其他主要城市（北京、杭州、深圳和南京），上海过去十年数字经济相关产业的增速相对不足，无论是产业规模占比还是从业人员占比，与其他主要城市相比均处于较低水平。以数字经济相关产业产值占比为例，自 2008 年开始，上海的数字经济相关产业产值占 GDP 比重就较国内其

① 资料来源：华声在线官网，https://baijiahao.baidu.com/s?id=1616290587229816008&wfr=spider&for=pc。

他主要城市处于较低水平，且差距有逐渐拉大的态势，本报告在上述城市历年的数字经济相关产业产值占比指标值的基础上，运用线性插值法预测了2018年各个城市的数字经济相关产业产值占比情况，结果显示，上海在2018年为6.31%，而深圳为8.32%，南京为9.15%，北京和杭州分别为11.81%和19.54%。从数字经济相关产业的从业人员占比情况来看，上海与北京、南京、深圳和杭州相比也处于较低水平，且差距并没有缩小和收敛的迹象。

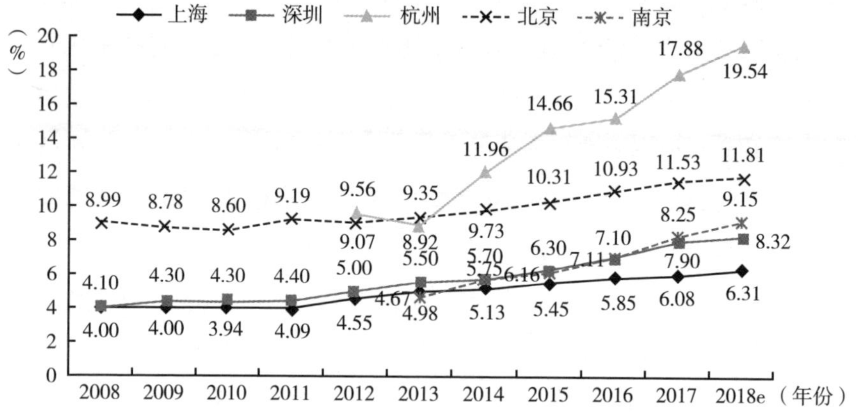

图1　主要城市数字经济相关产业产值占GDP比重

资料来源：相关城市历年统计年鉴。

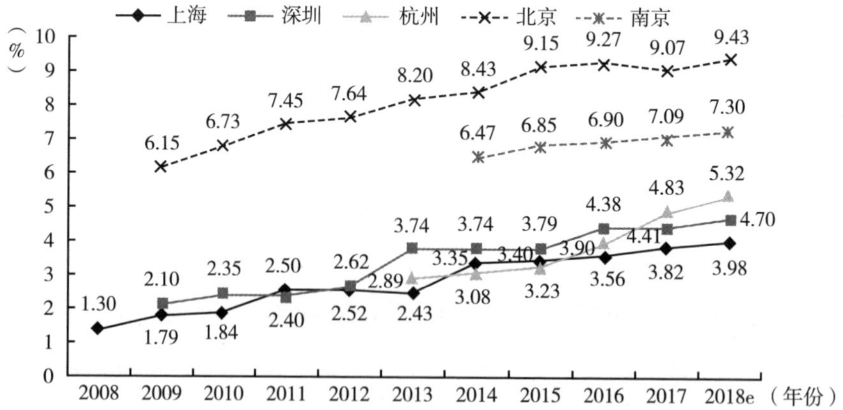

图2　主要城市数字经济相关产业从业人员占总从业人员比重

资料来源：相关城市历年统计年鉴。

（四）上海数字经济缺乏龙头型企业，导致行业要素流失严重

2019 年 8 月 14 日，中国互联网协会、工信部等联合发布的《2019 年中国互联网企业 100 强发展报告》显示，上海尽管有拼多多、携程、B 站等 13 家互联网企业上榜，但无一进入前十强。在该榜单前 20 名中，上海也仅有上海寻梦信息技术有限公司（拼多多）和携程计算机技术（上海）有限公司两家企业上榜。

表 1 《2019 年中国互联网企业 100 强发展报告》榜单前 20 名企业情况

排名	中文名称	中文简称	主要品牌	排名	中文名称	中文简称	主要品牌
1	阿里巴巴（中国）有限公司	阿里巴巴	淘宝、阿里云、高德	9	三六零安全科技股份有限公司	三六零	360 安全卫士、360 浏览器
2	深圳市腾讯计算机系统有限责任公司	腾讯公司	微信、QQ、腾讯网	10	新浪公司	新浪公司	新浪网、微博
3	百度公司	百度	百度、爱奇艺	11	上海寻梦信息技术有限公司	拼多多	拼多多
4	京东集团	京东	商城、物流、京东云	12	搜狐公司	搜狐	搜狐媒体、搜狐视频
5	浙江蚂蚁小微金融服务集团	蚂蚁金服	支付宝、相互宝、芝麻信用、蚂蚁森林	13	北京五八信息技术有限公司	58 集团	58 同城、赶集网、安居客
6	网易集团	网易	网易邮箱、网易严选、网易新闻	14	苏宁控股集团有限公司	苏宁控股	苏宁易购、PP 视频
7	美团点评	美团	美团、大众点评、美团外卖、美团买菜	15	小米集团	小米集团	小米、米家、米兔
8	北京字节跳动科技有限公司	字节跳动	抖音、今日头条	16	携程计算机技术（上海）有限公司	携程旅行网	携程旅行网、天巡

续表

排名	中文名称	中文简称	主要品牌	排名	中文名称	中文简称	主要品牌
17	用友网络科技股份有限公司	用友网络	U8c、财务云、精智工业互联网平台	19	北京车之家信息技术有限公司	汽车之家	汽车之家、二手车之家
18	北京猎豹移动科技有限公司	猎豹移动	猎豹清理大师、AI 智能服务机器人	20	湖南快乐阳光互动娱乐传媒有限公司	快乐阳光	芒果 TV

上海在数字经济领域缺乏类似于阿里巴巴、百度、腾讯巨头型龙头企业，一方面会削弱上海数字经济整体竞争力，另一方面会导致上海数字经济领域的各类人才要素流失，造成高端人才难得、中低端人才难留的局面。

通过调研过程中与张江互联网企业的对话，我们发现，上海数字经济企业都表现出了对人才的强烈需求，但这种对人才的需求由于各种因素的抑制而难以得到满足。这些抑制企业满足人才需求的因素，一方面是企业自身的客观原因所导致的，另一方面则是受到环境的制约而产生的，最终的表现为：高端人才难得、中低端人才难留。高端人才是知识经济的竞争力核心，但高端人才本身是稀缺的。对于互联网企业发展所需的高端人才而言，深圳、杭州本身存在互联网产业的集聚，对高端人才有一定的吸引力，并且，两个城市还先后出台了鼓励高端人才流入的补贴政策，进一步削弱了上海对互联网高端人才的吸引力。与此同时，上海互联网企业大多在成长期，处于不盈利状态，求职者对这些互联网企业心存疑虑。初创企业朝不保夕的状态会影响个人的职业发展，高端人才往往不愿意剑走偏锋加入前途不明的初创企业，更倾向于大平台，偏向于在有一定行业影响力的互联网企业就职，如点点乐（游戏公司）反映，高水平的游戏策划、游戏制作人倾向于在腾讯、网易等大型游戏公司就职，小公司很难吸引这些人才。除非企业本身有高素质的创业者团队，否则，上海处于创业阶段的互联网企业很难招募到高端人才。

上海重点高校的数字经济相关专业应届毕业生的流向印证了前文的结

论。从上海高校应届毕业生就业流向来看，上海拥有复旦大学、上海交通大学以及同济大学等众多海内外知名高等院校，属于国内高等院校高度集聚的城市之一。同时，上海作为我国的经济重心与金融中心城市，为高校应届毕业生们提供了丰富的就业机会与巨大的职业发展空间，上海高校毕业生的留沪工作意愿与日俱增，根据《上海市2018届高校毕业生就业状况报告》调查数据，2018年外省市生源的上海高校毕业生在沪就业意愿持续增强，有近66%的外省市生源毕业生留沪工作，较2017年提高了近7个百分点。但是与上海市高校毕业生总体留沪意愿持续攀升形成鲜明对比的是，上海市高校毕业生从事信息传输、软件和信息技术服务业的实际留沪比例持续下滑，众多毕业后从事信息传输、软件和信息技术服务业的上海高校毕业生流向其他省市。

以2014～2018年复旦大学、上海交通大学和同济大学这三所高校的应届毕业生数据为例，该三所高校的合同就业毕业生中，最终进入信息传输、软件和信息技术服务业工作的毕业生总数在所有行业中均始终位于前三，表明信息传输、软件和信息技术服务业广阔的职业发展空间和良好的行业发展前景使其越来越受到上海高校毕业生的青睐。但是在这三所高校从事信息传输、软件和信息技术服务业的应届毕业生中，有很大部分流向外地，图3显示了2014～2018年这三所高校从事信息传输、软件和信息技术服务业的应届毕业生流失情况。复旦大学有30%左右从事信息传输、软件和信息技术服务业的应届毕业生流向外地，同济大学2018年的信息传输、软件和信息技术服务业应届毕业生外地流失比例达到14.58%，而上海交通大学的流失比例最高，从事信息传输、软件和信息技术服务业的应届毕业生2014～2018年的外地流失比例均高于50%，最高为2015年的65.57%，2018年达到64.30%。

此外，华为、腾讯、微软、百度等外地信息传输、软件和信息技术服务业巨头每年从上述三所高校招聘大量人才，以2018年为例，华为从上海交通大学招聘211人，从复旦大学招聘101人，从同济大学招聘数量不详，而上述三所高校2018年共有1606名毕业生进入信息传输、软件和信息技术服务业工作，也就是说上述三所高校近1/5从事信息传输、软件和信息技术服

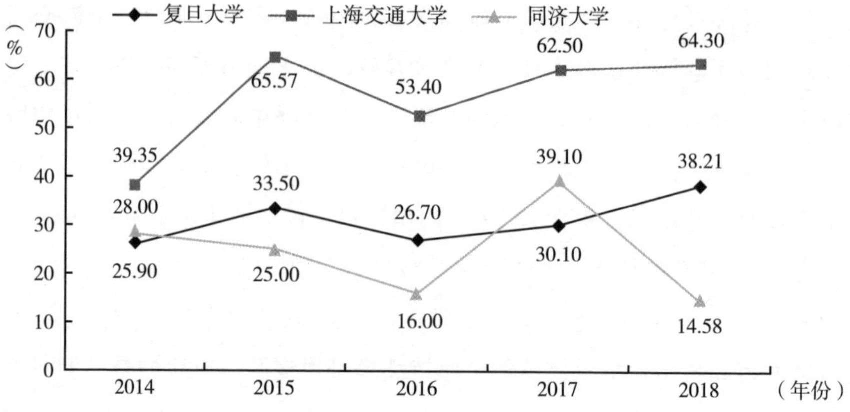

图3　2014～2018 年复旦大学、上海交通大学、同济大学从事信息传输、软件和信息技术服务业应届毕业生外地流失比例

资料来源：相关高校历年毕业生就业质量报告。

务业的应届毕业生被华为这一家公司录用。紧随其后的还有腾讯（91 人）、中兴（82 人）、百度（30 人），而上海本土的 IT 和互联网公司仅有爱奇艺和携程录用了较多的毕业生，但是在数量上远不及华为、腾讯和百度等信息传输、软件和信息技术服务业巨头。

综上所述，从复旦大学、上海交通大学以及同济大学 2014～2018 年的毕业生就业情况来看，信息传输、软件和信息技术服务业是各高校毕业生就业热门行业（各高校应届毕业生从事信息传输、软件和信息技术服务业数量均位居本校应届生就业行业前三），但是与上海高校应届毕业生留沪工作意愿持续攀升形成鲜明对比的是，上述三所高校从事信息传输、软件和信息技术服务业的应届毕业生中有很大一部分流向外地，数字经济人才流失问题十分严重。

（五）软硬件基础设施建设仍存在不平衡、不充分问题

在调研过程中，我们发现，上海针对数字经济企业的生活性配套和生产性配套仍存在不平衡不充分问题。浦东各产业园区已经聚集了一批新兴互联网企业，但产业园区缺乏生活配套设施的规划和建设，尤其对于高端人才而

言，生活配套设施的缺乏极大地影响了这部分人才的就业选择。高端人才往往不缺乏待遇优厚的工作机会，在上海落户也没有难度，因此他们有选择在生活配套设施完备区域工作的倾向。据达观数据公司反映，由于张江缺少生活区域的规划，公司员工在张江买不到合适的房产，同时张江也没有高水平的医院和学校，就医和子女就学都是很大的问题。

在生产性配套方面，上海超算中心的服务能级仍有待提升。截至目前，中国共建成6个超算中心，分别为国家超级计算天津中心、国家超级计算长沙中心、国家超级计算济南中心、国家超级计算广州中心、国家超级计算深圳中心、国家超级计算无锡中心，其中天津中心、长沙中心、济南中心、广州中心由国家科技部牵头，深圳中心则由中国科学院牵头；天津中心的天河一号和广州中心的天河二号在投用时均为世界最快的超级计算机。2016年6月，我国自主研制的“神威·太湖之光”居世界超级计算机500强之首，国家超级计算无锡中心成立。上海应升级上海超算中心，加快信息基础设施建设，通过政府购买服务，提升对上海众多中小数字经济企业的服务能级。

（六）数字经济企业的知识产权专利审核周期过长，维权成本高

以数字技术创新驱动的企业在资本市场上深受追捧，并且依靠企业自主研发的核心技术，在某一领域内能形成技术垄断，能维持稳定的客户群体，公司的经营状况也比多数互联网企业好，万得信息、达观数据是上海此类企业中的佼佼者。这类企业通过两种办法维持自身在市场中的优势地位：一是持续不断地投入研发，深化企业的核心技术；二是为企业核心技术申报知识产权专利，依靠法律手段维护企业利益。企业技术创新的难度大，前期成本高，研发成果为企业带来的经济效益高，但企业核心的知识产权一旦受到侵犯，会对企业造成毁灭性打击。目前，这类企业主要面临知识产权审核周期过长、知识产权被侵犯后维权成本过高的问题。达观数据自2015年12月成立以来，已经获得不小的成绩，不仅在资本市场上受到资深投资机构的青睐，而且公司还实现了盈利，这些都有赖于该公司在文本数据处理中所拥有的核心技术。但遗憾的是，公司发起的50多项知识产权专利的申报中，尚

未有一项过审。由于尚未获得任何一项专利，该公司必须加倍小心谨慎地保护自身的核心技术，以防被其他企业获取。即便如此，这家企业依然有多种原创性的知识成果被其他公司窃取，而公司对这种行为没有任何办法。同时，即使企业获得了知识产权专利，被侵权时的维权成本也让许多企业望而却步。万得信息是国内首屈一指的金融信息服务商，在国内拥有无法撼动的垄断地位。但即使是这样的公司，在面对侵权时也处于弱势地位；万得信息曾对业内盗用其商业信息的公司发起诉讼，申诉赔偿金1亿元人民币，但经过五年的诉讼才获胜诉，且法院判决的赔偿金额300万元，甚至不足以支付律师费。

（七）数字经济依托新生态，政府管理机制亟待更新

在当前数字经济发展背景下，后工业化时代的经济发展，不能只靠政府的宏观政策，企业也无法通过资源整合来提高经营能力。现在对于数字经济领域的企业来说，最关键的是创新能力，而不是资源整合能力。对政府的挑战是什么？不能依靠过去刺激需求的政策来保证经济增长，而政府需要配合企业，不是替代企业，通过配合企业来促进企业的创新。真正的创新，来自市场，来自企业，这并不是说政府无所作为，政府应该思考的问题是如何营造良好的环境、如何进行制度变革，使得企业能够更积极、更好地进行创新。企业只有创新，才能够开拓新的市场，获得新的发展机会。

1. 监管制度有待进一步创新优化

以互联网企业为代表的创新形式可以分为两类，一类是模式创新，另一类是技术创新。两类创新形式并不完全独立，通常是模式创新中包含着部分技术创新，技术创新又带来商业模式的创新。多数的互联网企业实际上是传统行业与新兴技术的整合，在新技术的支持下完成商业模式的创新。既有的政府监管模式主要是针对旧有的商业模式，面对互联网大发展下新商业模式的层出不穷，监管制度表现出反应滞后、监管条例不明确等问题。以沪江为例，沪江网校目前拥有1600名全职员工、2000名兼职员工，是拥有1.4亿用户的大型互联网教育企业，与传统教育培训机构不同，沪江网校并不开展

线下教育业务，而对这类商业模式的监管制度并不完善，监管条例与企业实际情况不匹配，监管方式存在漏洞；监管制度的不完善催生了一批职业打假人，利用监管体系的漏洞以及企业的失误谋取利益，给企业造成很大的困扰。同时，因为监管体系对这类企业的界定不详，对企业业务范围的规定不明确，造成了企业发展的困扰，因此亟须完善相关监管制度，整顿市场秩序，明确企业的发展方向。

2. 行业生态系统建设有待加强

信息完备度是市场有效的重要指标，市场信息交互速度越快，交互的信息越完全，市场效率越高，而这对数字经济的发展尤为重要；有效率的信息交互有助于企业跟踪行业技术动态，整合行业资源，提高企业经营效率。然而，根据调研的情况，浦东的张江地区集聚了一批科技驱动型互联网企业，一方面是高科技企业之间缺乏信息交互的通道，产业集群的优势难以发挥；另一方面是缺少产品展览会、展销会等展会推广渠道，企业难以把控客户的需求，同时，即使潜在客户有需求，也难有与企业直接对话的渠道。

以互联网企业为代表的数字经济企业的发展需要政府的支持，因为新产业的发展初期总是存在多种不确定性，受企业和产业发展规律的影响，政府对新产业的有效支持能帮助产业快速进入良性发展期，加速高价值企业的培育。而政府要出台有效且合理的政策，又离不开对产业甚至企业实际情况的有效掌握，了解企业发展的合理需求，把握产业发展的客观规律，并准确地将企业需求和产业发展的客观规律结合，这是政府出台合理产业扶持政策、打造优越营商环境的基本前提。但是，根据调研的实际情况，浦东新型互联网企业和政府之间仍然缺乏这种对话机制，政府很难把控企业的实际需求。亮风台科技是国内领先的 AR 技术公司，虽然 AR 技术目前尚不成熟，大量的应用场景有待开发，但为帮助 AR 技术走向实用，亮风台科技在其他地区的竞品公司已经获得了来自政府的支持，在安防、缉毒等领域拓展 AR 技术的应用场景。亮风台科技需要政府一定程度的支持，以拓展技术的应用场景，树立标杆项目，增强市场对技术的信心，但由于没有和政府的对话渠道，一方面是公司的诉求难以表达，另一方面是政府即使有需求，也难以向企业传达。

实际上，企业调研结果显示，大部分数字经济领域的企业并不看重能够从政府那里拿到多少奖励或补贴，“它们更希望获得政府的跟踪服务”，因为这会让企业在发展过程中感受到政府在为其保驾护航。例如，政府方面发布的独角兽评选榜单在一定程度上会助推榜单内的数字经济企业估值上升，帮助企业争取到更多的社会资源。这种影响无法用金钱来衡量。一方面，政府能够提供的奖励或补贴有限，可能远不及企业自身的融资规模。对于真正具有创新技术的企业，可以提供一定的扶持启动资金，但之后就要让其在竞争的汪洋大海中自寻活路，优胜劣汰才是最终的市场生存规则。一个企业的兴衰不是由政府能够决定的，主要还是由市场机制决定的。政府主要的任务是维持一个好的生态，优化营商环境，切忌“越权”替代市场。另一方面，据调研企业反映，虽然近三年来上海有大量针对数字经济企业的扶持政策集中出台，但是庞杂的政策体系使得政策支持体系碎片化、不兼容问题凸显。对政策的系统梳理和专业机构的辅导落实成为一个重要问题。

三　上海市数字经济营商环境优化的对策建议

综上所述，上海市数字经济发展水平整体处于全国第一梯队，且具备良好的发展基础和发展条件，但是在数字经济整体规模及占比、企业个体规模及其影响力、软硬件基础设施建设、知识产权保护以及政府监管与服务等方面存在短板，下一步上海在优化数字经济的营商环境过程中，应针对上述问题，从以下六个方面着力打造适宜数字经济创新发展的环境，推动上海数字经济实现高质量发展。

（一）重塑数字经济发展创新思维

上海要坚定走“有效市场和有为政府”有机结合的数字经济创新发展之路，克服不作为或者乱作为的问题。此外，要增强公平服务各类企业的意识，即“店小二”精神，在企业发展过程中，政府应该做到无事不扰、有事必来。此外，在当前数字经济快速发展的信息化时代背景下，要努力建设学习型政府，定期强化针对政府相关公职人员的专业技能培训，使其具备符合数字经济发展需要的专业化知识和持续性学习能力。上海长期以良好规范的市场秩序而享誉海内外，但是在强调规范和秩序的同时，政府也要努力培育包容性试错文化，鼓励数字经济的新技术、新应用，如区块链等。

（二）明晰战略定位开展科学产业布局

上海数字经济发展要战略清晰，在制定自身数字经济发展战略的过程中不仅要围绕自身中长期发展需要，还要担负中央赋予的战略使命，进行数字经济的科学布局，需要做到以下几点：一是立足上海服务优势打造数字经济的总部经济，上海作为中国的经济中心、金融中心，其市场化水平、市场规范化水平等均位居全国前列，因此成为全球各大企业进驻中国市场、设立总部时优先选择的城市，目前世界500强企业的中国总部大多落户上海，下一步上海应该针对数字经济领域，大力打造数字经济的总部经济。二是要大力支持企业和科研机构围绕“卡脖子”技术展开研发攻关，打造人工智能产业高地。上海拥有发展人工智能产业得天独厚的优势，其中最主要的是高端产业集群，为人工智能产业的发展提供了丰富的应用场景，上海下一步应针对人工智能产业开展积极的研发攻关，充分发挥本地区优势条件，打造人工智能产业发展新高地。三是面向未来，把握新一代年轻人需求开展产业布局。数字经济作为新经济的重要组成部分，其提供的服务和产品往往最容易被年轻人所接受，因此数字经济提供的服务和产品的受众大多是新一代年轻人，因此，上海应针对年轻人的需求开展针对性的数字经济产业布局，重点发展电子竞技、二次元等。

（三）全力打造数字经济多层次人才供需体系

上海应围绕数字经济发展的战略目标，尽快制定上海数字经济人才发展中长期规划，统领优化现有的人才政策。此外，还应加强供给侧改革（学历教育和在职教育），加大IT实用型人才（码农）的本地培养和供给力度。

加大人才落户和保障房的改革力度，采取公开透明的人才引进机制。充分发挥上海人力资源专业性服务机构高度集聚的资源优势，壮大数字经济专业化人才服务机构，推动人才健康、有序流动，降低企业创业获取人才的成本。

（四）以包容审慎原则开展精细化监管服务

上海应秉持监管即服务的理念，明确政治红线，加强政企协同，针对新技术、新业务开展风险预评估。将大数据和人工智能等技术运用于网络监管，提升技术管网水平，加强监管精准性和即时性。此外，还要加强上下级部门沟通和相关管理部门的协同，避免多方监管的口径差异对企业经营产生重大影响，针对不同业务类型和规模的互联网企业进行分类分级监管。通过专业化培训、党建、能力外包等多种方式，为企业平台生态治理持续赋能。

（五）释放重点需求撬动数字产业快速发展

上海应加快推进5G和工业互联网基础设施建设，抢占工业互联网和5G领域的产业发展先机。此外，针对制造、金融、政务等重点行业领域，创造各类需求场景，充分发挥自身应用场景丰富的优势，创造自身独特比较优势，通过释放需求场景开展新技术先行先试，带动上海数字企业做大做强。

（六）构筑数字经济对外合作“桥头堡”

上海作为我国对外开放的桥头堡，应发挥在国际开放上的独特优势，积极承担国家数字经济对外合作关键枢纽功能，利用自贸新片区等建设契机，加大数字经济对外开放力度。通过强化国际合作，充分利用好国内国外两种资源、两个市场，为自身数字经济的发展赋能提速。

B.8
上海民营企业创新发展指数报告

汤蕴懿　韩　清　曹祎遐　张伯超*

摘　要： 民营企业已经成为推动上海市经济社会发展的重要力量，民营企业的创新发展是新时期推动供给侧结构性改革，推动高质量发展，进而建设现代化经济体系的应有之义。本报告通过构建上海市民营企业创新发展指标体系，利用上海市民营企业调查问卷数据，定量评估上海市民营企业创新发展水平与特征状况。研究发现，上海民营企业创新发展指数总得分为70.38分，其中创新发展生态环境得分最高，创新发展能力水平得分居中，创新发展动力水平得分最低。品牌、管理能力和技术逐渐成为企业实力和发展的主要支柱，企业盈利水平仍然是制约企业发展的关键因素。此外，通过区域和行业分析发现，上海市民营企业的创新发展水平在不同行业、地区之间存在较强的异质性。针对目前上海民营企业创新发展存在的主要问题，本报告提出了相应的对策建议，主要包括：切实降低民营企业成本，确保各项政策落地；创新融资方式方法，缓解民企融资难题；加强科技创新能力，提升企业核心竞争力；培育龙头骨干企业，继续深挖品牌效益；创

* 汤蕴懿，管理学博士，上海社会科学院宣传部部长、研究员，新经济与产业国际竞争力研究中心执行主任，主要研究方向为公共经济与产业政策；韩清，理学博士，上海社会科学院经济研究所统计与数量经济研究室主任、研究员，主要研究方向为空间经济学、数量经济学；曹祎遐，管理学博士，上海社会科学院应用经济研究所副研究员，主要研究方向为产业经济；张伯超，经济学博士，上海社会科学院经济研究所助理研究员，主要研究方向为数字经济、企业创新发展与经济增长。

设长效沟通机制，共建和谐营商环境；优化新时代新布局，探索民企党建新优势。

关键词： 民营企业 创新 指标体系 上海

一 研究背景

2018 年 11 月 1 日，习近平总书记在民营企业座谈会上的讲话中指出，“民营企业作为新时期推进供给侧结构性改革、推动高质量发展、建设现代化经济体系的重要主体，是我们党长期执政、团结带领全国人民实现‘两个一百年’奋斗目标和中华民族伟大复兴中国梦的重要力量”。习近平总书记在民营企业座谈会上的重要讲话为推动民营经济健康发展指明了方向。2019 年 2 月，上海市委市政府召开进一步优化营商环境工作会议，会议透露，即将发布上海优化营商环境“2. 0 版”，涵盖 25 个方面几十项工作举措，个个都是实打实的硬招。2019 年 3 月，上海市委市政府制定《上海市进一步优化营商环境实施计划》，进一步全方位优化本市营商环境。改革开放 40 年来，中国民营企业蓬勃发展，民营经济从小到大、由弱变强，在稳定增长、促进创新、增加就业、改善民生等方面发挥了重要作用，成为推动经济社会发展的重要力量。党的十八大以来，习近平总书记多次强调“两个毫不动摇”“三个没有变”，为推动民营经济健康发展指明了方向。党中央、国务院近年来持续出台了一系列促进民间投资、激发民营经济活力的政策措施，在清除阻碍统一市场和公平竞争的规定和做法、优化民营企业创新发展环境方面持续优化。

上海是改革开放的重镇，如何在新时代继续当好“全国改革开放排头兵和创新发展先行者”，需要政府切实当好服务民营企业的“店小二”，将民营经济打造为上海改革开放新高地、科技创新先锋。本研究是一项兼具理论与实践意义的创新性探索，通过构建“上海民营企业创新发展指数”，在调研分析基础上，持续跟踪上海民营企业创新发展环境以及创新发展成效，对上海市民营企业创新发展水平做出客观评估，反映企业的真实需求和面临的主要问题，通过对企业创新发展环境的深入分析，为优化上海民营经济创新发展环境提供决策依据。

二 研究目的、思路和分析框架

（一）研究目的

1. 科创中心建设的持续性与民营企业调研工作的连续性

围绕 2030 年上海新一轮发展的重要任务就是建设具有全球影响力的科创中心。根据市委部署，上海市正在深入开展“不忘初心、牢记使命，扎实推进科创中心建设”的调研工作，着力解决制约科技创新发展、推进科创中心建设中不平衡不充分的问题，着力分析产生问题的原因，着力制定解决问题的实质举措和长效机制。

民营企业为上海经济社会发展做出了突出贡献，一直是上海科创中心建设和经济社会发展中的重要力量。“十三五”期间上海在全面推进改革和建设科创中心的进程中，要花更大的力气，为民营企业发展营造更好环境，搭建更大的创业舞台，推动民营企业为上海的发展做出更大的贡献。民营企业要紧扣科创中心建设中的问题，力争当好新时代改革开放排头兵中的排头兵、创新发展先行者中的先行者。

2. 适逢上海民营企业发展40周年，找准民营企业的发展诉求

改革开放 40 周年，是民营经济从小到大、从粗放到集约、从量变到质变的 40 年。大变革的时代，正是一批批优秀的民营企业家成为上海乃至全国经济增长和社会进步的重要前行驱动力。上海已经全力打响了上海服务、上海制造、上海购物、上海文化四大品牌，民营企业家无疑将发挥更加重要的作用。民营企业是上海当好全国改革开放排头兵、创新发展先行者的重要组成部分。

在民营企业立足上海、面向全国、走向世界，进一步增强国际竞争力的过程中，需要找准各类民营企业的诉求。比如对于独角兽企业，讲求的是政府对它们的精准扶持，而对于小微民营企业，追求的是遍地开花以形成企业创新的良好生态。因此，拟通过本课题调研集中反映民营企业在创新发展中的呼声和建议。我们将通过此次课题调研进一步梳理问题、寻找良策、提出建议。

（二）研究思路

在新经济时代，创新成为经济发展的新动能，也是民营企业“聚焦主业，加强自主创新、练好内功，努力实现新的发展”的战略选择。相对国有企业和大型外企来说，民营企业在运营机制中有相对优势，决策快捷并相对科学，劳动、人事、分配制度到位，效率高，成本费用低，尤其是在国际合作、国际贸易、引进技术、竞标项目等方面具有优势。在法制健全、政策保障和政府扶持的大背景下，民营企业在科技创新、技术进步、产品创新、成果转化方面的优势将进一步显现。

本指数关注民营企业创新与发展的关系，以创新发展动力为源、创新发展环境为基、创新发展能力为本，通过问卷调研掌握总体情况，课题组通过交叉分析和典型企业调研，比较不同行业和不同区域企业创新发展情况，使研究更加精准、判断更加科学。

（三）研究方法

本研究以上海市民营企业创新发展评价体系为基础，通过问卷调查、机构调查及专家访谈等多种方式搜集资料，组织基础数据；对数据进行建模，最终计算获得上海民营企业创新发展指数。

1. 构建上海市民营企业创新发展评价体系

上海民营企业创新发展指数由三级指标构成。

（1）一级指标

一级指标包括创新发展生态环境、创新发展动力水平和创新发展能力水平（简称“生态环境、动力水平和能力水平”）。上述三个方面分别涵盖了上海市民营企业发展所需的外部条件和内部条件，能够较全面地衡量上海市民营企业的创新发展状况。

（2）二级指标

创新发展生态环境环境指标下有 5 个二级指标，分别为城市比较优势评价、社会比较优势评价、制约企业发展因素、政府政策支持力度、行业市场秩序规范；创新发展动力水平下有 4 个二级指标，分别为产学研合作、盈利能力、研发创新投入与产出和资源获取能力；创新发展能力水平下有 3 个二级指标，为企业家精神、品牌效应和内部管理；企业家精神下设国际视野、创新精神和社会责任 3 个三级指标，品牌效应下设品牌知晓度、品牌美誉度和品牌价值 3 个三级指标，内部管理下设员工素质和员工权益 2 个二级指标。

表 1　上海市民营企业创新发展评价体系

<table>
<tr><th></th><th>一级指标</th><th>二级指标</th><th>三级指标</th></tr>
<tr><td rowspan="17">上海民营企业
创新发展指数</td><td rowspan="5">创新发展生态环境
（25%）</td><td>城市比较优势评价（20%）</td><td>—</td></tr>
<tr><td>社会比较优势评价（20%）</td><td>—</td></tr>
<tr><td>制约企业发展因素（20%）</td><td>—</td></tr>
<tr><td>政府政策支持力度（20%）</td><td>—</td></tr>
<tr><td>行业市场秩序规范（20%）</td><td>—</td></tr>
<tr><td rowspan="4">创新发展动力水平
（40%）</td><td>产学研合作（20%）</td><td>—</td></tr>
<tr><td>盈利能力（30%）</td><td>—</td></tr>
<tr><td>研发创新投入与产出（30%）</td><td>—</td></tr>
<tr><td>资源获取能力（20%）</td><td>—</td></tr>
<tr><td rowspan="8">创新发展能力水平
（35%）</td><td rowspan="3">企业家精神（40%）</td><td>国际视野（30%）</td></tr>
<tr><td>创新精神（40%）</td></tr>
<tr><td>社会责任（30%）</td></tr>
<tr><td rowspan="3">品牌效应（30%）</td><td>品牌知晓度（40%）</td></tr>
<tr><td>品牌美誉度（30%）</td></tr>
<tr><td>品牌价值（30%）</td></tr>
<tr><td rowspan="2">内部管理（30%）</td><td>员工素质（60%）</td></tr>
<tr><td>员工权益（40%）</td></tr>
</table>

2. 数据收集

从制度供需关系出发，本研究主要采用问卷调查方法，以更好了解目前上海民营企业创新发展状况，特别是上海民营企业在优化城市创新发展生态环境方面的需求，同时配合调研走访和数据分析，对问题进行剖析。

在上海市委统战部和上海市工商联的支持下，上海社会科学院课题组对上海市工商联系统执常委以上级别的企业家进行了问卷调查，获取可用于统计、分析的一手数据，此次调查覆盖上海市全部16个市辖区，共计收回850份企业问卷，涉及20多个行业。

3. 设定指标参照系

通过对有关部门的走访，并汲取各位专家的意见和建议，本研究以理论为指导，以政策目标为导向，对各指标制定基准值和参照值，构建指标参考系。

（四）各项指标指数计算方案

各项指标指数计算方案如下：

（1）将调查问卷结果进行量化处理；

（2）通过专家打分法确定各级指标的权重（详见表1）；

（3）根据权重计算各项子指标得分和上海民营企业创新发展指数最终得分，本研究指数得分为百分制，具体计算公式和过程如下：

$$4thindex_i = 100 \times \frac{4thindex_i value\text{-}sample\ minimum\ value}{sample\ maximum\ value\text{-}sample\ minimum\ value} \quad (1)$$

$$3rdindex = \sum_{i=1}^{n} \lambda_i \times 4thindex_i \quad (2)$$

创新发展动力水平和创新发展生态环境无三级指标，则直接根据调查问卷结果和公式（1）计算其指标得分：

$$2ndindex = \sum_{i=1}^{n} \lambda_i \times 3rdindex_i \quad (3)$$

$$1stindex = \sum_{i=1}^{n} \lambda_i \times 2ndindex_i \quad (4)$$

在计算得到各项指标相应的实际分值之后，将其作为基期分值，在以后年份的持续跟踪调研打分过程中，均以本年所计算的各项指标为基准值，然后再用各项指标的基准值与当年计算所得的实际值进行加权，本报告将当年期指标数值得分权重确定为40%。本年度亦采用此计算方法计算各项指标值。

三　结果分析

本次调查涉及的企业共848家，基本涵盖了各行业企业群体。受访企业覆盖了上海市全部16个市辖区，金山区、浦东新区和普陀区的最多；所涉及的行业有20余个，服务业（27.71%）、机械与电子行业（12.38%）和IT互联网行业（10.02%）居多，主要从企业经营状况、创新情况、中美贸易摩擦对企业的影响以及党建状况等方面进行调研和总结分析。

（一）总体分析

表2给出了对本次问卷调查结果进行量化后上海民营企业发展指数指标的最终得分情况（百分制）。由表2可知，上海民营企业创新发展指数总得分为70.38分，其中创新发展生态环境指标得分最高、创新发展能力水平得分居中、创新发展动力水平得分最低。

创新发展生态环境指标得分为89.67分，营商优势明显，综合评价高于全国平均水平。创新发展能力水平指标得分为72.51分，创新发展动力水平指标得分最低，为56.45分。总体来看，上海市民营企业创新发展生态环境质量较高、创新发展能力水平尚可，创新发展动力水平已经成为制约上海市民营企业创新发展的关键因素。

本次调查中，企业家对上海市的城市建设和社会环境普遍给予较高的评价。对于上海在全球城市建设中的优势，54.8%的企业家认为上海是高新科技人才的聚集地，54.1%的企业家提到了上海公开公平的市场环境，49.5%的企业家认为政府支持也是不可忽视的重要方面。另外也有不少企业家肯定了强劲的产业发展势头、优良的研发环境和金融服务。与全国其他城市相比，超过80%的受访企业家认为上海具有健全的社会保障体系、丰富的教育资源、齐全的文娱设施、便利的交通条件和良好的生态环境。但也有九成以上的受访企业家提及上海的居住成本较高。

调查数据显示，企业家对上海提升城市能级和核心竞争力抱有很高的期待。66.6%的企业家表示在这个过程中，民营企业可以从打造行业平台中获得发展空间，38.1%的企业家看好上海创设企业集群的举措，32.9%的企业家更倾向于参与长三角一体化能为企业带来更多的发展机会。

表2 上海民营企业创新发展指数得分情况

	得分	一级指标	得分	二级指标	得分	三级指标	得分
上海民营企业创新发展指数	70.38	创新发展生态环境	89.67	城市比较优势评价	86.01	—	—
				社会比较优势评价	89.19		
				制约企业发展因素	90.02		
				政府政策支持力度	92.32		
				行业市场秩序规范	90.83		
		创新发展动力水平	56.45	产学研合作	42.99		
				盈利能力	48.78		
				研发创新投入与产出	52.09		
				资源获取能力	87.97		
		创新发展能力水平	72.51	企业家精神	69.59	国际视野	67.55
						创新精神	72.47
						社会责任	67.79
				品牌效应	73.30	品牌知晓度	71.41
						品牌美誉度	75.58
						品牌价值	73.55
				内部管理	75.61	员工素质	76.14
						员工权益	74.82

（二）综合分析

1. 企业经营状况分析

（1）品牌、管理能力和技术逐渐成为企业实力和发展的主要支柱

针对目前企业创新发展优势的调查，54.0%的受访企业家对市场前

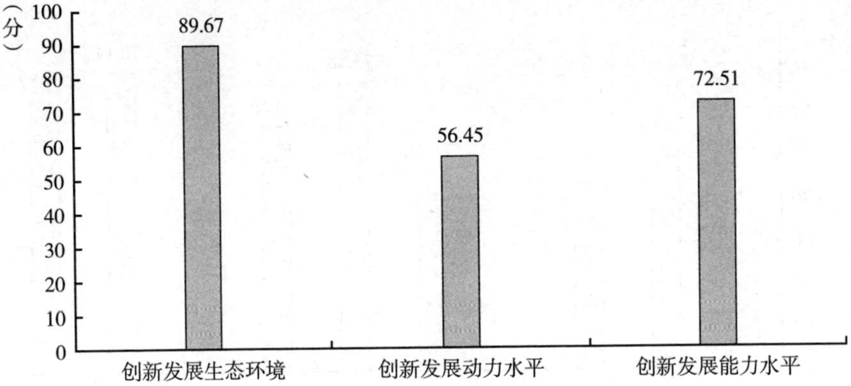

图1　上海民营企业创新发展指数一级指标得分

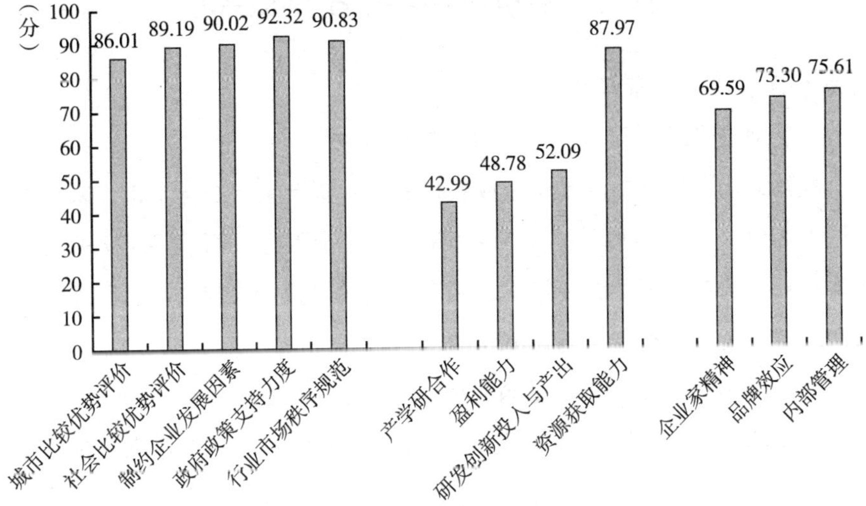

图2　上海民营企业创新发展指数二级指标得分

景看好，51.3%的企业家认为企业管理团队能力强，39.3%的企业家认为领先的技术为企业创造了优势。对于企业的评价方面，超过75%的企业家认为企业在员工培训、绩效管理和保障制度上有公平合理且完整的制度体系，67.8%的企业家认为消费者已经熟知企业品牌，74.1%的企业家认为企业品牌具有一定的价值，78.7%的企业家相信消费者对企业

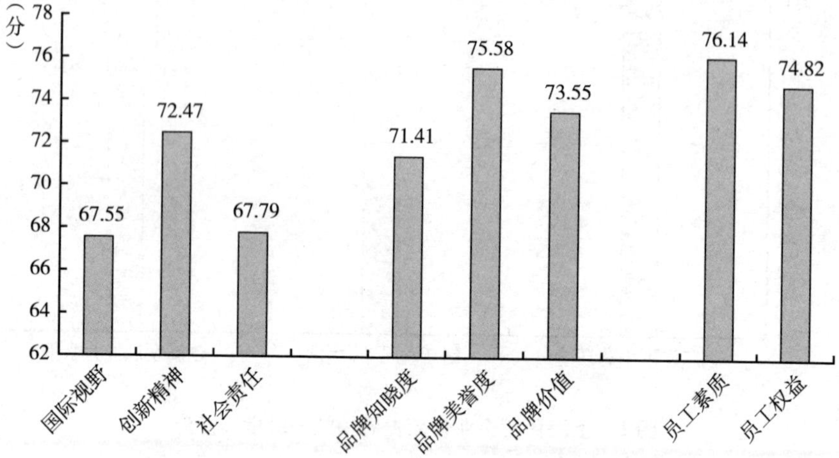

图3　上海民营企业创新发展指数三级指标得分

品牌十分信任并具有好感。

（2）资金来源主要为本地，且以银行为主

数据显示，73.6%的受访企业获得的外部资金主要来自本市，来自外省市的占21.9%，来自境外的仅占4.5%。在资金渠道方面，74.6%的受访企业将银行列为最主要的融资渠道，其余包括天使投资人或公司、民间互助理财和政府基金等，但占比均在10%左右。

（3）企业盈利水平仍然是制约企业发展的关键因素

根据调查数据，70.4%的受访企业家认为企业运行成本过高是制约发展的最主要因素，49.5%的受访企业家认为企业利润逐渐降低，43.2%的受访企业家认为技术骨干人才的缺乏制约了企业的进一步发展。

2. 企业创新情况分析

（1）企业与高校、科研单位合作程度低

据调查，仅有30.5%的企业反映与高校或科研机构有科技攻关类合作，而合作效果一般，甚至基本没有效果的占45.9%，合作程度不太理想。另外，在有合作的企业中，60%的企业并未因此享受政府的补贴或优惠政策。

（2）企业自身创新能力不足，科技人才匮乏

据调查，80.7%的企业反映在创新过程中，发明专利的授权量不超过10项；45.9%的企业的科研人员占比低于5%；78.1%的企业的人才年均流动率低于10%，其中流动率低于5%的更是占49.2%。在企业技术贸易收入调查中，64.7%的企业技术贸易不及企业总收入的20%。

3. 企业党建情况调研

根据调查，65.9%的企业内部有党组织。其中有党委的占4.7%，有党总支的占6.1%，有党支部的占47.5%，有党小组的占7.6%。受访企业家中，63.1%的党组织关系在本企业，另有6.5%和3.4%的企业家党组织关系分别在以前的单位和以前的企业。

关于党建活动，主要为企业党建的占55.7%，主要为区域党建的占30.8%，主要为楼宇党建的占7.3%，主要为网格党建的占6.3%。

党组织活动方面，24.4%的企业每年开展一次党组织活动，19.5%的企业半年开展一次，37.0%的企业每季度开展一次，18.2%的企业每月开展一次，0.9%的企业每周开展一次。党建活动以学习活动、文体活动和党建培训为主，分别占88.4%、68.0%和62.7%。

（三）区域分析

1. 各地区民营企业创新发展状况

根据本报告设定的民营企业创新发展指数定量评估指标体系，结合调查问卷结果，最终得到上海市各地区民营企业创新发展状况的定量评估结果。从表3可看出，松江区民营企业创新发展状况得分最高，为77.87分，青浦区紧随其后，得分为73.54分，其余得分在70分以上的还有嘉定区、长宁区、浦东新区和静安区，崇明区的得分最低。

从各区总得分的分布状况来看，上海市各区民营企业的创新发展状况差异性较大，崇明区与排名第一的松江区得分相差13.01分。

表3　上海市各地区民营企业创新发展状况分析

排名	地区	创新发展生态环境得分	创新发展动力水平得分	创新发展能力水平得分	总得分
1	松江区	91.07	59.11	89.89	77.87
2	青浦区	86.45	62.34	77.11	73.54
3	嘉定区	91.27	58.56	75.81	72.77
4	长宁区	90.94	57.46	73.11	71.30
5	浦东新区	90.22	58.97	68.70	70.18
6	静安区	90.48	54.64	72.95	70.01
7	杨浦区	88.34	58.69	69.76	69.97
8	普陀区	89.98	57.02	70.32	69.92
9	闵行区	87.96	55.19	73.01	69.62
10	虹口区	88.55	51.00	75.71	69.03
11	徐汇区	90.89	52.82	71.75	68.96
12	金山区	89.70	53.51	70.03	68.33
13	奉贤区	85.79	57.01	67.83	68.00
14	宝山区	84.22	59.14	66.53	68.00
15	黄浦区	88.83	54.25	65.44	66.81
16	崇明区	90.40	50.61	62.93	64.86

2. 各区民营企业创新发展状况分项指标得分结构情况

如图4所示，总体来看上海市各区的民营企业在创新发展生态环境和创新发展能力水平这两项指标上得分较为理想，在创新发展动力水平这一指标上得分偏低，再次印证了创新发展动力水平已经成为上海市民营企业创新发展中的主要制约因素。创新发展动力水平指标得分低于55分的区有虹口区、徐汇区、静安区、金山区、黄浦区和崇明区，其中崇明区的创新发展动力水平指标得分最低，仅为50.61分。得分最高的区为青浦区，但是也仅为62.34分。

从创新发展生态环境来看，上海市各区的创新发展生态环境得分较为均衡，均高于80分。从创新发展能力水平得分情况来看，仅有松江区的得分高于 80 分，其余各区与其相比存在一定差距，崇明区得分最低，为 62.93 分。除此之外，还有奉贤区、宝山区、黄浦区、浦东新区和杨浦区的民营企业创新发展能力水平指标得分低于 70 分。

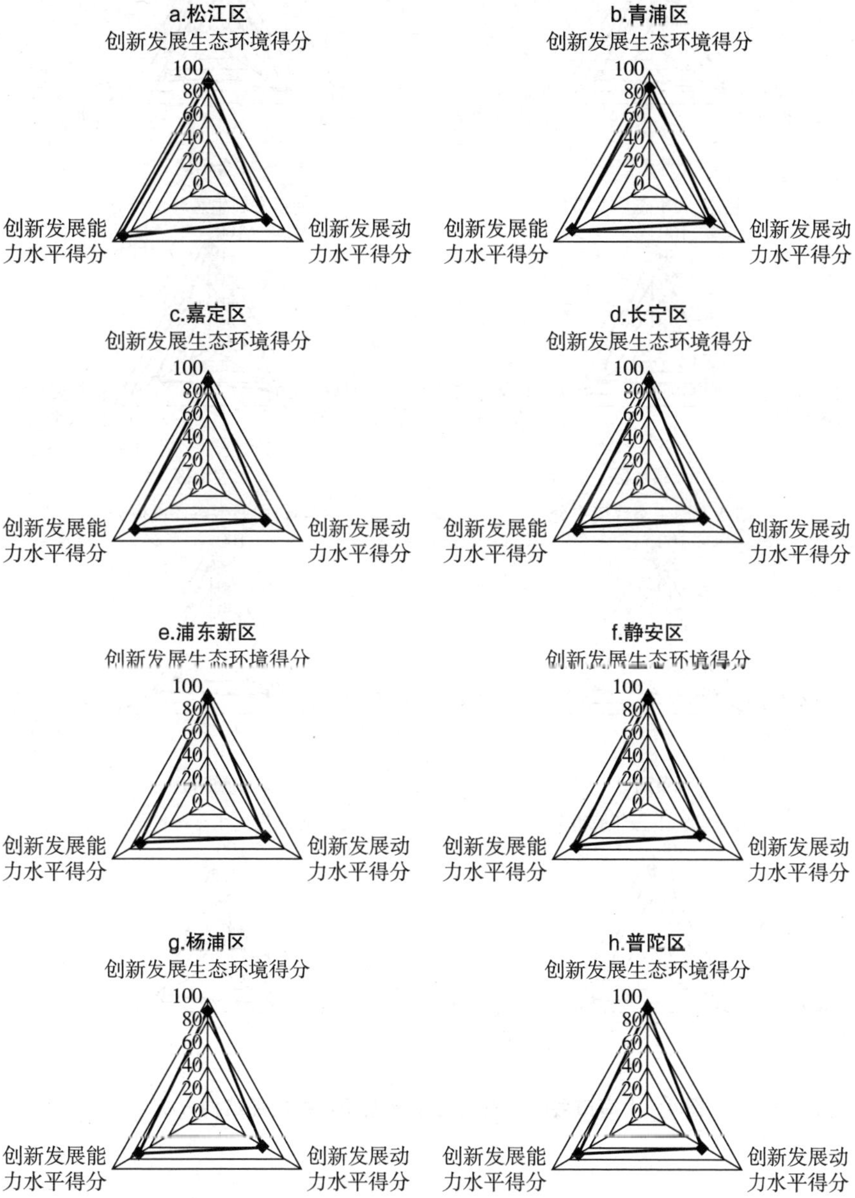

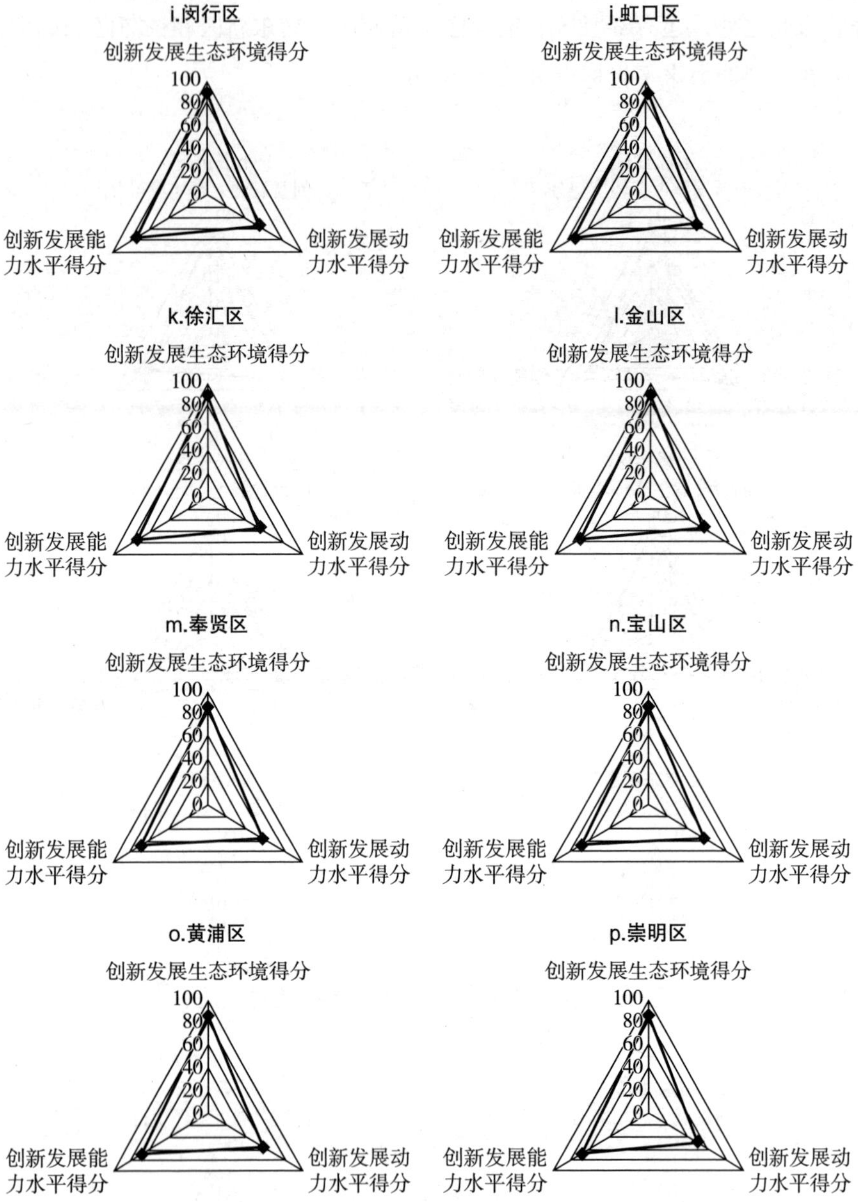

图4　上海市各区民营企业创新发展指数内部结构分析

接下来本报告对各区民营企业的创新发展生态环境、创新发展能力水平和创新发展动力水平下设指标得分情况进行分析。如图5所示，从各区创新发展生态环境得分情况来看，上海市各区创新发展生态环境得分较为均衡，基本都在80分以上，其中嘉定区居第一位，得分为91.27分，且前9位得分保持较为微小差距。排最末位的是宝山区，得分也达到84.22分。

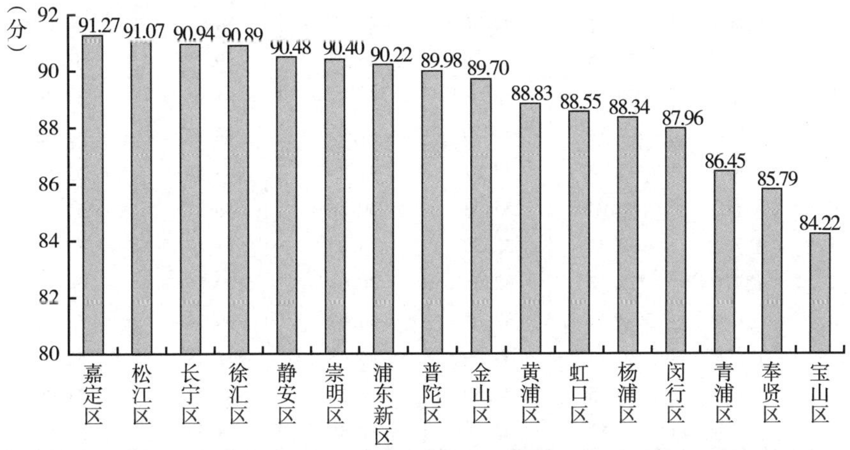

图5　上海市各区民营企业创新发展生态环境得分与排名

如表4所示，上海市民营企业创新发展动力水平得分最高的是青浦区，排最末位的是崇明区。从各区民营企业创新发展动力水平的内部结构情况看，上海市各区民营企业的资源获取能力都处于较高水平，其经营所需资金基本都能从上海本地银行或者其他金融机构获得，不需要进行跨区域高成本融资；产学研合作和研发创新投入与产出方面得分较低，表明上海市各区民营企业在研发创新投入与产出方面存在较大短板。此外，上海市各区民营企业盈利能力在创新发展动力水平下设指标中得分基本处于最低水平，充分表明盈利能力的不足已经成为制约上海市各区民营企业创新发展的重要因素。

对上海市各区民营企业的创新发展能力水平细分指标得分情况进行分析，如表5所示，上海市各区民营企业创新发展能力水平得分存在较大差异。松江区民营企业创新发展能力水平得分最高，为89.89分，崇明区民营

表4 上海市各区创新发展动力水平得分排名与内部指标结构情况

排名	地区	产学研合作	盈利能力	研发创新投入与产出	资源获取能力	创新发展动力水平得分
1	青浦区	47.50	46.03	44.14	92.12	62.34
2	宝山区	46.30	40.84	40.84	90.63	59.14
3	松江区	23.27	51.73	50.89	84.54	59.11
4	浦东新区	41.01	43.30	45.25	86.43	58.97
5	杨浦区	41.05	42.36	47.28	84.21	58.69
6	嘉定区	45.25	35.59	46.27	89.12	58.56
7	长宁区	30.04	48.08	47.73	81.06	57.46
8	普陀区	37.18	40.70	41.92	88.57	57.02
9	奉贤区	45.50	37.81	42.24	85.34	57.01
10	闵行区	40.04	35.28	39.84	88.01	55.19
11	静安区	39.31	35.38	35.00	91.67	54.64
12	黄浦区	28.13	42.55	36.04	89.46	54.25
13	金山区	32.93	37.04	35.00	90.38	53.51
14	徐汇区	30.13	37.69	35.45	88.78	52.82
15	虹口区	32.55	34.59	34.59	84.77	51.00
16	崇明区	24.82	32.09	32.96	93.33	50.61

企业创新发展能力水平得分最低，为62.93分。从创新发展能力水平的内部结构性指标得分情况来看，品牌效应和内部管理已经成为支撑上海各区民营企业创新发展能力水平的重要因素，相较而言，企业家精神指标得分较低。其中，品牌效应方面，松江区民营企业以91.85分居第一名，且与第二名的嘉定区相比保持较为显著的领先优势；内部管理方面，松江区和虹口区居前两位，黄浦区和奉贤区居最后两位。

表5 上海市各区创新发展能力水平排名与内部指标结构情况

排名	地区	企业家精神得分	品牌效应得分	内部管理得分	创新发展能力水平得分
1	松江区	87.47	91.85	91.18	89.89
2	青浦区	76.01	75.08	80.65	77.11
3	嘉定区	70.74	78.85	79.52	75.81

续表

排名	地区	企业家精神得分	品牌效应得分	内部管理得分	创新发展能力水平得分
4	虹口区	71.11	70.00	87.58	75.71
5	长宁区	70.00	77.52	72.84	73.11
6	闵行区	68.88	72.98	78.54	73.01
7	静安区	70.13	77.42	72.25	72.95
8	徐汇区	75.00	68.39	70.77	71.75
9	普陀区	68.56	69.90	73.07	70.32
10	金山区	65.48	70.15	75.98	70.03
11	杨浦区	62.26	71.11	78.43	69.76
12	浦东新区	66.43	69.41	70.99	68.70
13	奉贤区	68.61	70.21	64.41	67.83
14	宝山区	64.50	69.24	66.50	66.53
15	黄浦区	67.70	63.94	63.88	65.44
16	崇明区	56.90	68.10	65.80	62.93

（四）行业分析

1. 各行业民营企业创新发展状况

表6给出了上海市各行业民营企业的创新发展情况，可以发现，IT与互联网行业民营企业创新发展指数总得分最高，达到77.22分，紧随其后的是新能源和新材料行业。新农业、服务业和贸易行业的民营企业发展状况位于榜单最后三位。作为上海市战略性新兴产业的生物医药行业的民营企业创新发展指数排第六名，表明该行业的民营企业在创新发展方面仍有很大的提升空间。

表6　上海市各行业民营企业创新发展情况

行业	创新发展生态环境得分	创新发展动力水平得分	创新发展能力水平得分	总得分
IT与互联网	88.10	68.64	79.25	77.22
新能源	86.74	65.14	80.42	75.89
新材料	89.24	63.10	80.35	75.67

续表

行业	创新发展生态环境得分	创新发展动力水平得分	创新发展能力水平得分	总得分
节能环保	91.57	61.52	73.57	73.25
机械与电子	89.61	58.90	75.12	72.25
生物医药	89.08	61.60	66.84	70.31
文化传播	90.45	55.34	72.80	70.22
其　他	90.34	53.65	70.43	68.70
新农业	88.48	52.81	70.52	67.93
服务业	90.26	51.95	70.17	67.90
贸　易	88.77	49.56	68.29	65.93

2. 各行业民营企业创新发展状况分项指标得分结构情况

图6给出了上海市各行业民营企业的创新发展生态环境得分与排名情况，可以发现，节能环保行业面临的创新发展生态环境最优，其次是文化传播行业。新能源和IT与互联网行业的民营企业虽然在总体创新发展状况方面排前列，但是在创新发展生态环境方面，由于这些行业属于新兴行业，现有的管理制度和市场环境的调整可能有一定的滞后性，创新发展生态环境无法满足上海市IT与互联网以及新能源行业民营企业的需求。因此下一步在优化行业创新发展生态环境方面，应着重分析上述两个行业企业创新发展所需的特殊环境因素和制度条件，有针对性地优化上述两个行业企业的创新发展生态环境。

表7给出了上海市各行业民营企业创新发展动力水平得分情况，可以发现，IT与互联网行业民营企业创新发展动力水平得分最高，新能源和新材料、生物医药以及节能环保行业民营企业创新发展动力水平得分紧随其后。在民营企业创新发展动力水平内部指标中，各行业企业均表现出了很强的资源获取能力，但是在研发创新投入与产出以及产学研合作方面得分较低，其中新农业、服务业和贸易行业研发创新投入与产出得分非常低，产学研合作得分也处于较低水平。在产学研合作方面，排第一的生物医药行业，得分仅46.42分，仍有很大的提升空间。此外，各行业的盈利能力严重不足，即使

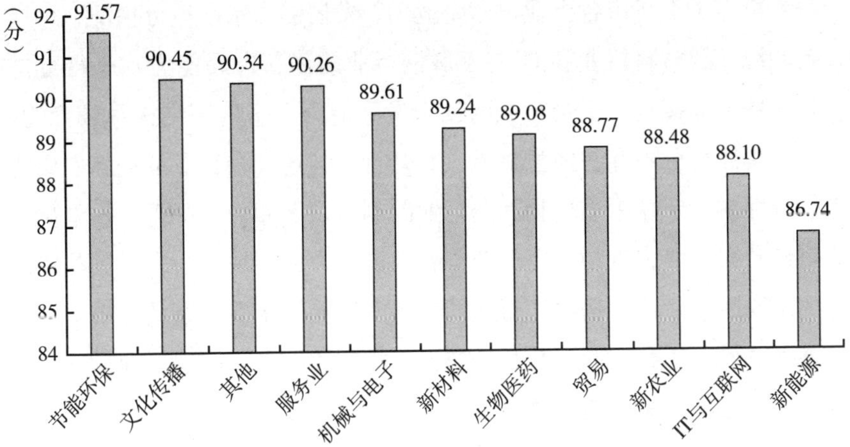

图6　上海市各行业民营企业创新发展生态环境指数得分与排名

是盈利能力最强的IT与互联网行业以及新材料行业，得分也仅分别为63.14分和48.13分。由此可见，上海市各行业民营企业强大的资源获取能力并未有效转化为强劲的盈利能力，在产学研合作和研发创新能力方面也均存在较为显著的短板。

表7　上海市各行业民营企业创新发展动力水平发展情况

行业	产学研合作	盈利能力	研发创新投入与产出	资源获取能力	创新发展动力水平得分
IT与互联网	40.36	63.14	62.72	81.47	68.64
新能源	45.36	46.66	62.45	83.33	65.14
新材料	43.37	48.13	54.21	84.72	63.10
生物医药	46.42	44.83	53.42	81.58	61.60
节能环保	42.31	44.45	45.00	93.65	61.52
机械与电子	41.78	40.56	44.70	89.17	58.90
文化传播	34.85	41.54	36.64	89	55.34
其　他	33.15	35.14	37.18	90.42	53.65
新农业	39.87	28.99	37.48	88.89	52.81
服务业	31.09	35.35	33.42	89.68	51.95
贸　易	25.12	37.51	30.42	86.31	49.56

表8给出了上海市各行业民营企业创新发展能力水平得分情况，可以发现，新能源、新材料行业和IT与互联网行业的创新发展能力水平得分排前三，且分数十分接近，三个行业的创新发展能力水平内部结构也较为均衡，三个分项指标得分不存在明显短板。其余行业与这三个行业的创新发展能力水平得分存在一定差距，生物医药行业的创新发展能力水平得分排末位。作为战略性新兴行业，生物医药行业创新发展能力的欠缺成为影响其整体发展能力的重要因素。从生物医药行业的创新发展能力水平内部结构来看，企业家精神得分仅高于新农业，品牌效应得分排倒数第二，内部管理得分仅高于贸易行业，三项指标排名均靠后。

表8　上海市各行业民营企业创新发展能力水平发展情况

行业	企业家精神得分	品牌效应得分	内部管理得分	创新发展能力水平得分
新能源	76.71	83.17	82.59	80.42
新材料	76.09	85.20	81.17	80.35
IT与互联网	76.50	79.23	82.96	79.25
机械与电子	72.41	76.02	77.83	75.12
节能环保	70.00	78.39	73.53	73.57
文化传播	71.53	72.44	74.89	72.80
新农业	62.79	78.36	72.97	70.52
其　他	67.41	70.34	74.58	70.43
服务业	66.49	71.74	73.51	70.17
贸　易	71.82	61.04	70.85	68.29
生物医药	63.06	67.16	71.58	66.84

四　机遇与挑战

上海民营经济已成为区域经济发展的重要主体。上海市委书记李强指出，民营企业是上海经济社会发展中不可或缺的重要力量，是上海城市经济活力的重要体现，近年来发展呈现良好态势，在稳定增长、促进创新、增加就业、改善民生等方面发挥了重要作用。上海是改革开放的窗口，民营企业作为上海经济持续增长的重要主体，是上海经济发展重要组成部分，在上海创新驱动发展、经济转型升级方面发挥了不可替代的作用。2012～2016年，上海民营经济总量规模不断扩大，民营经济增加值由2012年的5379.37亿元提高至2016年的7314.25亿元。民营企业创造了上海1/4的生产总值、1/5的进出口总额、1/3的税收收入。在保障民生、促进就业方面，上海民营企业的贡献更大。上海每年新增就业岗位约60万个，民营企业新增就业人数占全市的比重超过七成。

创新驱动更成为新时代上海民营企业高质量发展的动力引擎。随着上海城市经济转型和能级提升，越来越多的民营企业认识到创新驱动的重要性，创新活力凸显，科技创新贡献度提升，民营经济高质量发展态势凸显。一是近五年来上海民营企业的税收增速达到44.1%，居各直辖市之首。二是本市民营科技企业数量占全部科技企业的比重超过九成，近半数的专利授权量由民营企业获得。在本市高新技术企业中，七成左右是民营企业。不少民营企业精耕细分领域，行业占有率、品牌营销力明显提升，成为细分领域转型升级的引领者和知名品牌、行业标准的提供者。三是民营企业在新领域创新创业能力更强。2018年以来，上海平均每个工作日新注册企业1332家，其中96.4%是民营企业。全国互联网百强中，上海民营企业有18家。在新一代信息技术、智能网联汽车、科技型制造、数字创意等领域，大批优秀民营企业脱颖而出。

上海民营经济创新发展的生态环境还需持续优化。民营企业天生具有改革的基因、创新的冲劲，上海新一轮发展把现代化经济体系建设作为重点工作，把改善民营企业创新发展生态环境、促进民营企业创新发展作为提升经济实力的有效抓手。民营企业也将承担应有的使命与责任，有更大的发展和作为，在卓越全球城市建设中承担重要角色。积极加快创新转型，为推动上海创新发展发挥更重要作用。在转型过程中，上海民营企业仍有诸多瓶颈与短板亟待克服与突破。

上海民营企业规模总体仍然偏小，自主创新实力偏弱。与其他省市相比，上海民营企业规模与影响力仍有待提高。由于规模偏小、创新资源有限，上海民营企业对市场的依附性，以及对国有企业、外资企业的伴生性较为明显。2017 年 8 月 24 日，在全国工商联发布的 2017 年中国民营企业 500 强榜单中，作为长三角区域领头羊的上海企业上榜率为 2.6%，其中在前 100 中只有 2 家上榜，第 101 名至第 200 名只有 3 家上榜。同时发布的还有 2017 年中国民营企业服务业 100 强榜单和民营企业制造业 500 强榜单，其中上海分别有 4 家和 6 家企业入围，而江苏分别有 15 家和 86 家入围，浙江则分别有 12 家和 90 家入围。由此看来上海民营企业的竞争力与全国领先水平相比还有差距。

民营企业创新发展的内部动力和外部环境还需进一步加强和完善。一是民营企业家自主创新意识不强，创新自信不足。在经营环境充满不确定性因素的背景下，企业不愿冒险、小富即安的心态较为普遍，不少民营企业家对创新存在畏难情绪。二是民营企业对知识产权保护不足，创新成果产业化有待加强。一方面，知识产权侵权案件频发且民营企业追责难度大；另一方面，知识产权政策体系不完善，上海知识产权政策中税收、金融、政府采购等间接支持不足。三是民营企业创新发展的公共服务支撑不足。一方面，政策信息存在政企不对称现象。政策信息获取不畅是民营企业普遍面临的难题；另一方面，社会中介服务发展相对滞后。

五　政策建议

（一）切实降低民营企业成本，确保各项政策落地

在当前供给侧改革和去产能、去库存、去杠杆的大背景下，民营企业创新发展面临着巨大压力，因此需要出台一系列惠商政策帮助企业减轻经营负担、增加利润。首先，要全面落实税收优惠政策，对于地方权限内的税费政策，在国家规定的范围内降低至法定税率最低水平。其次，要降低企业用地成本，对达到绩优标准的企业，免缴增容土地价款；在国有产业园区内对中小型创新民营企业给予租金优惠。最后，要降低企业的要素成本，平稳调整最低工资标准，进一步降低企业社保缴费比例。对于已经出台且正在逐步落

实的政策，政府应加大督导力度，确保政策落地得准确、有效，让每一个符合条件的企业都能真真切切地享受到政策的便利，从而提高企业绩效，更好地为经济发展出力。

（二）创新融资方式方法，缓解民企融资难题

拓展融资渠道切实解决资金问题。首先，政府要不断扩大专项基金和信用融资计划的规模，加大对民企的帮扶力度，确保关键民企不出现流动性困难，帮助民营企业渡过难关。其次，要创新融资方式方法，整合中小微企业信用信息，建立中小微企业信用信息和融资对接平台，推广“股权＋债权”的融资方式，为中小微企业提供投贷联动支持；同时，构建民企信用担保体系，加快建立信用担保行业协会，促进行业规范发展。最后，充分发挥民间资本作用，全面放开民间投资领域，实行负面清单制，鼓励和引导民间资本进入法律法规未明确禁止的行业和领域，不对民间投资设置附加条件。大力培育天使投资、风险投资等机构，引导社会资本进入双创领域。

（三）加强科技创新能力，提升企业核心竞争力

首先，针对调查中表现出的企业与高校、科研院所合作不足的问题，可以搭建专门的校企技术合作平台，采用共同培养、定向就业的方式为企业打造专业人才后备军。其次，政府要加大支持民企自主创新的力度，扩大“科技创新券”“四新券”覆盖的范围，提高补贴额度，对于一些攻克难度较高、资源需求紧缺的技术研究，政府可以给予适当的补贴和资源支持，帮助企业将技术优势逐步扩大。最后，创新的核心是人才，要支持民企人才的引进和培育，鼓励民营企业建立首席技师、技能大师工作室，同时搭配住房、就医、就学和落户等政策。

（四）培育龙头骨干企业，继续深挖品牌效益

对于有潜力的民营企业，政府要探索相应的奖励政策，支持民营企业并购重组、做大做强，打造具有知名度的品牌。对于一些产品优异、业绩突出

但品牌知名度较低的企业，可以加大宣传力度，提升品牌形象；对于已经有一定知名度或者驰名品牌，可以通过官方媒体打造品牌推广平台，在提升宣传效应的同时加强产品质量监控，让优秀的产品和企业品牌共同作用，提高消费者的满意度和黏性。

（五）创设长效沟通机制，共建和谐营商环境

营商环境是上海市发展民营经济的一大优势，民营企业创新生态环境得分达到89.67分，远远超过平均水平。为进一步扩大优势，为民营企业的发展提供更加有利的环境，建议建立市区领导联系重点民营企业的工作机制和民营企业家参与重大涉企政策决策的制度。政府在出台调控政策前，可以听到一线民营企业的真实声音，在制定政策时能够从实际出发，避免出现“一刀切”等情况。在调控政策出台执行后，能够第一时间了解市场主体的反馈，得知政策执行的效果，从而不断完善政策，使得各项惠民措施能够落到实处，促进民营经济不断创新发展。

（六）优化新时代新布局，探索民企党建新优势

一方面，拓展建设新兴领域党支部，不断扩大覆盖面、着力提高组织力和领导力。民营企业是资本、人员大量汇集的市场主体，工商联等组织要进一步围绕中心、贴近基层、以人为本，指导和推动企业实现科学发展和党建工作相互融入、相互渗透，努力把党的理论优势转化为企业的发展优势，把党的制度优势转化为企业的管理优势，为“两个健康”提供坚强的组织保障和政治保障。

另一方面，加强对年轻一代的教育引导和培养使用。通过树典型的方式，宣传青年创业者党员的正面典型事例。健全培养引导工作机制。要突破目前单纯由统战系统和工商联推进工作的现状，逐步建立更加开放的工作格局，党委政府共同关注青年创业者党员培养和引导工作。同时，增加青年创业者参政议政的力度。增加青年创业者在人大、政协、工商联中代表的比例，增强党和政府的向心力；鼓励青年创业者、企业家中的积极分子入党。

B.9

上海轻工业发展现状、特征及展望

张培璋　于 辉*

摘　要： 上海是我国近现代轻工业的主要发祥地，我国源远流长的轻工业著名企业和品牌大都发端于上海。改革开放以来，上海轻工业经历了改革阵痛，进入了完全市场竞争领域，为满足人民群众美好生活需求不断做出新贡献。从近五年运行情况看，上海轻工业规模以上企业数量逐年减少，上海轻工业企业资产总值持续增长，利润总体呈现上升趋势。上海轻工业呈现生产制造转往外地成为常态，优势企业扩大海外投资，文化引领带动制造业发展，科技创新、设计创意推动产业进步，知名自主品牌社会影响力提升等特征。受土地、商务成本、环保等因素制约，预计近年上海轻工业发展速度将持续处于低位，且将弱于全市制造业和全国轻工业的平均水平；规模以上企业数量减少，总体资产质量提升；上海轻工业的会展中心在新品首发、文化创意和消费引领方面的地位将更加突出等。今后，上海轻工业发展应着重支持生产基地的战略转移，留住高端制造业，发展“小巨人”企业，鼓励轻工业大公司把总部和研发基地设在上海，采取综合性扶持措施，抢救性保护、传承、发展知名老品牌，促进文化创意与制造业转型的无缝衔接等。

* 张培璋，上海工业经济联合会副会长、上海创意制造业创意促进中心副理事长、上海市化工化学协会理事长；于辉，上海社会科学院经济研究所副研究员，主要研究方向为产业与城市发展战略。

关键词： 上海 轻工业 上海制造 上海品牌

一 上海轻工业发展现状

（一）历史渊源及发展轨迹

上海是我国近现代轻工业的主要发祥地，其发端最早可上溯至18世纪中叶。上海轻工业的首要优势是拥有一大批历史悠久、消费者称誉的知名品牌，并以其丰厚的历史底蕴和深远的社会影响而紧密融入海派文化。我国源远流长的轻工业著名企业和品牌，大都发端于上海。比如，老凤祥创始于1848年，正广和创始于1864年，家化始创于1898年，冠生园始创于1915年，华生电扇创始于1916年，协昌（蝴蝶）缝纫机创始于1919年，梅林食品创始于1930年，三五牌时钟、箭刀肥皂、佛手味精、孔雀香精等也有很高知名度，光明牌冷饮、永久牌自行车等在新中国成立之初诞生。20世纪50年代后期至60年代前期，手表、照相机及器材、感光材料、合成洗涤剂、工业缝纫机等一系列新兴产业在上海创立，上海手表、凤凰自行车、红心电熨斗等著名品牌应运而生。1979年改革开放以来，上海诞生了以上菱牌和双鹿牌冰箱、水仙洗衣机为代表的“新三大件”。20世纪90年代，美加净化妆品、六神沐浴露等名牌在市场经济的大潮中问世。进入21世纪以来，光明乳制品、海立空调压缩机、相宜本草化妆品等跻身知名自主品牌行列。

新中国成立后的三四十年时间，上海作为我国最大的工业城市，一直是轻工业首屈一指的产地和内外销中心。1995年之前，上海轻工业的规模长期居全国各省份首位；1995年广东轻工业首次超过上海；20世纪末上海轻工业居全国第五位，列广东、山东、江苏、浙江之后；2010年上海轻工业居全国各省份第11位、4个直辖市首位；此后上海轻工业的全国排名以每年1~2个位次的速度下降。2017年，全国轻工业规模以上企业完成主营业务收入24.25万亿元，上海轻工业规模以上企业主营业务收入为5195亿元。

从1978年至2017年，上海轻工业经历了改革的阵痛，完成了从传统工厂向现代企业的转变、从单一经济向多种所有制经济共同发展的转变、从计划经济向市场经济的转变，基本消除了历史负担，进入了完全市场竞争领域。上海轻工业以“让人民生活更美好”为宗旨，以消费升级为导向，积极推动供给侧结构性改革，增品种、提品质、创品牌，强化科技创新，促进“两化”融合，建设时尚、绿色、智能轻工，为满足人民群众美好生活需要不断做出新贡献。

（二）行业结构

2017年，上海轻工业有规模以上工业企业2151家，规模以下小微企业数量更多。规模以上工业企业实现产值4523亿元，出口交货值805亿元，利润总额413.95亿元。

1. 大类行业分布

按统计口径，上海轻工业有以下大类行业：食品行业、塑料制品业、日用化学产品制造、家具制造业、工艺美术制造业、家电制造业、照明器具制造业、造纸及纸制品业、金属工具及金属轻工制品制造、轻工通用设备及生产专用设备制造业、皮革毛皮羽毛及其制品和制鞋业、文体教育和娱乐用品制造业、玻璃、陶瓷制品制造、电池制造业、自行车制造以及其他（包括钟表与计时仪器制造、眼镜制造等）。

2017年，上海轻工业产值规模达到1000亿元以上的产业有食品行业，产值规模在500亿~1000亿元的产业有塑料制品业，产值规模在200亿~500亿元的产业有家电制造业、家具制造业、日用化学产品制造、工艺美术制造业、照明器具制造业、造纸及纸制品业、轻工通用设备及生产专用设备制造业，上述9个产业产值合计3725亿元。

2. 所有制结构分布

2017年上海轻工业2151家规模以上工业企业中，私营企业1050家，占全部单位数比重最高，为48.8%；外商、港澳台商控股企业工业产值2253.51亿元，占比为50.5%。

表1 2017年各控股类型工业总产值情况

控股情况	单位数（家）	占全部单位比重（%）	工业总产值（亿元）	产值比重（%）	产值同比增长（%）
国有控股	101	4.7	744.43	16.5	5.1
集体控股	49	2.3	170.83	3.8	12.4
私人控股	1050	48.8	1082.55	23.9	2.4
港澳台商控股	276	12.8	411.54	9.8	-8.8
外商控股	587	27.3	1841.97	40.7	2.3
其他控股	88	4.1	241.52	5.3	-0.1
合计	2151	100.0	4522.84	100.0	1.8

2017年国有、集体、私人、外商控股企业利润总额均有不同程度增长，港澳台商控股企业、其他控股企业利润总额较大幅度下降，分别下降33.1%和39.7%，但这两个类型企业利润占全部上海轻工业利润总额比重较低，对全行业影响不大。

表2 2017年各控股类型利润总额情况

控股情况	单位数（家）	占全部单位比重（%）	利润总额（亿元）	利润比重（%）	利润同比增长（%）
国有控股	101	4.7	71.27	17.22	19.4
集体控股	49	2.3	16.59	4.01	6.3
私人控股	1050	48.8	72.69	17.56	11.4
港澳台商控股	276	12.8	15.02	3.63	-33.1
外商控股	587	27.3	224.01	54.12	18.9
其他控股	88	4.1	14.37	3.47	-39.7
合计	2151	100.0	413.95	100.00	10.3

（三）上海轻工业在上海制造业和全国轻工业中的地位

1. 上海轻工业在上海制造业中的地位

2017年，从上海轻工业主要经济指标占上海工业比重来看，规模以上工业企业数占比26.2%，工业总产值占比13.3%，出口交货值占比10.4%，利润总额占比12.9%。

根据上海市企联、上海企协、上海市经团联8月28日公布的2017年上海企业100强榜单，上海轻工业的光明集团有限公司、老凤祥股份有限公司、上海家化联合股份有限公司、天喔食品有限公司、上海晨光文具股份有限公司均榜上有名。

2. 上海轻工业在全国轻工业中的地位

2017年，全国轻工业规模以上企业115256家，上海轻工业规模以上企业2151家，占1.87%。2017年，全国轻工业进出口贸易总额为7624.76亿美元，比上年增长12.15%，其中出口总额为5998.44亿元，比上年下降0.6%。

2017年，全国轻工业规模以上企业完成主营业务收入24.25万亿元，同比增长8.34%；实现利润1.6万亿元，同比增长8.96亿。上海轻工业主营业务收入为5195亿元，同比增长5.3%，占全国的2.14%；实现利润413.95亿元，同比增长10.3%，占全国的2.59%。

（四）2013～2017年上海轻工业运行走势

1. 规模以上企业数量

2013～2017年，上海轻工业规模以上企业数量逐年减少。从2013年的2449家减少到2017年的2151家。

在规模以上企业数量逐年减少的同时，产品价格变化不大，企业主营业务收入规模持续增加。2014年平均每家企业主营业务收入为2.09亿元，而2017年上升至2.42亿元。

2. 工业企业资产总值

2013～2017年，上海轻工业工业企业资产总值持续增长。从2013年末的4130亿元增长到2017年末的5155亿元，增长24.8%。

3. 工业总产值

2013～2017年，上海轻工业现价工业总产值呈低位运行态势，2017年可比价同比由降转增（见表3）。

表 3　上海轻工业 2013～2017 年现价工业总产值情况

单位：亿元，%

年份	现价工业总产值	可比价同比增长
2013	4528	4.1
2014	4533	1.8
2015	4362	-2.7
2016	4352	-0.2
2017	4523	1.8

4. 出口交货值

2013～2017 年，上海轻工业出口交货值呈总体下降趋势。

表 4　上海轻工业 2013～2017 年出口交货值情况

单位：亿元，%

年份	出口交货值	同比增长
2013	906	-2.4
2014	889	-2.6
2015	821	-8.5
2016	818	-0.6
2017	805	-1.9

5. 利润

2013～2017 年，上海轻工业利润总额增幅虽有起伏，但总体呈上升趋势。

表 5　上海轻工业 2013～2017 年利润总额情况

单位：亿元，%

年份	利润总额	同比增长
2013	298	1.5
2014	318	0.6
2015	364	13.0
2016	372	1.1
2017	414	10.3

注：“同比增长”的数值不同于逐年“利润总额”的比值。

二 上海轻工业行业发展基本特征

（一）生产制造业转往外地成为常态

受上海商务成本高企、环保政策趋严等影响，越来越多的轻工企业实施将生产基地迁往外地的战略。

南昌海立电器有限公司是上海海立电器有限公司全资子公司。南昌海立经过10年发展，成为赣江新区、南昌经开区智能装备制造业的领军企业，2017年的压缩机年产量达832万台。2017年11月15日，上海海立（集团）股份有限公司大规模定制智能制造系统在南昌举行了奠基仪式，宣告了南昌海立实施转移再造大规格压缩机项目启动。该项目计划总投资61965万元人民币，实施周期为2017年1月至2019年1月。2018年底项目建成后，南昌海立的空调压缩机产能将增加至1500万台。南昌海立将建成压缩机现代化制造基地、海立压缩机制造中心、全球智能制造人才培养基地、海立压缩机制造中心、全球智能制造人才培养基地。绵阳海立电器有限公司空调研发及生产全面开展。该公司上海海立占股51%、绵阳宏发占股29%。上海海立（集团）股份有限公司的安徽海立车用涡旋压缩机铝锻涡盘项目5月建成投产。

上海双鹿上菱企业集团在外有浙江慈溪、江苏宿迁和海外的孟加拉国三大生产基地，其中江苏双鹿上菱电器有限公司是宿迁经济技术开发区的骨干企业。江苏双鹿电器有限公司占地面积564亩，总投资15亿元人民币。公司主要从事高端节能环保冰箱、冰柜的制造、研发和销售业务。项目分三期建设完成。项目全部建成后，年产高端节能环保型冰箱240万台、冷柜60万台，年产值可达30亿元人民币，创税超亿元。

上海永久电动车生产基地设在天津，已开发出永久中高端新品电动两轮车等新款。2017年11月18日，上海永久电动车年度营销精英峰会暨新品推介会（北方生产基地乔迁周年庆典）在上海永久电动车天津生产基地隆重举行。本次会议永久北方生产基地展厅与外场展出永久中高端新品电动两轮车（简易款、豪华款）、电动三轮车、智慧电单车、锂电车等150多辆。凤凰自行车的主要生产基地和研发中心在天津和江苏丹阳得到长足发展。

上海香精香料行业47家企业中，有13家的工厂已外迁或明确外迁，有4家已停产。

（二）优势企业扩大海外投资和形象展示，沿着“一带一路”走向世界

光明食品（集团）有限公司在海外的企业得到长足发展。2017年6月16日，由中共中央政治局委员、上海市委书记韩正率领的中国共产党代表团视察了光明食品旗下企业收购的意大利salov公司，公司总部位于意大利托斯卡纳大区，主要产品包括特级初榨橄榄油、精炼橄榄油等，核心品牌filippo berio拥有近150年历史，是唯一入选意大利老字号协会的橄榄油品牌。2014年，上海益民食品一厂（集团）有限公司（光明食品国际有限公司）收购了salov公司90%的股权后，核心品牌Filippo berio逐步打开了中国市场，2017年生产出第100亿瓶橄榄油。2017年8月13日，Filippo berio中国首个橄榄油感官风味联合实验室揭牌成立。联合实验室研发更加适合中国人口味和中式烹饪习惯的橄榄油产品。Filippo berio首款婴儿橄榄油——贝贝特级初榨橄榄油全球首发。7月，光明食品（集团）有限公司承办阿斯塔纳世博会上海主题展“衣食住行”中“食”部分的布展，向世界展示了光明食品从田头到餐桌的产业链。

上工申贝集团股份有限公司收购的德国3家高端制造设备品牌（DA、PAFFF和KSL）均良性发展，上工申贝由此成为世界缝纫机械行业的“制高点”。德国中国商会2017年11月13日在柏林举行首届“在德中资企业优秀投资奖”颁奖典礼，上工欧洲控股有限责任公司获奖。

2017年6月8日，上海家化广告公司全资子公司Abundant Merit Limited拟以现金2.93亿美元收购上海家化控股股东家化集团全资子公司Arianna Global Limited持有的婴幼儿护理用品公司CaymanA2，Ltd.的100%股权和相关股东债权。CaymanA2下属经营实体Mayborn Group Limited及其

子公司主营业务为婴幼儿喂哺工具及护理产品的生产、销售等，其拥有的Tommee Tippee品牌2008年走向世界，是英国最好的品牌之一及世界性领导品牌。数据显示，中国2015年的核心婴儿产品（婴儿喂哺）市场总额预计约132亿元人民币，预计2015~2020年以约15%的速度增长。

2017年6月1日，上海晨光文具股份有限公司控股子公司上海晨光科力普办公用品有限公司与欧迪办公网络技术有限公司股东AsiaEC. com Limited在北京签订"股权转让协议"，收购欧迪中国100%股权。收购完成后，欧迪中国成为晨光科力普的全资子公司。

（三）文化引领带动制造业发展

2017年6月10日是我国首个"文化和自然遗产日"，第六届中国国际非物质文化遗产节在成都开幕。上海老凤祥有限公司的"金银细工制作技艺"作为列入国家级非物质文化遗产名录项目，在非物质文化遗产节上大放异彩。老凤祥金银细工代表作品《六贤同乐》《龟盖龙柄杯》《逝水壶》参加展示，老凤祥非遗传人沈国兴、周天应等在现场展演精湛技艺。

同年10月，包括国家级非物质文化遗产海派玉雕代表性传承人、2017年"上海工匠"翟倚卫的和田籽玉《别寻方外去》在内的7件当代中国玉雕作品被大英博物馆收藏，并已注册为大英博物馆的永久馆藏作品，向公众展出。这是大英博物馆首次收藏中国当代玉雕作品，也是首次收藏中国在世艺术家的作品。7件馆藏作品主要为玉牌、器皿、摆件，材质主要为白玉、青玉、碧玉。此外，应大英博物馆特别要求，翟倚卫还创作了名为《春之韵》的半成品，被正式馆藏并陈列在Alleyne中国玉器廊玉器雕刻方法展区。

上海民族乐器一厂走以文化促发展之路，并因此成为全国同行业"龙头"企业。8月21日，在首届澳门国际古筝音乐节上，2520人同台演奏"敦煌"牌古筝，创下吉尼斯世界纪录。

上海晨光文具股份有限公司实施"以品牌为核心，从文具到文创生活"战略。2017年9月11~15日，中国室内设计周暨上海国际室内节在上海举行，此为中国室内设计周首次由北京移师上海、与上海国际室内设计节合并举办。创办于2010年的上海国际室内设计节已成功举办7届。本次活动由中国室内装饰协会、联合国教科文组织“创意城市”（上海）推进工作办公室、中国家具协会联合主办，中国室内装饰协会设计专业委员会和陈设艺术专业委员会、上海市室内装饰行业协会等协办，并得到了中国轻工业联合会、上海市经济和信息化委员会、上海市文化创意产业推进领导小组办公室、国际室内筑师设计师团体联盟（IFI）等的支持。活动以“设计·共享”为主题，地点包括上海中心大厦、同济大学、新天地新里、世博展览馆、新国际博览中心等，内容精彩纷呈，被称为是一个思考设计未来、交流设计思想、找寻设计灵感的大舞台。中国国际室内设计高峰论坛、2017年中国装饰协会设计委年会暨亚洲设计论坛等4个国际论坛、9个专业论坛以及“设计之夜”先后举行；中国国际家具展览会、“行·旅—冥想”装饰艺术作品展、“设计之外”设计名家艺术作品展等5项国际展览先后与参观者见面。

5～9月，“蝴蝶杯”拼布缝纫创意大赛的举行扩大了“蝴蝶”牌家用缝纫机在缝纫艺术爱好者中的影响力。“蝴蝶杯”拼布缝纫创意大赛已经连续举行6年，在文化创意方面的社会影响力日益增强。本届大赛以“家”为主题，在文化创意方面的社会影响力日益增强，收到来自缝纫爱好者创作的众多作品，其中130幅入围。9月15～24日进行网络投票，访问量近59万人次，累积投票529065次，《小黄人之家》以8280票位居榜首，获网络人气奖。网民的热情关注有效扩大了大赛的影响力和“蝴蝶”家用缝纫机的知名度、美誉度。9月26～29日，全部入围作品在中国国际缝制设备展上设专区向参观者展示，供大家观赏评点，其间进行了专家评审。2017年“蝴蝶杯”拼布缝纫创意大赛颁奖典礼前举行了“锦绣家园”App二期发布会。据介绍，“缝纫家园”是上工申贝（集团）股份有限公司关于布艺DIY的App客户端，发布与“蝴蝶”牌智能缝纫机配套的操作软件，可通过手机实现个性化的私人定制。软件集成应用商城、智能操控、图案交易、布艺交流等内容，花样图库已打版1万多款花样。缝艺爱好者可以在这里下载花样，再通过无线操控家用机完成绣花；会打版的爱好者也可以将原创的花样上传。“缝纫家园”开设了缝纫论坛，让缝纫爱好者在网上交流作品和技法。

10 月 16 日，上海首座以钟表为主题的科普馆——上海钟表文化科普馆建成开放，建筑面积 1800 平方米，融展示艺术、教育培训于一体。上海钟表文化科普馆把传播匠人精神作为文化理念，提出“钟表的历史不单单是时间传承的历史，更是钟表技艺匠人精神的传承，在方寸之间，体现别样精彩的世界”。

（四）科技创新、设计创意推动产业进步

在家电领域，上海海立（集团）股份有限公司研发出全球首款专为低温环境采暖设计的补气增焓转子式变频压缩机。在 2017 年 11 月 7～11 日举办的第 19 届中国国际工业博览会上，上海海立（集团）股份有限公司向观众展示了最新产品和最前沿技术，充分诠释了“冷暖专家”的企业形象和产品特性，如海立在全球首创推出 16HP 双支撑滚动转子式直流变频压缩机，在非家用空调领域有除湿机压缩机、通信机柜用压缩机、干衣机压缩机、空气源热泵压缩机、微型压缩机等，助力新能源汽车等汽车空调家用电动机压缩机，海立睿能针对“煤改电”推出采暖系统。在 2017 年 11 月 15 日上海光大会展中心举行的第 15 届上海国际车用空调及冷藏技术展览会上，上海海立新能源技术有限公司推出新能源车用压缩机。2017 年 11 月 15 日，革新产品大金 E－MAX α 系列悬角式空调新品在沪发布。此款产品被誉为“黑科技与时尚完美交融”，可悬挂于客厅转角，为客厅释放出更多空间。在 2017 年中国环境电器国际品牌峰会上，上海浩泽净水科技发展有限公司的浩泽智能空气净化器荣获产品创新奖。该产品对甲醛、苯等有害化学物质及过敏源的滤净率达到 97% 以上，对 PM2.5 的有效过滤率高达 99.9%。

在制笔产业核心技术领域，真彩文具股份有限公司研制的 corex 高精度多工位笔头加工机床填补了国内空白，达到国际先进水平。在 12 月 1 日举行的首届中国工业设计高峰论坛上，上海晨光文具股份有限公司设计中心获 2017 年度国家级工业设计中心授牌。2017 年 11 月，上海英雄金笔厂有限公司英雄 Dol 型智能电子笔获 2017 年中国博览会中国工业设计展览会优秀参

展作品奖——cidi 研究院银奖。英雄 Dol 型智能电子笔是上海英雄金笔厂有限公司历时一年半研制开发的一款把新晋流行的一些实用智能电子功能与传统的书写功能融合在一起的新品。

在家居领域，亚振家居在 2019 年 9 月举办的第 23 届中国国际家具展览会上带来了全新的利维亚系列产品、定制家具产品以及国际设计师设计的新品系列，同时通过时尚雅致的软装搭配展示优雅摩登的室内空间。利维亚是亚振家居服务于年轻一代的子系列品牌。在第四届寻找中国好沙发好面料好材料暨中国好沙发好面料好材料评选赛上，亚振新海派沙发获评“中国好沙发”。

2017 年 12 月 1 ~3 日，首届中国工业设计展览会在武汉国际博览中心举行。上海轻工业的上海家化联合股份有限公司、上海荣威塑胶工业有限公司，以及由上海市轻工业协会组织的上海大阿福童车有限公司、上海亚振家具有限公司、上海民族乐器一厂、上海双鹿上菱企业集团有限公司、上海英雄金笔厂有限公司、上海金荣翔企业发展有限公司等企业参展。上海家化工业设计中心作为上海市第一批国家级工业设计中心携旗下十大品牌亮相。上海民族乐器一厂“敦煌”品牌多款优秀设计产品吸引了大批观众，其中有代表老上海风情的旗袍二胡、体现漆艺制作高水平的梵音系列琵琶等。上海双鹿上菱企业集团带来了 bcd－429wgi 智能物联冰箱、bcd－429wqgve 变频冷冰箱、bcd－501wqge 风冷无霜冰箱等设计新品。

5 月，上海宝玉石行业协会按程序确定第三届上海特级玉石雕刻大师 26 名、上海玉石雕刻师 41 名，确定首届上海宝玉石行业高级首饰设计师 1 名、上海宝玉石行业首饰设计师 14 名。

上海界龙实业集团股份有限公司智能包装项目“一种新型智能 LED 防伪包装”荣获 2017 年“创客中国”物联网智能包装专题创新创业大赛优胜奖，该大赛由工业和信息化部信息中心等主办。

（五）知名自主品牌社会影响力延续

2017 年，上海轻工行业一批优势品牌影响力进一步扩大。上海红双喜股份有限公司的“红双喜”乒乓球和乒乓器材，为18次世乒赛、6次奥运会指定器材供应商，体现了“红双喜”从做产品到做品牌的国际一流企业精神。2017年世乒赛指定“红双喜”为赛事器材，“红双喜”为本届世乒赛提供的彩虹17乒乓球台是世乒赛历史上首款黑色台面，合金的彩虹台座、红色的地胶，正好对应德国国旗的黑、黄、红三色。

2017年3月1日至5月31日，中国重返世贸组织的木槌和中国重返世贸组织的签字笔在《大英博物馆100件文物中的世界史》全球巡展展出。这支签字笔正是当年上海英雄金笔厂为入世签字定制的金笔。这支签字笔采用的是点螺工艺，笔杆是用海螺的贝壳加工而成的，十分精致且具有民族特色，既古朴又有动感，体现出庄重、大气的“英雄”品牌特色。2017年5月14~15日，“一带一路”国际合作高峰论坛在北京雁栖湖畔召开。来自130多个国家的约1500名各界贵宾作为正式代表出席论坛。“英雄”金笔凭借着卓越的品牌影响力、高品质的产品和服务，成为2017年“一带一路”国际合作高峰论坛签字用笔。

上海老凤祥有限公司着力打造“走向全球的中国民族品牌”。2017年5月10日，在国务院认定的第一个“中国品牌日”，老凤祥股份有限总经理黄骅受邀央视参加《对话》特别栏目，与茅台、恒源祥、全聚德、五粮液、青啤等8家中国知名品牌负责人一起参与央视品牌论坛，与嘉宾共同探讨“老字号如何焕发新活力”以及“品牌如何掌握世界语”等核心问题。6月22日，“老凤祥”在世界品牌大会上连续13年蝉联“中国500最具价值品牌”，12月在香港开设第10家老凤祥银楼专卖店。

2017年3月23日，上海家化举办2017年品牌盛典，提出“创新领先”“增长领先”“品质领先”，继续保持行业百年龙头企业的地位。创新领先方面，“双妹”和“茶颜”品牌承接彩妆类，“佰草集”和“一花一木”针对高端和年轻人群，“玉泽”适应皮肤敏感消费者，“六神”向年轻化方向发展，“高夫”满足男性消费者，“美加”三代共用，“启初”为婴童设计，“家安”深耕家居护理。增长领先方面，将化妆品专营店、电商、特殊渠道定为高增长渠道，在百货、商场等进一步提高渗透率和占有率，包括母婴店在内的垂直渠道成为重要渠道的组成部分。品质领先方面，率先通过质量管理体系国际标准 ISO 9001 认证，成为中国美容护肤行业诸多国家标准的参与制定者之一。2017 年上海旅游节于 9 月 9 日至 10 月 6 日举行。上海家化旗下“佰草集”“双妹”“美加净”品牌作为上海品牌的代表与上海旅游节深度合作，成为 2017 上海旅游节指定伴手礼，被赠送给观礼的贵宾。

（六）工匠精神得到弘扬

上海轻工业工匠精神得到弘扬。中国轻工业联合会 2017 年 4 月 5 日发布《关于在轻工行业开展“大国工匠”宣传活动的通知》。该宣传活动将促进轻工行业“工匠精神”的传承和创新，发现轻工业顶级技艺，展现中国制造高端品质。在 42 名轻工“大国工匠”中，上海轻工行业有 4 人入选：上海英雄金笔厂有限公司的刘根敏、上海家化联合股份有限公司的严敏、上海国学鞋楦设计有限公司的陈国学、上海三联（集团）有限公司的蓝金康。自 2017 年 4 月起，上海市轻工业协会和上海轻工业工会联合会组织开展了 2017 年度“上海轻工工匠”评选活动。经各行业协会、单位推荐，专家组综合评审，授予上海造币优先公司钱币设计师朱熙华等 13 人 2017 年度“上海轻工工匠”称号。

（七）产权结构多元化，国资继续重组或退出

5 月 18 日，经上海市委、市政府同意，上海国资委决定光明食品集团与上海水产集团联合重组，上海市国资委将所主持的上海水产集团的 100% 股权划转至光明食品集团，上海水产集团成为光明食品集团的子公司。10 月，上海白猫（集团）有限公司在上海联合产权交易所挂牌转让所持有的上海白猫有限公司 20% 的股权；12 月，该股权已转让给和记黄埔旗下的香港日用化工产品有限公司。年内，光明国际出售维多麦股权，在资本市场打通“投资—增值—资本运作”的价值闭环。

三　上海轻工业发展趋势预测及发展建议

（一）上海轻工业发展趋势预测

1. 发展速度将持续处于低位且将弱于全市制造业和全国轻工业的平均水平

受土地、商务成本、环保等因素制约，预计近年上海轻工业不仅难以通过大规模新增投资来扩大生产规模，而且原有的生产基地外迁外建的势头也将持续，越来越多的企业还将参与“一带一路”沿线国家的投资、并购，将制造业转移到生产成本更低的国家和地区。因此，上海轻工业的工业总产值弱于全市制造业平均水平将成为常态。预计上海轻工业的发展速度也将低于全国轻工业的平均水平。

2. 规模以上企业数量减少，总体资产质量提升，经济效益有下滑趋势

上海轻工业最为宝贵的知名品牌的影响力依然存在，继续保持代表着上海形象的“闪光点”，但许多品牌已经或将淡出公众视野。由于传承、保护、发展的力度不大，许多历史上的上海轻工业知名老品牌已经尘封多年。在公众的消费心理中，对一个品牌的认同和黏度需要时间的积累和社会氛围的形成。今后，随着年轻一代的成长和上一代的老去，若不加以抢救，许多知名上海轻工业老品牌终将退出消费者记忆。

3. 上海轻工业的会展中心，新品首发、文化创意和消费引领的地位将更加突出

上海在我国轻工业展和新品首发方面的区位优势和辐射能力难以替代。随着世界规模最大的会展综合体国家会展中心（上海）作用的日益凸显，不少在沪轻工业专业性国际展会的规模和层次屡创新高。上海将继续作为全国轻工业最主要会展基地，在文化创意、消费引领方面发挥全国带头作用。

4. 上海本地轻工业的人才资源特别是生产制造和应用型研发的人才缩减

由于上海轻工业许多子行业的生产基地不断向外转移，应用型研发基地

和人才队伍也将相应外移。轻工企业在科技进步、先进模范、工匠队伍等优秀技术人才方面在全市将延续走弱态势。

（二）发展上海轻工业的建议

1. 明确轻工业在上海的地位，谋划轻工业在上海的长远发展

上海是我国近现代轻工业的主要发祥地，并在20世纪90年代中期以前一直是我国最大的工业产销基地。目前，虽然每年4000多亿元的轻工业总产值规模与每年轻工业总产值在20000亿元以上的轻工业大省相比已经不在一个量级，但上海轻工业在历史积淀、文化传承、老品牌影响力、引领消费潮流、新品辐射力等方面，依然不是兄弟省区市所能替代的。在我国轻工业由大转强、进一步加大改革开放力度、“一带一路”建设、长江经济带建设、长三角经济一体化方面，上海轻工业完全应当并可以发挥独特的优势。因此，在将新时代改革开放继续深化的规划中，重新明确轻工业在上海经济发展中的定位。

2016年，国家发布《轻工业发展规划（2016～2020年）》，上海市未出台“十三五”期间轻工业发展的地方性规划，在《上海制造业转型升级“十三五”规划》和《“中国制造2025”上海行动纲要》中，均只有一处提到“消费品”，未提及“轻工业”一词。在上海轻工业中，“一枝独秀”是工艺美术行业，上海工艺美术行业在《国务院传统工艺美术保护条例》《上海市传统工艺保护规定》和《上海市工艺美术产业发展三年行动计划（2014～2016）》《上海市工艺美术产业发展三年提升计划（2017～2019）》的扶持下稳步发展。

建议尽快形成轻工业发展行动计划，重点扶持部分高品质消费品，并融入“一带一路”建设、长江经济带建设、长三角经济一体化的历史进程。建议上海在酝酿“十四五”发展规划时，专题编制轻工业发展规划或者消费品产业发展规划。

对于已出台的规划、政策、措施，企业普遍反映认为不接地气，很难落到实处。因此，建议制定切实可行的行动计划，继而落实具体责任单位，督

促检查，使之具有可操作性并真正取得实效。

2. 支持生产基地的战略转移，留住高端制造业，发展“小巨人”企业

2018 年，上海轻工业生产基地的外迁势头仍在继续。4 月，南昌海立电器有限公司第 5000 万台空调压缩机下线，标志着上海海立的制造业重心转移到南昌。8 月，上工申贝发布公告，将在浙江省台州市黄岩区投资建设上工申贝最大的缝纫机生产基地。同月，英雄集团浙江海盐英雄产业园开工，浙江英雄文化用品有限公司具有 2000 吨墨水、40 亿支纤维笔头的生产能力。

在不少轻工业企业把生产基地迁离上海的同时，高端轻工制造业在上海发展良好。上海家化在青浦工业园区新建了占地约 209.5 亩、建筑面积约 10 万平方米的全新制造工厂，计划投资约 13.5 亿元，整个厂区引入绿色建筑标准，由膏霜车间、液洗车间、中草药提取车间、综合流、污水处理站等建筑单体组成，生产能力每年达到 6 亿件，是原有中央工厂产能的 5 倍。该项目自 2018 年 6 月起陆续投产运营。2018 年 7 月 5 日，上海家化科创中心揭牌，标志着上海家化“研发先行”在产品研发和创新领域的持续升级。

上海轻工业还有一些中小企业因技术含量高、经营有特色，在各自独特的领域内赢得了市场竞争先机。比如，照明电器行业的上海三思电子工程有限公司展现了 LED 显示屏、LED 照明和系统集成领域的综合优势，承担并出色完成了港珠澳大桥全线照明和 LED 信息情报板项目；上海三思为首届中国国际进口博览会的道路交通安全和畅通提供了“多杆合一”、多功能交通诱导屏和 LED 陶瓷模块化路灯等一批交通智能产品。

建议上海顺应社会主义市场经济发展趋势，遵循市场在资源配置中的决定性作用，一方面支持相关行业企业生产制造环节的战略转移，与长三角兄弟省共同推进长三角经济一体化；另一方面出台扶持政策，通过市场化的途径发展高端轻工制造业，同时发展各具特色的“小巨人”企业。

3. 鼓励轻工业大公司把总部和研发基地设在上海

上海是跨国公司地区总部和研发中心的集聚地。截至 2018 年 11 月底，上海已累计引进跨国公司地区总部 665 家，其中亚太区总部 85 家，投资性

公司360家，研发中心440个。跨国公司地区总部根植上海、面向亚太、深耕全球，为上海经济发展和现代化建设发挥了不可替代的作用。国内轻工业企业特别是长三角地区一些蓬勃发展的轻工业企业都在上海设立了分公司。

建议上海市进一步优化环境，大力促进轻工业跨国公司地区总部和研发中心集聚地的建设。同时，鼓励上海本土轻工业企业总部和研发基地留在上海。在长三角一体化的进程中，吸引长三角有实力的轻工业企业把总部和研发基地设到上海。

4. 采取综合性的扶持措施，抢救性保护、传承、发展知名老品牌

上海轻工业曾经的最大“闪光点”就是拥有众多文化积淀深厚、具有广泛影响的知名自主品牌，这在是全国独一无二的，并成为海派文化的有机组成部分。作为我国民族工业发祥地的历史承载，作为海派文化乃至我国民族文化传承的组成部分，上海轻工业知名品牌具有特殊意义。2018年4月26日，中共上海市委、上海市人民政府发布《关于全力打响上海“四大品牌”率先推动高质量发展的若干意见》，指出抢救性保护、传承、发展上海老品牌，使品牌真正成为上海消费品工业的“灵魂”，变“外国品牌、中国制造”为“上海品牌、外地制造”和“中国品牌、外国制造”。

建议参照《上海市传统工艺美术保护规定》，由市政府制定法规性的《上海市传统知名品牌保护规定》，从海派文化传承的角度加以扶持。可视同“非物质文化遗产”，从文化传承的角度，先对少数能代表上海历史文化的上海轻工业知名品牌采取保护、扶持、弘扬的特殊措施，使之不至于湮灭。

上海轻工有许多老品牌历史悠久，有的已存百年以上，但由于各种原因尘封已久。当前时兴的怀旧氛围有助于让这些老品牌重获新生。建议通过市场化机制形成老品牌的交易流通平台。与品牌持有人的主营业务不形成竞争关系的，可采取开放性重组的方法，通过公平竞争加以出售，鼓励创业者投资；与品牌持有人的主营业务有竞争关系的，鼓励持有人吸引投资者入股，吸引民营资本共同组建品牌公司，丰富各具特色的细分品牌，取得投资收益。对持有历史悠久的老品牌并长期雪藏的，要采取行政制约措施。

当前，品牌建设的扶持部门、措施和渠道多，有消费品工业“三品”

专项行动计划、工业品牌培育示范企业、产业转型升级发展（品牌经济发展）专项资金等。企业总体感觉力量分散且侧重于有限资金的扶持（一些知名老品牌得到不充分发展的原因并不在于缺乏资金，而在于产权结构“死结”等因素）。上海市机构改革后，组建市市场监督管理局，不再保留市工商行政管理局、市质量技术监督局、市食品药品监督管理局。上海市著名商标和上海品牌的命名先后废止，为创造公平的市场竞争环境，政府不再为企业“背书”。在新形势下，建议市政府相关委办与新设立的市场监督管理局等政府部门集中资源，提出加强品牌建设的新举措。

5. 促进文化创意与制造业转型的无缝衔接

据上海文创办资料，截至 2017 年 12 月，上海共有市级文创园区 128 家，总建设面积已经超过 1000 万平方米，入驻园区的企业近 2 万家。上海还有 500 多家众创空间。建议采取具体措施，促进上述文创资源与制造业的互动及对接，使之逐步融为一体。

建议抢救、保护上海轻工业的文化遗存。国际大都市都有与其历史文脉相联系的众多博物馆，如上海老相机制造博物馆、上海搪瓷百年展等。为使丰富的上海轻工业历史文脉得以系统传承，建议市政府结合黄浦江沿岸 45 公里滨江岸线的贯通，择址建设上海轻工业历史博物馆。建议采取特殊扶持措施，支持《上海市志 · 工业分志 · 轻工业卷》编纂工作的推进。

6. 对轻工业国有资本重新集中管理和整体运作

探索将轻工业分散到各区国资委管理的消费品产业的国有资产，改由市国资设立的国资公司统一管理，继而走资产结构多元化道路。设立的国资公司以国有老品牌为核心，形成规范的品牌交易平台，引入战略投资者，把被搁置的老品牌抢救出来，通过市场化运作复活传统知名品牌，参与做精做好上海消费品工业的进程。建议发挥行业组织的作用，依托行业协会开展政策研究、制订或修订团体标准、培训人才、宣传品牌、举办会展、引导消费、加强自律等工作。

长三角一体化篇

The Yangtze River Delta Integration

B.10
上海引领长三角城市经济圈提升产业国际竞争力探索研究

汤蕴懿　韩 清　陈 柯*

摘　要： 提升产业国际竞争力是新形势下我国在经济全球化、产业信息化背景下，适应比较优势变化、跨越中等收入陷阱、实现经济转向高质量发展的内在要求。随着要素空间集聚程度的提高，城市圈经济成为新形势下产业国际竞争力的核心来源。上海作为长三角城市经济圈的首位城市，通过产业链、价值链、创新链等路径，发挥着辐射区域和带动产业转型升级的关键作用。现阶段，应突出上海推进长三角城市圈创新融合

* 汤蕴懿，管理学博士，上海社会科学院宣传部部长、研究员，新经济与产业国际竞争力研究中心执行主任，主要研究方向为公共经济与产业政策；韩清，理学博士，上海社会科学院经济研究所统计与数量经济研究室主任、研究员，主要研究方向为空间经济学、数量经济学；陈柯，经济学博士，上海社会科学院经济研究所助理研究员，主要研究方向为数量经济学。

发展的主导作用，巩固上海作为全国产业高地的地位，进而依托上海引领长三角城市经济圈融入和逐步主导全球价值链。

关键词： 城市经济圈　首位城市　产业国际竞争力

21世纪已进入第二个十年后期，世界经济逐渐回到复苏轨道，但新问题、新挑战依然不断涌现。在经济全球化、产业信息化相互融合的大背景下，世界正处于新科技革命的前夜，全球产业布局即将面临重大变革。伴随新兴经济体的快速崛起，以跨国公司为核心的全球产业链正在持续进行空间产业布局调整。全球城市网络是这一轮布局调整的重要载体，城市经济圈将成为各国产业发展要素的主要集聚空间和国际竞争力的核心来源。

经过改革开放40年的发展，中国的产业国际竞争力已经在要素驱动增长方面实现了跨越性的提升。首先从劳动力要素驱动来说，中国外向型产业早期依靠劳动力成本比较优势驱动，目前正逐步转型升级为以技术创新驱动为主、数字经济融合发展的新模式；其次从资本要素驱动来说，中国早期高度重视对外商直接投资的利用，是积极吸引外资的资本吸收国，目前已经具备强大的对外投资能力，实现了“走出去”的目标，顺利转型跨越为资本输出国。

提升产业国际竞争力是新形势下我国适应比较优势变化、跨越中等收入陷阱、实现经济转向高质量发展的内在要求。上海作为全国经济中心、贸易中心，其对外贸易额占全市经济规模的比重更高。2016～2018年，上海市对外货物贸易出口占GDP比重分别为43.0%、42.8%和41.8%，[①] 高于同期全国平均的19%水平。[②] 因此，产业国际竞争力的提升对于上海意义重大。另外，上海是长江经济带的核心，发挥着“钥匙”的关键作用。上海

① 上海统计局：《上海市国民经济和社会发展统计公报》（2016～2018）。
② 国家统计局：《国民经济和社会发展统计公报》（2016～2018）。

直接承担着长江三角洲地区外向型经济发展的重要责任，上海的产业国际竞争力也要依托城市经济圈才能够得到最优发挥。

本报告以城市经济圈产业竞争力与国家产业竞争力比较优势关系为出发点，将全球主要城市经济圈作为主要研究对象，结合新经济与产业国际竞争力发展的最新趋势，厘清城市经济圈支撑一国产业动态竞争优势的发展机理，分析当代全球产业竞争格局特点，提出全球产业新兴领域竞争态势及其对中国都市经济圈建设的内在要求。

一　城市经济圈的提出及其主要特征

（一）城市经济圈概念的引入

世界城市规划权威学者雅各布斯提出：经济过程的基本单元是城市而非国家，所谓的国家经济其实是由政治上相互联系的城市经济构成。城市经济圈是对城市经济概念的外延拓展，多个互相关联的城市形成的城市经济圈贡献了国家经济总量的很大比重，并进一步有能力对全球经济产生影响。因此，城市经济圈作为经济发展的集中“场域”，成为全球化时代下产业国际竞争的“主战场”。

和行政隶属关系所形成的地区有所不同的是，城市经济圈是在一定地理区域范围内，多个城市在经济发展过程中逐渐形成的相互关联的经济组织实体，这一形成过程更多包含自发的因素。这种经济组织实体的内在关联主要体现为生产布局在地域上的组合，通过产业链上下游合作形成合作共赢的地域产业配置圈。从发展动力的角度，经济圈内良好的产业分工协作及空间布局是经济圈发展的根本源泉。另外，各地政府的积极配合、跨区合理规划和良好的法律环境也是促进经济圈良性发展的重要保障。

2018 年以来，以美国在全球范围内加征关税为代表的一系列国际贸易摩擦导致世界面临的对外经济系统性风险上升。在新的形势下，中国引领的经济全球化如何应对贸易风险带来的挑战，以及如何为全球经济和中国经济发展创造新机遇是至关重要的研究课题。围绕核心都市所形成的城市经济圈为产业竞争力内核的要素集聚和制度创新提供了良好的载体与平台，由核心都市驱动的城市经济圈在全球新经济格局中将对提升产业竞争力起到关键作用。上海作为长三角城市群毋庸置疑的首位城市，也将成为基于城市圈实现高质量发展结构性转型、实现城市能级之间互动共荣的核心节点。

（二）全球城市经济圈的发展特征

从总体态势上看，全球主要城市经济圈有以下发展特征：一是产业要素的进一步集中；二是生产过程的效率提升；三是圈内城市群的密集配置；四是产业形态的多样性培育。在功能上，城市经济圈也表现出明显的全球化、网群化和智慧化发展势头。城市经济圈的产生基于一定地理区域内，是相对便利的运输条件所形成的城市经济聚合体。要素可以自发实现有效配置，从而引发城市经济圈层面的要素和产业的充分集聚。以大都市为核心的城市经济圈，一般来说也是较大地域的经济体系内技术水平最高、创新发展动能最充足的经济组织，能有效通过提高全要素生产率实现生产效率的持续上升。

1. 生产要素高度集中

生产要素高度集中是城市经济圈的优势，也是提高城市经济圈产业国际竞争力的基础。在产业全球配置的大背景下，全球分工形成了城市功能的发展差异化。在全球各主要新兴市场，通过快速城市化与加大对外开放，引导流动性要素向重要城市圈集聚，随之而来的外向型产业扩张带来了丰富的就业机会，刺激人口要素向节点大都市流动。随着这一进程的不断深化，城市由原先辐射较小的地方辖区转变为全球经济活动的环节和节点，开始实现依托产业链向全球提供服务。

2. 服务制造功能融合

服务业与制造业的功能融合是城市经济圈层面提高产业国际竞争力的重点发展方向。工业化地区在发展过程中将出现工业向服务业转移的现象，城市经济圈的消费、生产和交换活动，正从以有形的硬件服务向无形的软件、信息、知识、思想和智慧服务转型。城市经济圈的制造业尽管在产业结构中的比重呈现不断下降的趋势，但制造业的经济和财政贡献能力明显增强。城市经济圈的制造业正在逐步转向小批量定制、核心技术产品生产和制造服务一体化。

3. 创新链接空间集群化

城市经济圈产业国际竞争力在空间上依靠创新链实现多个城市的密切关联。在创新集群的作用下，原先孤立而单中心各自发展的多个城市围绕创新链构造出网络化特征明显的多中心城市群，进而形成了产业功能与城市空间部分高度相关的城市经济圈。在这一动态进程中，经济圈中的首位城市持续集聚要素，成为新经济的“势能”高地；同时，首位城市也是要素扩散和流动的核心，承担着城市经济圈范围内的要素溢出功能。

4. 制度环境重要性凸显

良好的制度环境是提高城市经济圈产业国际竞争力的根本保障。城市圈产业国际竞争力的提升更加有赖于制度环境，特别是在发挥市场主体作用的同时，发挥好政府的引导、服务和协同作用。让经济发展要素有序、便捷地流动，让企业遵循市场规律进行区位选择和投资决策，特别是协调经济圈内各个地方行政组织，形成政府间为企业提供服务的合力。全球各主要城市经济圈均形成了跨区域的行政协调机制，成为产业竞争力长期保持较高水平的制度保障。

二　首位城市在城市经济圈中的作用

城市群首位城市是该城市经济圈中，处于首位的、人口规模最大的城市。首位城市的地位和作用越来越凸显，并通过价值链、产业链和创新链等路径在城市经济圈产业国际竞争力提升中发挥着核心关键作用。

（一）产业国际竞争力提升路径

1. 产业链路径提升

从产业链角度看，首位城市对城市经济圈产业国际竞争力的提升作用分为以下三个方面。

一是首位城市的制造业竞争力被重新定义。近年来，全球重点经济圈中的首位城市都致力于新一轮的制造业回归，但评价标准发生了重大改变，“单位经济贡献度”成为衡量其回归价值的最重要指标。城市制造业即使在产业结构中的比重呈现不断下降的趋势，但其经济与财政贡献力不会显著减弱。东京仅占日本0.56%的土地面积，但集中了日本8%的制造业产值；纽约工业增加值虽然占GDP比重仅为5%左右，但是对实际增长贡献率最高，超过30%。

二是首位城市在高新产业领域发展更为迅猛。精细化工、生物医药、装备制造等普遍是城市经济圈中首位城市近年来重点发展的高新产业领域，与其他经济圈相比，这些经济圈的增加值更快、集中度更强、产业占比更高。

三是首位城市重点产业的产业链更加完整。从美国纽约经济圈看，化学产品制造业主要集中在三个州，即宾夕法尼亚州、新泽西州、纽约州的产值占到区域内该产业产值的65%以上。美国化工贸易多年来一直位居世界第一，作为美国的老工业基地之一，美国东北部工业区一直也是化工产品的生产基地；在国际贸易上，美国的化工产品一直占据价值链的上游，以精细化工制品为代表的具有较高科技含量的化学制品在国际上仍然具有较大的竞争优势。

2. 价值链路径提升

首位城市的价值链取决于其对区域的集聚和辐射程度，通常由以下两个方面组成。一是对外服务能力。城市经济圈的首位城市往往具有特别明显的港口优势，同时与经济圈内的其他城市形成各具特色、相互配合的港口布局，有着发达的交通条件和丰富的仓储设施。二是要素集聚能力。首位城市同时也是高端制造中心、生产和消费服务中心、技术研发和转化中心、产业金融中心等，它们依托于雄厚的资本，发达的金融、商贸及生产性服务业，创新人才，完成要素市场的集聚、转换和辐射，为经济圈内其他城市提供高质量发展的“动力源”。

区域经济的转型升级也最先在都市圈的首位城市内部孕育和兴起。首位城市发挥了跨区域枢纽的载体和服务平台功能，所提供的连接国内与海外的“大市场”流通网络集聚了多功能的专业服务机构。

3. 创新链路径提升

从创新链角度看，首位城市在新业态、新模式、新市场培育上发挥着首创与示范作用。首位城市承载着都市经济圈内人才、技术、资金、创意、信息等各种生产要素的集聚、组合和竞争，从而形成两种创新：一种是跨越原来区域划分、产业分类的边界以及跨知识边界、跨政策边界的产业跨界融合创新；另一种是通过跨界与耦合来构建产业创新生态的产业共生网络创新。首位城市也往往承担全球创新“策源地”与“枢纽站”的角色。

各个大型城市经济圈中的首位城市具有全球城市网络的关键节点作用，在全球资源配置中发挥着核心作用。支撑首位城市资源配置核心功能的是其基础优势。首先，首位城市一般具有高密度的全球功能性机构，以跨国公司总部、全球生产者服务公司为代表，实现了金融投资机构、全球研发机构和国际组织的空间集聚；其次，首位城市具备高效运作、辐射范围广泛的各类大平台；最后，大容量、高频率的全球要素流量为这些首位城市带来了强大的、永续的创新创业活力。

（二）首位城市的辐射作用

信息技术的快速发展，一方面为城市经济圈提供了最新发展要素，另一方面为首位城市占据产业链上游、通过信息技术辐射其他地区、提升整个区域的产业国际竞争力提供了新的平台。这一基于辐射作用的提升机制表现在以下几个方面。

一是以协同经济推动城市圈产业合理分工。通过全面明确的港口城市分工，错位发展的产业分布，整体性极强的科研、造船、能源、钢铁、汽车等实力促进完备的产业链、创新链和贸易链形成，推进都市经济圈协同发展。

二是平台经济改善城市圈发展环境。平台经济主要体现在公共服务平台建设、产学研平台建设、基础设施平台建设、产业服务平台建设四个方面。这些平台的建设，对弥补产业创新过程中市场失灵问题起到了巨大的作用。

三是流量经济推动城市圈产业集聚。都市圈的产业集聚在不同圈层的产业集聚形态也不尽相同，并且呈现动态集聚的特点。随着交通运输成本、房地产价格、工资水平等影响因子的差异，都市圈一开始表现为由制造业集聚逐渐转化为服务业集聚。

四是开放经济推动城市圈深入全球价值链。产业开放方面，区域内各具特色的产业开放拓展了区域内产业融入全球价值链的广度和深度。市场开放方面，产业发展的供求信息更明确，市场竞争更完备，有利于克服企业创新惰性，打破垄断市场利益格局，确保区域市场持续获利能力。人才开放方面，随着全球化的深入，人才要素的跨区乃至跨国流动变得更加频繁，科技人才是创新之本，这一流动性的背后是各国对科技人才的激烈争夺。纽约、东京等城市经济圈人口要素聚集国际化程度最高，来自世界各地的海外学生和移民在区域经济中扮演着重要的角色。

（三）首位城市的转型升级带动作用

随着我国经济增长动能进入转型期，城市经济圈的产业国际竞争力也随着产业的系统性升级全面进入了更高阶段。在世界经济新一轮技术革命的发展走向和引领性技术逐步明晰的背景下，全球范围内城市经济圈发展和升级依赖产业颠覆性革命的技术创新趋势愈发明显，而其中首位城市作为“领头羊”对整个经济圈的发展和升级起着显著带动作用，具体来看，主要体现在以下几个维度。

第一，带动城市经济圈产业空间升级。基于要素尤其是创新要素在不同阶段的配置要求，首位城市在城市经济圈中的产业布局往往居于中心位置，带动周边城市产业由点延伸至轴、由轴扩展至面、由面辐射至网络层层进行产业升级，从空间上重塑要素尤其是创新要素的布局，形成联动发展的创新城市经济圈。

第二，带动城市经济圈产业结构升级。当今“再工业化”过程的内涵已超出以往重振、“回归”制造业的范畴，其实质是与城市的现代服务业相容机制实现制造和服务的整体升级，首位城市有着最适合产业结构变革的先行意识和实践条件，往往成为产业结构转型的先行区域，带动整个城市经济圈进行产业的升级换代。

第三，带动城市经济圈产业组织升级。随着产业的不断发展，首位城市的功能将进一步变化，从生产向服务转型、从“产业集聚”向“产业孵化”转型，转型过程中的产业组织也将发生变革，生产性服务业和生活性服务业将居于主导地位，企业研发中心、科研院所、专业中介服务组织将更加集聚。

第四，带动城市经济圈产业政策升级。城市经济圈往往涉及不同发展水平和层级的区域，受到不同地方行政组织政策的影响，随着经济圈的结构转型和产业升级，产业生态系统中的政策对要素流通和区域协调发展愈发重要，首位城市在政策上的突破将带动城市经济圈所涉及的行政机构间的政策升级，并带动所覆盖区域的协同发展。

未来十年，数字经济将推动城市形态发生更大变化，智能化、可持续和包容性的经济增长成为纽约、伦敦、东京等大城市经济圈的新发展目标，特别是在信息技术的催生下，世界正在变平，城市进入人工智能时代，城市经济圈的核心区承担“智能互联全球指挥中心”的职能，经济圈产业国际竞争力将进入整体协同阶段。首先，颠覆式创新使得大城市成功实现“再制造化”，首位城市将集中创新要素和智能互联生产，带动周边产业布局和产业结构进行升级；其次，大城市的功能将实现向“孵化制造业的城市”转变，首位城市将形成制造业服务体系，对周边城市外溢产业服务功能；最后，首位城市带动区域协调发展的社会治理方式将发生变革，区域的边界更加模糊，企业、社区和政府将共同承担起社会治理的作用。

三　全国城市经济圈产业国际竞争力比较

本文将对全国主要城市经济圈的产业国际竞争力进行初步测算。通过选取代表性行业，分析全国主要城市经济圈在这些代表性行业中的产业国际竞争力。本文主要依照《上海重点产业国际竞争力报告》中的全产业国际竞争力指标体系对我国主要城市经济圈的产业国际竞争力进行测算。

（一）城市经济圈与代表性行业的选取

本文将以我国四大城市经济圈为产业国际竞争力研究对象。这四大城市经济圈分别为以上海为首位城市的长三角城市经济圈、以广州为首位城市的珠三角城市经济圈、以北京为首位城市的京津冀城市经济圈和以武汉为首位城市的长江中游城市经济圈。

对于产业国际竞争力所涉及的重点行业的选择，本文以战略性新兴产业和传统优势制造业为核心，最终在上海重点产业范畴中选取十二大行业作为城市经济圈产业国际竞争力的研究载体，如表 1 所示。

表 1　城市经济圈产业国际竞争力重点行业

序号	行业	序号	行业
1	新能源汽车业	7	高端装备业
2	航运服务业	8	纺织服装业
3	会展业	9	民用航空业
4	电子信息制造业	10	化工业
5	软件和信息服务业	11	新材料业
6	海工装备业	12	生物医药业

（二）城市经济圈产业国际竞争力比较

依照《上海重点产业国际竞争力报告》中的全产业国际竞争力指标体系，将测算得到的城市经济圈产业国际竞争力纳入全国各省级单位的竞争力中进行比较，可以得到各大城市经济圈在全国产业国际竞争力中的等效排名。本文分别从城市经济圈首位城市角度和城市经济圈综合加权角度加以考察。

1. 按城市经济圈首位城市的竞争力比较

以首位城市作为城市经济圈的代表，其产业国际竞争力按在全国省级单位排名可以分为四等。第一等为极其出色，产业国际竞争力全国行业排第一位；第二等表示非常出色，产业国际竞争力全国行业排第二至第三位；第三等表示较为出色，产业国际竞争力全国行业排第四至第六位；第七位及以后为第四等。表2给出了按首位城市的分行业板块产业国际竞争力等级。

表2 按首位城市的分行业板块产业国际竞争力等级

行业	城市经济圈产业国际竞争力等级			
	长三角	京津冀	珠三角	长江中游
新能源汽车业	Ⅲ	Ⅳ	Ⅱ	Ⅳ
航运服务业	Ⅰ	Ⅲ	Ⅱ	Ⅳ
会展业	Ⅰ	Ⅱ	Ⅱ	Ⅲ
电子信息制造业	Ⅱ	Ⅳ	Ⅰ	Ⅳ
软件和信息服务业	Ⅱ	Ⅱ	Ⅳ	Ⅳ
海工装备业	Ⅱ	Ⅳ	Ⅲ	Ⅳ
高端装备业	Ⅲ	Ⅲ	Ⅱ	Ⅳ
纺织服装业	Ⅲ	Ⅳ	Ⅲ	Ⅳ
民用航空业	Ⅳ	Ⅰ	Ⅲ	Ⅲ
化工业	Ⅲ	Ⅳ	Ⅲ	Ⅲ
新材料业	Ⅲ	Ⅳ	Ⅰ	Ⅳ
生物医药业	Ⅰ	Ⅱ	Ⅲ	Ⅳ

资料来源：笔者根据《上海重点产业国际竞争力报告（2018）》整理。

可以看到，以首位城市衡量时，长三角城市经济圈在航运服务业、会展业和生物医药业等行业都表现出最强的产业国际竞争力，同时在电子信息制造业、软件和信息服务业、海工装备业等行业也具备较强的产业国际竞争力。长三角城市经济圈和珠三角城市经济圈产业完整，是产业国际竞争力的第一梯队；京津冀城市经济圈由于制造业较为薄弱，是产业国际竞争力的第二梯队；长江中游城市经济圈仍处于追赶发展阶段，各行业板块竞争力还有较大提升空间，是产业国际竞争力的第三梯队。

2. 按城市经济圈综合加权的竞争力比较

将城市经济圈按照涵盖地区的经济权重得出城市群综合加权的产业国际竞争力指数，将该城市经济圈产业国际竞争力指数在全部省级地区的综合排名作为城市经济圈的全国等效排名。四大城市群的综合权重等效排名如表3所示。

表3　按综合加权的分行业板块产业国际竞争力等级

行业	城市经济圈产业国际竞争力等级			
	长三角	京津冀	珠三角	长江中游
新能源汽车业	Ⅲ	Ⅳ	Ⅱ	Ⅳ
航运服务业	Ⅰ	Ⅲ	Ⅱ	Ⅳ
会展业	Ⅱ	Ⅱ	Ⅲ	Ⅲ
电子信息制造业	Ⅲ	Ⅳ	Ⅰ	Ⅳ
软件和信息服务业	Ⅳ	Ⅲ	Ⅳ	Ⅳ
海工装备业	Ⅱ	Ⅳ	Ⅲ	Ⅳ
高端装备业	Ⅱ	Ⅳ	Ⅱ	Ⅳ
纺织服装业	Ⅱ	Ⅳ	Ⅲ	Ⅳ
民用航空业	Ⅲ	Ⅲ	Ⅳ	Ⅳ
化工业	Ⅱ	Ⅳ	Ⅱ	Ⅲ
新材料业	Ⅲ	Ⅳ	Ⅰ	Ⅳ
生物医药业	Ⅱ	Ⅲ	Ⅳ	Ⅳ

资料来源：笔者根据《上海重点产业国际竞争力报告（2018）》整理。

通过按综合加权与按首位城市分别得到的产业国际竞争力进行对比可以看到，在大部分行业领域，各城市经济群的首位城市都表现出显著地对整个经济圈的拉动辐射作用。

（三）重点行业竞争力动态比较

本文选取新能源汽车业、电子信息制造业、软件和信息服务业、高端装备业和生物医药业5个重点行业，考察2016～2018年各城市经济群的产业国际竞争力变化情况，[①] 并进行产业国际竞争力的动态比较分析。

① 资料来源于各省市统计年鉴及海关进出口数据。产业国际竞争力指数由笔者整理测算。

1. 新能源汽车业

从城市群角度看，京津冀、长三角、珠三角和长江中游四大城市群的相对排名基本维持稳定。其中，珠三角城市群竞争力最强，长三角城市群竞争力排名第二，与珠三角城市群的差距正在缩小。受到“中部崛起”政策和产业转移的正向影响，作为中部地区主要经济发展动力的长江中游城市群新能源汽车业的竞争力正在迅速提升。

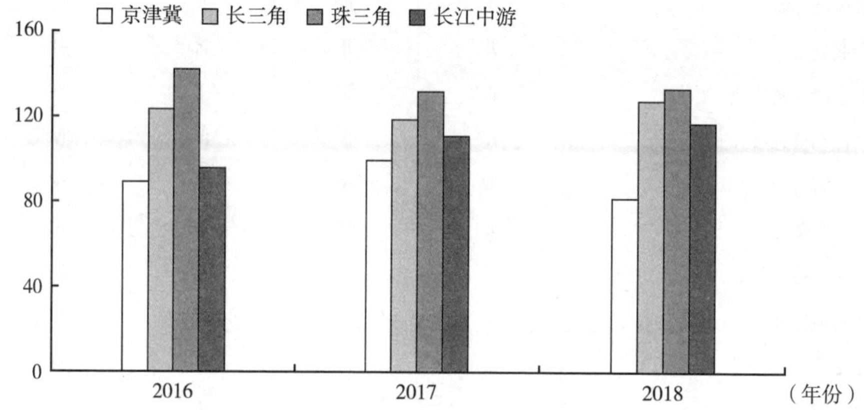

图1　2016～2018年新能源汽车业城市经济群竞争力变化

2. 电子信息制造业

2016～2018年，各大城市群电子信息制造业相对竞争力保持稳定。珠三角城市群长期保持了电子信息产品制造传统优势，长三角城市群则位列第二，追赶速度较慢。电子信息制造业已经形成较为成熟的区域产业格局。

3. 软件和信息服务业

长三角地区作为一个整体，在软件和信息服务业的全国产业格局中超过珠三角地区，占据了最具竞争力的位置。目前，长三角城市群、珠三角城市群和京津冀城市群的软件和信息服务业相对于全国其他地区形成了较明显的产业竞争力优势，进一步形成了产业集聚、强者愈强的局面。

4. 高端装备业

从全国产业格局的角度，四大城市经济群在高端装备业领域的相对排名

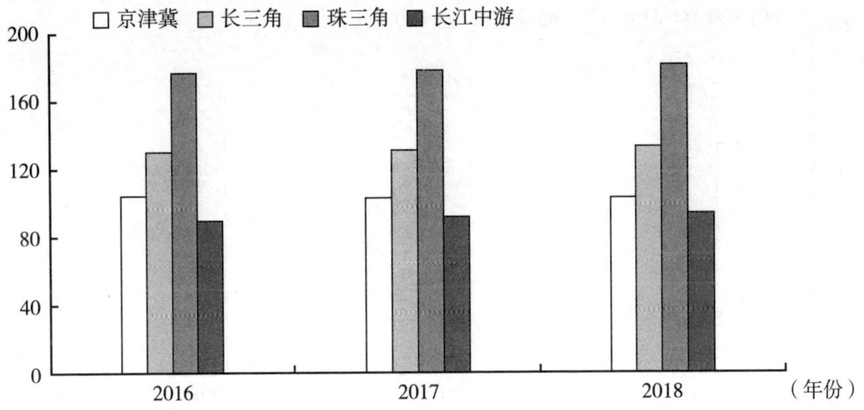

图 2　2016～2018 年电子信息制造业城市经济群竞争力变化

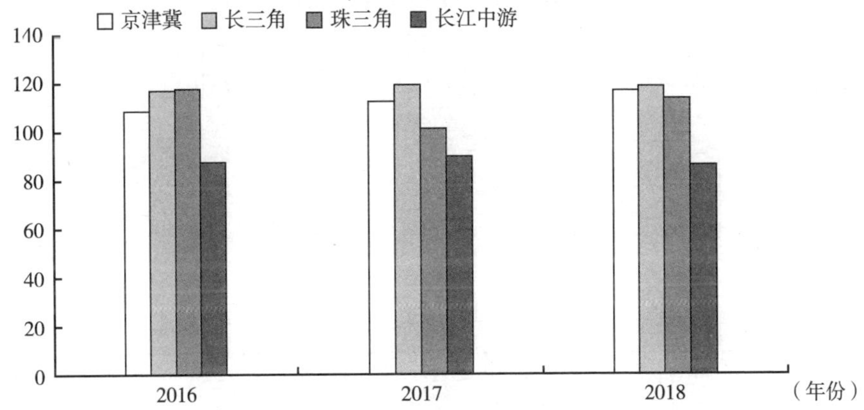

图 3　2016～2018 年软件和信息服务业城市经济群竞争力变化

保持稳定，全国产业格局较为成熟。相对于其他三大城市群，作为高端装备业传统高地的长三角城市群，其产业国际竞争力具有较明显的优势。

5. 生物医药业

长三角城市群在生物医药业领域相对于其他区域形成了较强的产业竞争力优势，长江中游城市群的产业竞争力出现逐年下降的趋势，作为知识密集型、资本密集型产业的代表，生物医药业出现了明显的产业集聚强化现象。

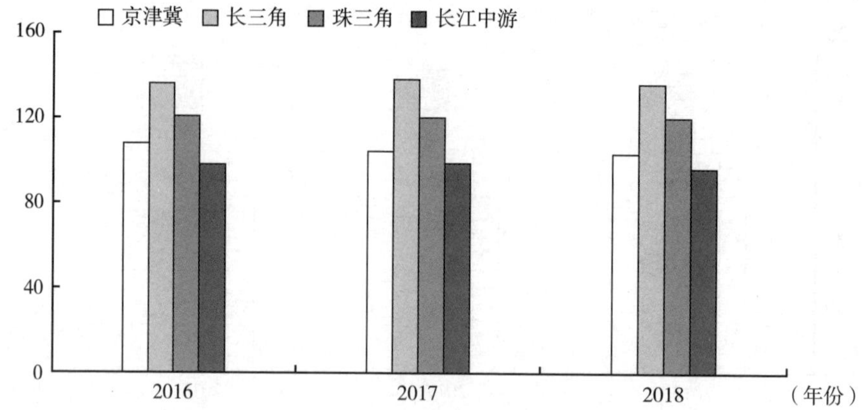

图4　2016～2018年高端装备业城市经济群竞争力变化

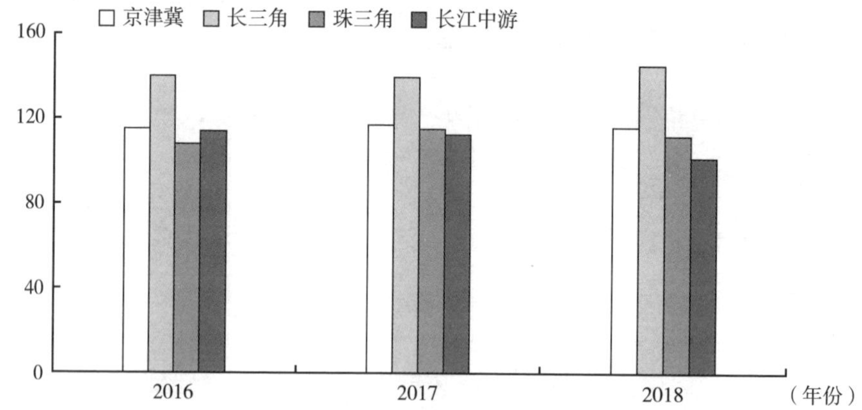

图5　2016～2018年生物医药业城市经济群竞争力变化

四　长三角经济圈在提升产业国际竞争力中的探索

长江三角洲城市经济圈是我国经济最具活力、开放程度最高、创新能力最强、吸纳外来人口最多的区域之一，是“一带一路”与长江经济带的重要交汇地带，在国家现代化建设大局和全方位开放格局中具有举足轻重的战略地位。长三角区域经济发展整体水平的提高、城市群人口总规模的增长，客观上需要大都市圈的形成，同时也为大都市圈的形成提供有力的物质支撑。建立健全特色都市圈制度，大力推进都市圈和两个或以上都市圈首尾相连组成的城市群发展。这是实现党的十九大提出的“以城市群为主体构建大中小城市和小城镇协调发展的城镇格局，加快农业转移人口市民化”的必由之路。

与其他主要城市经济圈相比，长三角城市经济圈在高新技术领域的产业国际竞争力具有突出的领先地位。在电子信息、高端装备、生物医药等领域，长三角城市经济圈长期以来保持着技术领先、配套完善、区域合作通畅的传统优势。上海作为长三角都市圈中产业国际竞争力的首位城市，应该发挥好码头、源头和龙头的原有优势，利用新一轮产业革命推进长三角城市经济圈的一体化建设，提升整个地区的产业国际竞争力。

首先，要突出上海对长三角城市经济圈进一步创新融合发展的主导作用。应在加快产业一体化布局、优化产业结构融合发展、提升产业组织能级和进一步突破体制机制等方面着力，积极推动上海主导的创新要素区域间外溢机制，实现长三角城市经济圈内创新产业链的有序配套承接，推进科技创新成果的跨区域转化。同时在知识经济领域进行体制机制创新，开发“知识飞地”等城市圈创新合作的新模式。

其次，要巩固上海作为全国产业高地的地位。通过创新要素市场建设、龙头企业培育、关键能力塑造、功能设施开发等，凸显上海产业在全国创新和市场配置中的核心竞争力，使得上海能够带动长三角城市经济圈，引导全国、全球范围内的产业资源配置，实现产业链的跨区、跨国整合。

最后，要依托上海，引领长三角城市经济圈融入和逐步主导全球价值链。充分利用上海总部经济优势，进一步推动长三角城市经济圈的全球化开放程度。通过积极参与国际市场建设，利用上海丰富的国际功能性平台资源，实现从国际分工规则执行者到国际分工规则制定者的转变，进而带动长三角地区进一步融入并主导全球价值链，提升城市经济圈乃至全国整体意义上的产业国际竞争力。

B.11
长三角区域协同创新的现状、问题与对策

陈建华　莫兰琼*

摘　要： 当今世界经济体之间已经走过城市“单打独斗”式的竞争阶段，进入基于区域和城市群体的整体优势的竞争阶段。现阶段长三角地区产业发展进入转型升级的关键阶段，应当通过区域协同创新找到经济进一步发展的动力。本文通过对长三角区域协同创新的现状进行梳理，总结长三角地区在科技协同创新方面取得的成就，研究长三角地区在科技协同创新方面存在的问题、瓶颈与障碍，提出打造长三角地区“四大中心”，构建长三角区域协同创新共同体，推进长三角区域协同创新，促进长三角地区产业转型升级。

关键词： 长三角　科技创新　协同创新

党的十九大报告提出实施创新驱动发展战略。科技创新是我国社会生产力与综合国力的重要战略支撑。改革开放以来，我国经历了40年时间的快速增长，成为世界第二大经济体，但随着要素成本上升，产业结构不合理、技术创新不强、资源环境约束加剧等问题开始显现，未来的经济增长必须从依靠资源要素消耗和投资转向依靠技术进步、劳动者素质提高和创新驱动上

---

* 陈建华，经济学博士，上海社会科学院经济研究所研究员，主要从事城市与区域经济研究；莫兰琼，经济学博士，上海社会科学院经济研究所助理研究员，主要从事国际贸易与国际投资、区域科技创新研究。

来。随着资源与环境制约的增强，长三角地区已进入经济增长结构性减速阶段。因此，长三角区域必须通过科学技术来提高全要素生产率从而推动经济与社会的全面发展。长三角区域必须通过区域经济一体化与区域科技创新融合发展，即通过区域协同创新网络建设，才能找到经济进一步发展的动力。简而言之，长三角地区发展必须进行第二次历史性转变的必要条件是科技协同创新。

一　长三角地区科技协同创新的现状

现阶段，长三角地区三省一市不断加大 R&D 的财政投入力度，作为城市之间协同创新的载体发育已较为成熟，创新要素与创新资源的跨地区细分与配置已具有一定的基础，区域协同创新体系处于初步发展阶段。较大的研究与试验发展（R&D，简称“研发”）财政投入、相对成熟的创新载体和科技服务网络化为长三角地区协同创新与横向联合提供了较好的基础，也为构建以上海为中心的长三角区域协同创新共同体提供了必要条件。

（一）研发投入与科技创新产出的总量与比重较大

进入“十三五”以来，长三角区域三省一市不断加大对科技创新的财政投入力度。目前，长三角地区研发经费投入和有效发明专利数均约占全国的 1/3。长三角地区的研发经费投入在总量与相对量上都已达到较高水平。2018 年，长三角地区三省一市的研发经费投入 5958.3 亿元，约占全国的 30.28%。长三角地区的研发经费占本地区生产总值的 2.82%，研发经费投入强度高于广东省，也超过 2017 年欧盟 15 国 2.13% 的平均水平及 2017 年经济合作与发展组织 2.37% 的平均水平。[①]

① 根据 2017 年上海市、江苏省、浙江省和安徽省国民经济和社会发展统计公报相关数据整理汇总而得。

表1　2018 年各地区研究与试验发展（R&D）经费情况

单位：亿元，%

地　区	R&D 经费	占全国的比重	R&D 经费投入强度
全　国	19677.9	100.00	2.19
上　海	1359.2	6.91	4.16
江　苏	2504.4	12.73	2.70
浙　江	1445.7	7.35	2.57
安　徽	649.0	3.30	2.16

资料来源：根据 2018 年上海市、江苏省、浙江省和安徽省国民经济和社会发展统计公报相关数据整理汇总而得。

从 2018 年长三角区域规模以上工业企业的创新投入及产出来看，工业企业的新产品开发经费支出和有效发明专利数分别占全国的 33.08%、31.32%，新产品开发项目数和新产品销售收入占全国的比重分别为 38.04%、36.06%。这两组数据凸显出长三角区域的科技进步，同时也反映了长三角区域的科技创新能力。①

表2　2018 年长三角区域规模以上工业企业的创新投入及产出情况

项目	有效发明专利数（件）	新产品开发项目数（项）	新产品开发经费支出（万元）	新产品销售收入（万元）	其中：新产品出口额（万元）
上海	47940	18259	7558012	97967290	13096380
江苏	176120	80921	24680855	284250383	63493280
浙江	62341	87445	12700402	233081591	45318591
安徽	56296	25728	5711342	95323850	11709794
长三角合计	342697	212353	50650611	710623114	133618045
长三角占全国的比重（%）	31.32	38.04	33.08	36.06	36.95

资料来源：国家统计局：《中国统计年鉴 2019》。

（二）科技协同创新载体发育不断成熟

长三角区域各类产业集群、块状经济和科技园区日趋成为区域内科技创

① 国家统计局：《中国统计年鉴 2019》，中国统计出版社，2019。

新发展的空间载体，长三角区域有张江、宁波、温州、苏南、杭州、合芜蚌6个国家自主示范区和65个国家级经济开发区。长三角地区的产业集群数量也高于京津冀地区和珠三角地区。在2016年中国社会科学院工业经济研究所遴选产生出全国最具竞争力的100个产业集群中，浙江有36个，居全国首位；江苏有17个，居全国第三位（广东21个，居第二位）；上海市有4个，居第六位。较多且发育较好的科技协同创新载体为构建长三角区域协同创新共同体提供了必要的基础。

目前，上海拥有59个开发区，其中国家级开发区20个，省级开发区39个。截至2018年11月底，上海已累计引进跨国公司地区总部665家（其中亚太区总部85家），投资性公司360家，研发中心440个。[①]

截至2018年，江苏省已建成国家级高新技术特色产业基地160个，拥有国家级开发区46个，其中国家高新技术开发区17个，居全国首位。2018年，江苏省组织实施省重大科技成果转化专项资金项目124项，省资助资金投入8.38亿元，新增总投入72.81亿元。新认定国家高新技术企业超过8000家，企业研发经费投入占主营业务收入的比重提高至1.3%，大中型工业企业和规模以上高新技术企业研发机构建有率保持在90%左右，国家级企业研发机构达到145家，居全国前列。2018年，高新技术产业产值比上年增长11.0%，占规模以上工业总产值的比重达43.8%，其中，战略性新兴产业产值比上年增长8.8%，占规模以上工业总产值的比重达32%。[②]2018年，浙江全省拥有8个国家级高新园区和27个省级高新园区，[③] 2018年国家认定的企业技术中心113个（含分中心），新认定高新技术企业3187家，新培育科技型中小企业10539家，累计50898家。全年专利申请量45.6万件；授权量28.5万件，其中发明专利授权量3.3万件，比上年增长13.2%。科技进步贡献率为61.8%。新增“浙江制造”标准559个。[④] 2018

① 中国新闻网。

② 《2018年江苏省国民经济和社会发展统计公报》。

③ 《中国开发区审核公告目录》（2018年版）。

④ 《2018年浙江省国民经济和社会发展统计公报》。

年安徽省有国家大科学工程5个；有国家重点（工程）实验室26个，省重点实验室152个；有省级以上工程（技术）研究中心721个，其中国家级39个。有省级高新技术产业开发区19个，其中国家级6个。有高新技术企业5403家，其中当年新认定1432家。①

（三）区域科技创新服务体系建设取得一定进展

长三角地区三省一市大力推动重大科研基础设施与大型仪器共建共用，积极建设长三角大型科学仪器设备协作共用网，大力促进科技创新服务体系化和网络化，如上海研发公共服务平台、浙江省大型科学仪器设备协作共用平台、长三角大型科学仪器设备协作共用网。目前，长三角区域的技术转移中心主要有国家技术转移东部中心、国家技术转移苏南中心、江苏省技术产权交易市场、安徽联合技术产权交易网和浙江网上技术市场等。长三角区域现已初步实现了技术转移服务网络化。

1. 科技创新服务水平提高明显

为推动区域内科技创新要素的自由流动和合作，长三角地区不断提升科技服务水平，推进科技创新合作，运用现代信息技术，采取多种措施，加快科技创新服务的体系化与网络化建设，促进长三角科技资源共享共用，提高科技资源的利用效率，提升科技服务质量，促进长三角地区科技创新。国家技术转移东部中心、国家技术转移苏南中心、江苏省技术产权交易市场、安徽联合技术产权交易网和浙江网上技术市场的技术交易量不断增加。2019年，长三角科技资源共享平台已经进入试运行阶段，有力地促进了长三角地区科技创新。目前，长三角地区初步形成了由政府主导、市场与社会支持的科技创新体系，技术转移服务网络化水平不断提高。

2. 推进重大科研基础设施共建共用

重大科研基础设施是区域科技创新网络的重要组成部分，对于加快长三角区域协同创新起着积极的推动作用。长三角区域的重大科研基础设施资源

① 《2018年安徽省国民经济和社会发展统计公报》。

相对集中，促进科学管理重大科研基础设施运行、开放共享，可更好地发挥重大科研基础设施的效用。科学仪器是科学研究中不可或缺的一部分，但是在某些研究领域，需要用到特别昂贵的科学仪器，一些小规模的研究机构和实体企业往往无力负担。这也是科技创新中的瓶颈之一。在长三角区域协同创新网络的建设过程中，大型仪器的共享共用解决了这个难题。以中国科学院在上海建设的重大科研基础设施为例，2013 年 12 月以来，先后制定了《中国科学院重大科技基础设施管理办法》《中国科学院重大科技基础设施建设管理办法》《中国科学院重大科技基础设施运行管理办法》《中国科学院重大科技基础设施基本运行经费管理实施细则》，对重大科技基础设施的总体规划、建设管理、运行管理、开放共享、财政管理等做了详细规定。

3. 积极建设大型科研仪器共享平台

长三角区域以现有的科研仪器为基础，积极建设大型科研仪器共享平台，提高科研仪器的使用效率。在大型科研仪器的共享共用上，比较有影响力的有上海研发公共服务平台和浙江省大型科学仪器设备协作共用平台。这些平台有力地推进了长三角区域的协同创新网络建设。

（四）区域科技人才培养与交流工作不断加强

目前，长三角区域的人才总量较大，占据全国较大比重。长三角区域的科技人才如果能够互通有无，加强培养与交流，必能对长三角区域协同创新网络建设起到较大的促进作用。2018 年江苏省全社会研究与试验发展活动经费占地区生产总值的比重达 2.64%（新口径），研究与试验发展人员 78 万人。全省拥有中国科学院和中国工程院院士 98 人。各类科学研究与技术开发机构中，政府部门属独立研究与开发机构达 466 个。建设国家和省级重点实验室 171 个，科技服务平台 277 个，工程技术研究中心 3404 个，企业院士工作站 326 个，经国家认定的技术中心 117 个。① 2018 年，上海用于研究与试验发展经费支出相当于上海市生产总值的 4.00% 左右。在全年新增

① 《2018 年江苏省国民经济和社会发展统计公报》。

的58.17万个就业岗位中战略性新兴产业有19.37个，全市高技能人才占技能劳动者的比重达到33.03%。① 2018年，浙江全社会研究与试验发展经费支出占生产总值的2.52%，从事专业技术活动人员约90万人，其中，研究与试验发展人员约40万人。同期，浙江新增国千、省千人才320名。② 安徽省2018年各类专业技术人员230.7万人，科研机构6018个，其中大中型工业企业办机构1390个。从事研发活动人员24.4万人。全年用于研究与试验发展经费支出630亿元，相当于全省生产总值的2.1%。③

目前，长三角依托于稳定的社会经济环境和服务氛围，坚持把人才作为战略资源，加强载体、项目、金融和服务“四位一体”联动，发展人才共享机制，鼓励更多的人才到长三角创新创业，不断突破户籍与档案属地化管理的壁垒。

二　构建长三角区域协同创新体系存在的问题与障碍

目前，长三角区域协同创新的整体协同度较低，而江浙沪皖三省一市各自内部的创新系统有序性却相对较高。长三角区域的制度创新还存在自成体系与“条块”分割现象。区域的产业链上下游关联与创新链横向协作还有待提高，各个领域还存在信息沟通不足、共享程度低的问题，尚未形成有机的区域创新体系。从总体来看，长三角区域协同创新体系尚处于初始建设与发展阶段；制度创新的系统集成程度亟须提高；创新要素的组织化与联动性较差，碎片化特征较为明显，尚未形成系统性；以城市之间分工与协作为基础的区域协同创新格局正在形成，完整与成熟的区域协同创新体系尚未形成。

---

① 《2018年上海市国民经济和社会发展统计公报》。

② 《2018年浙江省国民经济和社会发展统计公报》。

③ 《2018年安徽省国民经济和社会发展统计公报》。

（一）创新要素碎片化特征较为突出，尚未形成有机的创新体系

从总体而言，现阶段长三角区域的科技创新要素，如人才、知识、技术、资金等的组织化与系统化程度不足，碎片化特征较为明显。人才、知识、技术等创新要素的流动还存在较多障碍，不同地区之间对于创新要素的共享与发展还没有长效机制。从总体来看，长三角地区的科技创新体系尚处于形成阶段，创新要素的组织化与联动性较差，不具备系统性。这些创新要素与创新资源碎片化尚未形成体系，整个区域创新体系尚未形成以某个城市为中心的、梯度有序的有机体系。

（二）创新资源利用效率不高，尚未形成分工与协作的创新格局

目前，长三角地区三省一市存在一定程度的城市产业规划趋同现象。由于产业发展趋同，不同区域的科技规划趋同现象还较多，对科技研究进行重复投入，从而使科研经费利用效率较低。目前，长三角区域不同地区之间各自优势科技创新资源未能实现深层次联合与互补，区域创新尚未形成较为完整的分工与合作格局。2018 年，长三角地区人均研发经费为 2644.01 元，是全国平均水平的 1.87 倍和广东的 1.11 倍。但是，长三角地区每万人专利授权的发明数相对于全国平均水平和广东而言，低于人均研发经费的相应倍数。长三角地区的每万人有效发明专利量和 PCT 国际专利申请量低于珠三角地区。这表明长三角地区在增加研发经费上还有很大的提升空间，目前研发经费的使用需要提高规模效益与范围效益。

另外，相对于知识创新的活跃度和创新总量规模，长三角区域的专利结构有待优化、有效创新有待提升。如图 1 所示，在长三角城市群的三种专利申请授权总量中，外观设计专利占 22.16%，实用新型专利占 63.34%，而发明专利仅占 14.5%，这一结构与全国平均水平相比存在一定的偏差，发明专利未达到全国平均水平（14.81%），而北京该项指标高达38.04%。

我国 2019 年有 129 家企业进入《财富》世界 500 强排行榜，分布在中

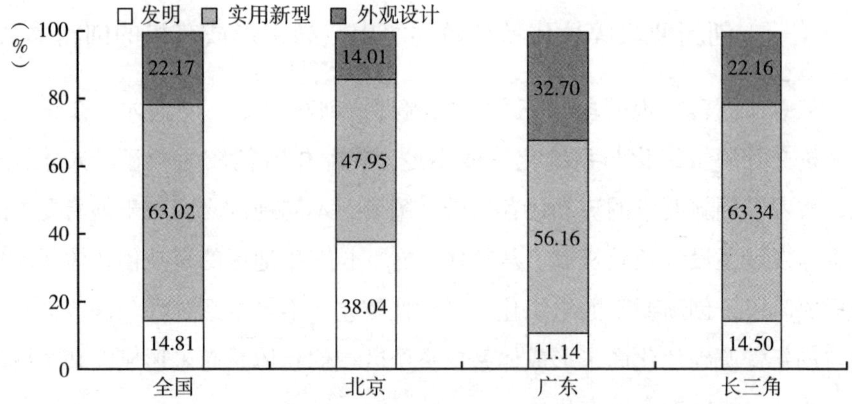

图1 2018年长三角城市群专利授权结构与全国、北京及广东比较

资料来源：国家统计局：《中国统计年鉴2019》。

国的40个城市。其中，北京是500强企业的聚集地，共有56家企业上榜，占中国世界500强企业数量近半数。上海、深圳、香港则领衔“第二集团”，均有7家上榜。此外，台北、杭州、广州、厦门、佛山、福州、乌鲁木齐和西安8个城市均聚集着不止1家世界500强企业。由图2可知，长三角城市入围《财富》世界500强排行榜的企业与北京存在很大的差距，这在某种程度表明了长三角企业在科技创新的效益方面同世界一流水平的企业还有一定差距，长三角企业还需要在科技创新方面不断加强。

（三）科技创新公共服务与社会服务体系亟须发展，尚未形成健全的创新服务体系

从总体来看，长三角地区对科技创新的服务还存在明显的“分段式”与“隔离式”现象。区域科技协同创新涉及资金投入、技术转让、市场中介、科技人才流动等。但是，这些方面的运作不规范，也缺乏全覆盖有效的信息管理，在信息共享平台方面还存在数据隔离问题。因此，长三角地区在科技协同创新服务上需要大力推进法治化、常态化、社会化与制度化建设，不断完善科技创新协作与协商机制，从而加快长三角区域创新共同

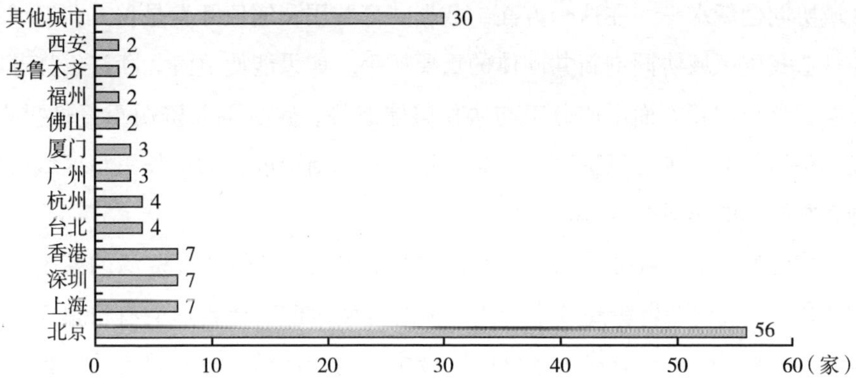

图2　2019年《财富》世界500强排行榜中中国企业城市分布

资料来源：财富中文网。

体发展步伐。

从社会与市场方向来看，科技中介服务业和科技评估业发展较为滞后，这是科技服务体系发展中亟须解决的问题。目前，长三角地区服务于科技创新的专职机构数量较少，功能较为单一，远远不能满足长三角地区建设区域协同创新共同体的需要。特别是，长三角地区的高等学校、科研机构和企业的合作关系需要进一步加强，中间性实验环节亟须强化，企业需要提高科研成果的转化与消化能力。

三　打造长三角地区“四大中心”，构建长三角区域协同创新共同体

目前，长三角区域三省一市的科技创新资源既有同构化的性质，又有互补的特征。上海、浙江、江苏与安徽的产业结构、研究机构、人力资本投入和工业园区在创新资源方面既有相同或相似的一面，又有差异与互补的需要。从总体上看，长三角地区科技创新的分工与协作关系还没有完全形成。在信息化时代，长三角地区应当有效整合不同区域的科技创新资源，不仅要发挥不同区域的特色，而且要发挥长三角地区的整体优势，从而较快地提高

区域协同创新水平。在这个方面，数据共享共用和增值开发是长三角区域率先打造我国区域协同创新共同体的重要抓手。如果能使上海、浙江、江苏与安徽在科技创新方面形成分工与协作整体态势，减少创新资源重复性投入，发挥整体优势，则可以提高长三角区域科技创新速度，加速长三角区域协同创新共同体的形成与发展。

构建长三角区域协同创新体系，应着眼于区域整体科技资源的系统规划和整合，实现创新资源高效率利用，促进区域内创新要素形成有机体系，构建城市之间以分工与协作为基础的区域协同创新格局。制度创新系统集成是形成区域协同创新体系的基础，信息技术运用是突破口，金融市场与资本是重要的带动力量。通过建设长三角大数据交易平台、长三角科技服务中心、长三角科技金融中心和长三角知识产权保护与服务中心，构建以上海为龙头的区域创新体系，建立长三角区域协同创新体系，形成长三角区域协同创新共同体。

（一）打造长三角大数据交易平台，建设长三角大数据交易中心

目前，长三角区域有上海大数据交易中心、浙江大数据交易中心、江苏大数据交易平台和安徽大数据交易平台。这四个大数据交易平台发展水平参差不齐，各成一家，自成一体，数据标准不统一，“数据孤岛”现象较为突出，数据还没有实现共享共用。从总体来看，现有长三角地区四个大数据交易平台仍以“粗放式”发展为主，长三角地区的大数据交易平台建设过于分散，数据交易的标准合理性与权威性不足，数据交易的附加值不高。长三角地区的大数据交易以单纯的数据原材料买卖为主，交易过程中缺乏对数据定价的统一标准，部分交易数据存在格式不规范、内容不完整等问题。因此，建议在整合和提升各省市现有的四个大数据交易平台的基础上，打造长三角大数据综合性交易平台。

（二）打造长三角科技服务平台网络体系，建设长三角科技创新服务中心

打造长三角科技服务平台网络体系，建设长三角科技创新服务中心，加

速推进长三角区域现有科技公共服务平台的对接与整合，如上海研发公共服务平台、长三角大型科学仪器设备协作共用网、国家技术转移东部中心与苏南中心和浙江网上技术市场等。构建运转高效与功能完善的科技公共服务平台体系，完善区域间工业产品设计、试验和检测专业技术服务链。要着力完善各种服务平台与数据中心的标准制订与功能设计，不断推进区域科技公共服务平台网络体系的一体化发展。要加快推进长三角区域现有科技公共服务平台的对接与整合工作，不断推进区域科技公共服务平台网络体系的一体化发展，解决“信息孤岛”问题，促进科技信息互通，推动实现数据共享开放。有序推进区域科技公共服务平台建设，着力完善平台的服务功能和标准制订，打造一体化、高效共享的区域科技公共服务平台网络体系。

（三）促进长三角科技金融优先发展，建设长三角科技金融中心

金融是最早和最能实现一体化与无区域障碍发展的产业。资本最具敏锐性和逐利性，能迅速捕捉到利润，最快突破市场壁垒与地域限制。因此金融资本对于推动长三角经济一体化，促进长三角区域协同创新网络的发展具有重要意义。

以美国硅谷为例，2018 年美国 40% 的风险投资都集中在硅谷地区，一大批优秀企业如英特尔、谷歌、苹果、甲骨文、思科等都是靠风险投资发展起来的。硅谷的风险投资占到加州的 78% 左右。目前，硅谷银行共为 3 万多家科技企业以及约 550 家风险投资和私募基金公司提供服务支持。另外，纳斯达克为硅谷创业公司提供了上市融资的便利条件，为风险资本增值后的退出提供了一个安全出口。1990 年，NASDAQ OMX 在硅谷开设区域办事处，在过去的 30 多年里，不断有硅谷公司在 NASDAQ 上市。目前硅谷在 NASDAQ 股票交易所上市的企业就有 203 家，占加州 NASDAQ 上市企业数的 40%，占 NASDAQ 上市公司总数的 7%。在 NASDAQ－100 指数的成分股中有 28 家总市值为 954 亿美元的硅谷公司。

以上海建设全球金融中心为引领，借助上海特别是浦东新区的金融机构集聚优势，发挥上海融资平台和国内外资本进出通道功能，促进金融更多地

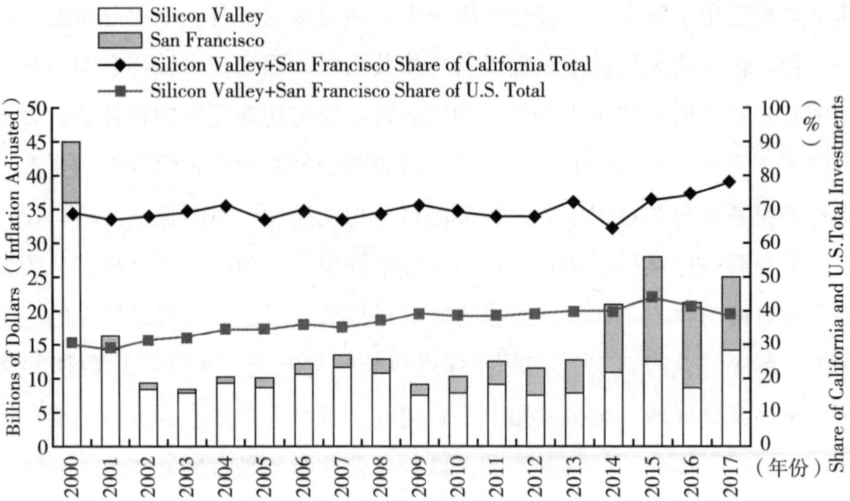

图3　硅谷和旧金山风险资本投资趋势

资料来源：*2018 Silicon Valley Index*，https：//jointventure. org/download-the-2018-index。

为长三角区域协同创新网络建设服务。从金融对经济资源的配置功能来看，目前上海陆家嘴地区集聚了较多的国内外金融机构。随着上海国际金融中心建设的推进，包括上海地区在内，整个长三角区域都受益颇多，金融创新步伐加快，金融整体开放程度增强。因此，要大力发展科技金融，鼓励长三角区域跨省区开展科技风险投资活动，促进长三角科技金融发展。要利用上海建设国际金融中心和国内外融资平台的功能与作用，大力发展科技金融，争取在上海建成长三角科技金融中心，使其成为科技创新的融资、担保、保险中心。争取国家新兴产业创投基金支持，设立长三角天使基金和创业投资基金，加大对处于科技创新初期的高新技术企业的扶持力度，鼓励长三角区域跨省区开展科技风险投资活动。要继续支持、引导和规范民间资本投资科技型中小企业，借鉴其他地区的民间资本投资方法，推进民间投资、民间金融与科技创新相融合，以上海的金融基础大力发展科技金融，建设长三角科技金融中心。

要形成面向科技创新的多主体参与的投融资机制。组建促进企业技术创新、新技术产业化的创新引导投资基金。要加快推进有利于科技创新的多层次资本市场体系建设，建立广覆盖、多渠道、低成本、高效率、严监管的多层次股权市场，在进一步规范和壮大主板、中小企业板市场的基础上，加快推进战略新兴板市场的建设，完善创业板市场，为创新型企业提供多层次的资本市场服务，推动企业技术创新、业务创新和服务创新。探索共建长三角科技开发银行。在风险可控和依法合规前提下，允许浦发硅谷银行等以科技金融服务为特点的银行与创业投资企业、股权投资企业战略合作，探索投贷联动，长三角区域三省一市的政府给予必要扶持。探索在国资国企改革中形成新的投融资平台，鼓励和支持金融机构、投资机构和创新型企业对接，促进不同所有制性质的资本相互交叉投资，撬动多元投资。

要进一步完善和推广“四新＋基地＋基金”创投模式。“四新”即“四新”经济，要加强产业基地、新型载体建设，形成“基地＋基金”模式，建立面向基地的产业基金，为基地企业孵化提供优先支持。要推行跨行政区开设账户、存贷款等相关金融服务，建立和发展区域性风险创业投资协作网，鼓励跨省区开展科技风险投资活动，鼓励国外风险基金和其他各类经济成分参与创业风险投资事业。

要促进民间投资、民间金融与科技创新进一步融合。可以参照国家发改委于2018年4月发布的《关于印发〈各地促进民间投资典型经验和做法〉的通知》，借鉴其他地区的民间资本投资方法，促进民间有效投资。尤其是要充分发挥浙江民间金融与民间投资较为发达的优势，推进民间投资、民间金融与科技创新相融合，大力发展科技金融。浙江省是全国发展创业风险投资最早的地区之一。目前，浙江科技金融发展迅速，成为推动长三角区域科技创新的重要力量。要继续支持、引导和规范民间资本投资科技型中小企业。

建议设立长三角天使基金和创业投资基金，争取国家新兴产业创投基金支持，加大对处于科技创新初期的高新技术企业的扶持力度。

（四）设立长三角知识产权法院，构建长三角知识产权保护与服务中心

知识产权保护与服务对于科技创新至关重要，因为这是创新的动力问

题。因此，要进一步发挥长三角地区知识产权保护联盟的作用，做好知识产权的保护工作，建立长三角地区知识产权保护体系，三省一市联合制定和实施长三角知识产权保护与科技开发战略，不断完善区域内知识产权保护的协作体系，进一步推进上海知识产权交易中心的各项工作，加强长三角区域内知识产权的执法协作工作，完善长三角知识产权价值评估机制，健全长三角知识产权审判体系。根据长三角知识产权发生案件，建议向最高人民法院申请设立长三角地区知识产权法院，审理跨区域的知识产权纠纷案件。在这里，可以参照南京知识产权法庭、苏州知识产权法庭和杭州互联网法院的做法，按照知识产权民事、刑事、行政案件“三合一”综合审判模式运行，审理跨区域的商标、著作权、不正当竞争、技术合同纠纷等知识产权民事案件与网络纠纷及诈骗案件。

参考文献

李丹：《我国国家技术创新体系现存问题及对策分析》，《科技管理研究》2007 年第 5 期。

金军、邹锐：《集成创新与技术跨越式发展》，《中国软科学》2002 年第 12 期。

李文博、郑文哲：《企业集成创新的动因、内涵及层面研究》，《科学学与科学技术管理》2004 年第 9 期。

吴伟、范惠明：《协同创新：来自科技计划与学术机构的多案例研究》，科学出版社，2018。

魏江、吴伟、朱凌：《协同创新：理论与探索》，浙江大学出版社，2017。

李湛、吴寿仁等：《走向自主创新——中国现代创新的路径》，上海人民出版社，2008。

洪银兴等：《产学研协同创新研究》，人民出版社，2014。

菅利荣、刘思峰等：《产学研协同创新的网络型模式研究》，科学出版社，2017。

B.12

深化长三角一体化发展的财税机制研究

陈明艺*

摘　要： 随着长三角一体化的持续深入推进，长三角城市群在财政体制和财政政策等方面展开广泛的沟通和协调，在互联互通的基础设施、联防联控的生态环境、协同创新的产业布局、共建共享的公共服务建设等方面的区域合作成果不断涌现，但同时，也存在地区义务教育水平和社会保障投入水平差异过大、地区间横向转移支付机制缺失、地方税体系不健全、税收征管协调机制缺位等问题。未来深化长三角财税一体化发展应该进一步改善宏观环境，推动财政管理机制改革，创新完善税制体系。

关键词： 长三角一体化　财政机制　地方税　消费税

长三角是我国经济发展最活跃、开放程度最高、创新能力最强的区域之一，2018年11月，以习近平同志为核心的党中央将长三角一体化发展上升为国家战略，为此加快推进长三角一体化具有了更为重大的国家使命。2019年10月15日，长三角城市经济协调会第十九次市长联席会议通过了蚌埠等7个城市加入的提案，从而长三角区域41个地级及以上城市加入长三角城市经济协调会。至此，经过20年发展，从地理空间、体制机制上长三角三

---

* 陈明艺，经济学博士，上海社会科学院经济研究所副研究员，硕士研究生导师，主要从事宏观经济理论与政策、财政与税收理论及侦测研究。

省一市全部纳入长三角一体化进程。2019 年 10 月 29 日国务院批复了长三角生态绿色一体化发展示范区总体方案，并作为长三角一体化国家战略的突破口。经过 36 年的不断推进，长三角一体化站在了国家发展的最强风口，迎来新一轮快速发展的历史机遇期。在这一进程中，从中央到地方的财税机制发挥了巨大作用。

一 财税政策在推进长三角一体化进程中的巨大贡献

近年来，随着长三角一体化的持续深入推进，长三角城市群在财政体制和财政政策等方面展开广泛的沟通和协调，着重聚焦于互联互通的基础设施、联防联控的生态环境、协同创新的产业布局、共建共享的公共服务建设四个方面，区域合作成果不断涌现。

（一）财政支出协调机制推进了长三角医保一体化

长期以来，由于受到户籍制度等体制机制的制约，我国区域居民在异地养老、异地就医等方面还存在诸多不便。针对这些问题，长三角地区在全国先行先试，率先探索异地就医门诊费用直接结算，居民在该区域内异地门诊、住院就医都可以实时报销。通过联通信息平台，让信息多跑路、百姓少跑腿。截至 2019 年 11 月，长三角 41 个城市实现医保“一卡通”，三省一市（江苏、浙江、安徽和上海）的 3800 余家医疗机构成为定点机构。数据显示，从异地门诊直接结算启动至今，长三角地区共实现异地门诊直接结算累计 40 万人次，医保费用达 8800 万元左右。其中，上海人在外地就诊与长三角各地人来沪就诊的比例约为 1∶1. 6。[①]

各地医保报销范围不同、政策规定差异大、筹资标准不同、报销目录不同等因素导致异地结算工作非常繁杂。长三角区域率先采用“就医地目录，参保地政策”的异地支付模式，同时尝试建立异地门诊备用金制度，

① http：//paper. people. com. cn/rmrb/html/2 .

确保医疗机构及时收到汇款。为此三省一市的财政、人社、卫健委、公安、大数据中心等机构密切合作，由上海市牵头开发、搭建，和各城市几千家医院的信息系统实现兼容，所有上传数据有共同标准，从而在全国率先实现了医保可携带并覆盖住院、门诊使用功能的医保一体化统筹结算区域。

长三角区域居民实现看病医保“一卡通”，不仅提升了百姓生活质量，推动了长三角医疗服务和质量的一体化，而且解决了人才异地工作的后顾之忧，促进了长三角人才自由流动，从整体提升了区域发展的整体竞争力。

（二）生态补偿资金跨区域使用促进了长三角生态环境治理一体化

2014 年 1 月，三省一市与环保部、国家发改委等八部门成立了长三角区域大气污染防治协作小组，以共识、共治、共赢为基础，建立“协商统筹、责任共担、信息共享、联防联控”的协作机制，以推进长三角区域空气质量的整体改善。2018 年 5 月，三省一市建立了长三角区域生态环境保护司法协作机制，进一步加强协同治气、治水，加强重污染天气环境的应急预警与管理。在各方持续努力下，近年来长三角区域环境质量已有所改善。生态环境部发布的《2018 生态环境质量简况》显示，长三角地区的 PM2.5 同比下降 10.2%。长江流域水质良好。其中，最突出的案例是“新安江上下游生态补偿机制”。

新安江是我国实施跨省大江大河流域环境补偿机制的首个试点。由财政部和原环保部牵头，皖浙两省具体实施，2012～2014 年、2015～2017 年的两轮试点工作取得了突出成绩，形成了具有新安江特色的生态文明建设模式，被称为“新安江模式”。第一轮试点（2012～2014 年）中的《新安江流域水环境补偿协议》明确提出，中央财政每年出资 3 亿元，安徽、浙江各出资 1 亿元，设立环境补偿基金，以水质“约法”。新安江进入浙江省界的水质达标后，安徽省可获得 2 亿元生态补偿。所获补偿金继续用于新安江流域的环境整治和生态保护。2015～2017 年的第二轮试点中，除了中央财政资金支持外，皖浙两省出资额均提高到 2 亿元，同时提高水质目标。两轮试点工作后新安江水质显著提高，环境治理成效突出。2018 年10 月，皖浙两省签订了第三轮（2018～2020 年）试点协议，约定两省每年各出资 2 亿元，与前两轮相比，新协议对水质考核标准更高，补偿资金适用范围相应拓展。除首次鼓励和支持通过设立绿色基金、政府和社会资本合作（PPP）模式、融资贴息等方式引导社会资本，加大新安江流域综合治理和绿色产业投入力度外，特别强调加强农业面源氮、磷生态拦截工程。“新安江模式”为财政资金支持生态补偿制度安排提供了范本并有助于向全国推广。

（三）财税优惠政策推动了长三角产业合作一体化

自 2008 年开始，国家有关部门陆续出台了支持长三角产业合作的财税政策。2008 年 9 月，国务院印发了《关于进一步推进长江三角洲地区改革开放和经济社会发展的指导意见》（国发〔2008〕30 号）。指导意见第十七条规定，营造鼓励自主创新的政策环境。加大财政对竞争前沿技术和共性技术研发、引进技术消化吸收再创新、初创型科技中小企业的引导性投入。抓好企业研发费用税前抵扣和高新技术企业优惠政策的贯彻落实。2010 年的《长江三角洲地区区域规划》（发改地区〔2010〕1243 号）提出，建设区域创新体系，强化企业的创新主体地位，加强以企业为主体的技术创新体系建设，加大政府对企业创新的支持力度，通过财税、金融等政策引导企业增加研发投入，加强企业创新能力建设。

在这些政策鼓励下，三省一市加大了对企业创新、产业合作的财税支持力度。

长三角各地区政府积极参与和引导技术转移网站的建立，如上海国际技术转移协作网络是以“上海科技创新登山行动计划”中“促进国际科技合作与技术转移”的精神为指导，由上海市科委牵头，上海交通大学国家技术转移中心等多家单位共同发起和组织，致力于为技术转移提供全面支持的服务平台，积极推进长三角产业合作。上海市科学学研究所发布的《2019长三角一体化区域协同指数》显示，长三角区域科研协同创新水平稳步提升，长三角研发经费投入显著提升。长三角地区财政向科技拨款占政府支出的比重为4.33%，高于全国平均水平（2.56%）。

（四）巨大的财政投入保证了长三角区域基础设施互联互通

世界级都市圈的经验表明，依靠交通实现大量人口在更广区域的流动是区域一体化的基础。长三角一体化进程中基础设施一体化始终处在加速领跑中，形成了分工合作、功能互补的基础设施体系，为一体化发展提供了强大的支撑能力。

巨大的财政投入保证了完善的交通通道。近年来，长三角区域内高铁网络、高速公路网络日益完善，并以此为依托，优化了港口、机场等枢纽，形成了世界一流的区域性快速交通骨干网络。长三角一体化上升为国家战略以来，三省一市围绕交通互联互通出台多项规划。从地方披露的信息看，长三角区域近期期待开通交通项目的总投资规模超过2500亿元。

在此基础上，三省一市投资解决辖区间“断头路”、跨行政区域公交车缺乏等问题。上海梳理了30条左右与苏浙交界的“断头路”，首批启动9条路打通工程，总投资达32亿元。通过规划、建设、管理、执法、财政等部门的通力协作，有效推动了长三角区域交通的融合发展。

（五）税收信息交换提升了税收政策的协调效应

搭建税收信息共享平台是推进长三角地区税收机制一体化中的里程碑事件。2015年4月，长江经济带23个税务机关签署了《长江经济带税务部门信息共享协议》，明确了信息交互的内容和方式，为涉税信息共享奠定了基础。由国家税务总局牵头，上海市国、地税局开发建立了长江经济带税收信息共享平台，并于2016年1月1日上线启用。在“泛长三角”地区（江浙沪皖赣）国、地税局正式上线启用，首批上线包括外管证信息交换、跨区域迁移涉税数据对接、非正常户协作监管、税收分析数据交换四个项目，涉及共享数据表20张、数据项212个。

长江经济带信息共享平台的投入运行，使跨省数据交换和共享有了信息化支撑。该信息平台具有三大特点：一是统一各省市税务部门的数据交换标准，包括确定统一的数据格式、业务口径和交换频次等；二是依托高效稳定的金税三期专网，平台实现跨省数据自动、实时传输与交换；三是发挥“税收大数据”的作用，通过跨地域数据比对分析开展相关业务应用。

二 深化推进长三角更高质量一体化的财税机制瓶颈

经过36年的共同努力，长三角地区在交通设施、生态环境、产业合作、民生保障和财税机制合作方面取得了突出成效。然而，不可否认的是受财政体制、政绩考核、地方经济发展竞争等的影响，长三角一体化进程中财政机制、政策壁垒直接或间接导致了区域间税收竞争、公共服务非均等化、地方财力不足等突出问题，制约了长三角地区更高质量的一体化进程。

世界银行发布的《2019年营商环境报告》显示，中国营商环境便利度列第46位，较2018年上升了32个位次。但是调研发现，中小企业普遍面临生存环境困难，为此，我们进一步分析经济体营商环境指标。

分解报告后发现，营商便利度主要是考察开办企业、办理施工许可、获得电力、登记财产、获得信贷、保护少数投资者、纳税、跨境贸易、执行合同、办理破产等领域。在这些领域中，排名靠前的是开办企业（第28位）、获得电力（第14位）、登记财产（第27位）、执行合同（第6位），排名相对靠后的是办理施工许可（第121位）和纳税（第114位），总体来说，创办企业相对容易，但是维持企业的运行和发展还有改进的空间。造成企业负担重的原因不仅有税收，还包括非税各种费用。

（一）长三角地区义务教育水平差异显著

基本公共服务均等化是发挥政府作用、履行政府职能的核心，也是长三角真正实现一体化发展的关键。当前，无论从义务教育、公共卫生和基本医疗还是基本社会保障来看，长三角地区之间依然存在较大的差异，且在共建共享方面难度较大。

图1反映了2011～2017年长三角三省一市初中生师比的情况。其中，上海市在样本期间中学师生比始终处于增长状态，且在2016年超越江苏省，位于长三角地区第一位。浙江省在样本期间变化较为平稳，而江苏省和安徽省在样本期间中学师生比变化较为剧烈，且与上海市的差距呈现拉大趋势。

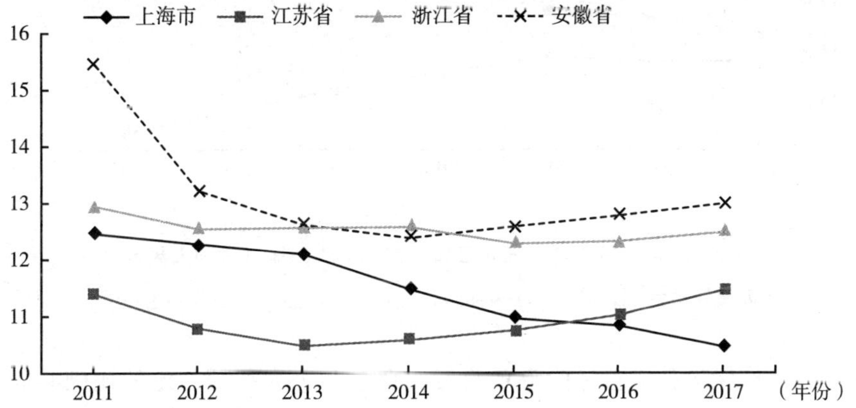

图1　2011～2017年长三角三省一市初中生师比（教师人数=1）

资料来源：国家统计局，http：//data. stats. gov. cn/easyquery. htm？ cn = E0103。

图2反映了2011～2017年长三角三省一市小学生师比的情况。其中，上海市小学师生比在样本期间始终处于长三角地区首位，且基本处于增长状态。浙江省在样本期间小学师生比始终处于增长状态，但与上海的差距并没有呈现明显缩小趋势。而江苏省和安徽省则基本处于下降状态，与上海市和浙江省的差距呈现拉大趋势。

需要说明的是，三省一市义务教育的学制不同、教材不同，甚至在教师资格认定方面也存在不同标准，这些都是区域基础教育一体化发展中的“痛点”，对三省一市人才和学生的自由流动形成障碍，造成长三角地区基础教育公共服务共建共享的“壁垒”。

（二）三省一市的社会保障投入水平差异明显

社会保险费（以下简称“社保费用”）包含养老保险、失业保险、医疗

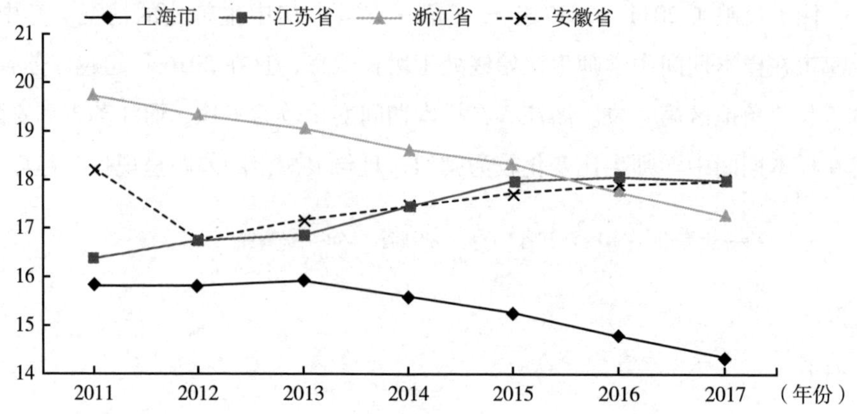

图2　2011～2017年长三角三省一市小学生师比（教师人数=1）

资料来源：国家统计局，http：//data. stats. gov. cn/easyquery. htm？cn=E0103。

保险、工伤保险和生育保险五项收费。企业和个人按照一定的比例共同缴纳，其中企业缴纳占主要部分。如图3所示，江苏、上海、浙江总体规模相当，而安徽的整体规模则明显与两省一市存在差距。长三角三省一市的缴费机制也各有差异，上海、江苏、浙江基本实现了省统筹，而安徽尚未实现省统筹，并且缴费基数也不同。

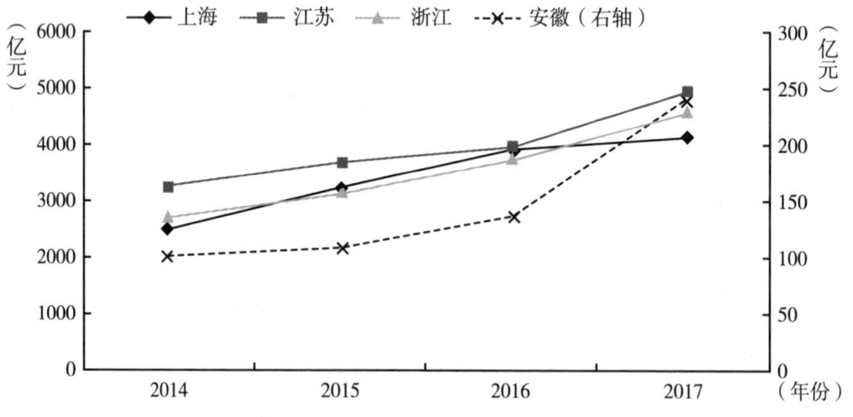

图3　三省一市社保缴费规模

社保费用的起征点和缴费比例不同会使得企业的成本不同，社保缴费比例偏高，会影响企业竞争力。但社会保险费制改革重点应该是由税务部门统一征收。社保费由税务部门统一征收后，最大的优势在于减少了部分城市过去用人单位少缴、漏缴的情况，相应地，缴费标准的差异、征管强度的差异则对长三角社保机制的协同发展提出了挑战。

在当前的分税制体制下，处于不同地区的城市和城市、城市和农村，乃至农村和农村的地方政府财力之间差异很大。也就是说，长三角基本公共服务均等化是一个集不同省份之间、城市之间、城乡之间以及农村之间诸多复杂情况于一体的特殊问题，要解决好该问题，需要从长三角整体视角出发，创新财政运行机制。

（三）地区间的横向转移支付机制缺失

转移支付制度是各国用于平衡区域发展的重要手段，按照转移支付的方向，可以分为纵向转移支付（上级政府对下级政府的转移支付）和横向转移支付（同级政府之间的转移支付）两种模式。长期以来，无论是经典的财政理论还是财政转移支付的实践，都更加注重探讨和研究纵向转移支付，而对横向转移支付的关注不够。

我国现行转移支付制度自1994年逐渐建立起来，实行单一的纵向转移支付模式，基本上由税收返还、体制补助和上解、专项补助、一般转移支付、年终结算补助或上解组成。近年来，随着社会经济的发展和公共服务需求结构的变化，以及纵向转移支付在区域平衡方面的效果乏力，部分学者开始探索实施转移支付的理论，主要理由如下：由于初始要素禀赋在区域之间的差异是客观存在的，在市场经济条件下，初始要素禀赋相对优越的一方总是区域一体化的最大获益方，而初始要素禀赋相对低劣的一方则沦为区域一体化成本的主要承担者。并且，在市场机制的作用下，随着区域一体化的不断深入，区域间发展的不平衡会越来越严重，最终直接威胁到区域一体化的稳定与发展。

图4反映了2009~2018年三省一市财政收入的情况，可以发现，安徽

省的财政收入不仅从绝对额上看，与江苏省、上海市和浙江省有很大差距，而且从增速上看，也明显落后于江苏省、上海市和浙江省。为了缓解成员之间发展不平衡的矛盾，进一步促进区域一体化的稳定与发展，需要建立横向转移支付制度，由经济相对发达地区补贴相对落后地区，进而实现区域均衡发展的目标。

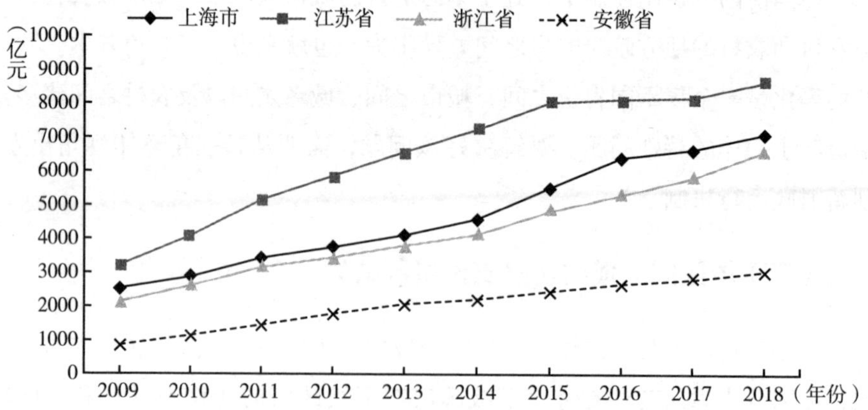

图4　2009～2018年长三角三省一市财政收入情况

资料来源：国家统计局，http：//data. stats. gov. cn/easyquery. htm? cn = E0103。

（四）地方税体系不健全制约了长三角一体化的财力投入

地方税体系的构建和完善，在财税领域的理论界和实务界一直都充满着争议，目前存在两大突出问题。第一，“营改增”之后，我国地方税体系缺乏主体税种，即使采取了增值税收入分成机制，但是难以补足营业税收入的缺口，明显影响了地方提供公共服务的财力。第二，“营改增”以后，地方税主体税种营业税的消失带来的问题是，选择哪一个税种作为主体税种，如消费税、房产税、零售税、资源税以及城市维护建设税等均有可能。关于这一问题仍在讨论之中，尚未取得一致结果，但有一个基本共识是：我国尚未建立真正意义上的地方税体系，然而无论选择哪个税种作为地方主体税种都存在一定程度的扭曲作用，在绝大多数情况下，税制改革并非“两利相权取其重”，而是“两害相权取其轻”的选择。地方税体系的构建和完善必须综合考量一国经济社会条件的约束，从国际上来看也没有一个可供移植的最优实践。

地方税体系的缺失对长三角区域一体化而言，最大的弊端是导致地方政府丧失了对税权的灵活调整与支配权，使地方政府无法通过正常的税收手段干预经济。当地方政府意图采取鼓励性措施时，通常会采用两种方式：一种是放松税收征管力度，如对征税对象延迟申报收入或偷税漏税行为不予追究等；另一种是绕开税收，借助财政支出政策，如地方政府为了招商引资或引入高端人才，常常采用给予专项资金奖励、购房补贴、提供住房或其他利益。以上两种方式不仅会导致区域内无序的税收竞争行为，也会损害中央税权的统一。

（五）税收征管协调机制缺位

总部经济的兴起和繁荣，使得区域间税收和税源的背离现象频现。在三省一市税收征管的实践中，上海由于处于区域的核心地位，又有自贸区等政策优惠，总部机构较多，总部经济效应显著，获得相对丰厚的税收收入。相对地，江苏、浙江和安徽则在区域税收征管中处于不利地位，税源在不同程度上流向上海。

三　深化长三角更高质量一体化发展的财税机制构建

前文分析说明当前长三角一体化进程虽然取得了明显的成效，但依然存在公共服务非均等化、财政收支差距较大、地方税体系不健全、征管机制有待进一步优化等问题，进而难以加快推进长三角更高质量的一体化进程。在加快推进长三角一体化进程中，产业结构调整、要素流动都需要公共服务的引领，因此改革现行财税体制，长三角区域需先行先试，解决一体化进程中的财税困境。

（一）进一步改善宏观环境以提升企业营商环境

针对课题组分析的企业非税费过重问题，应充分调动社会力量，实现政府、企业和社会各方协同推进，构建优化发展环境的长效机制，降低企业创新发展成本。采取措施坚持的总原则是：紧扣《长江三角洲城市群发展规划》中存在的问题，针对《长三角地区一体化发展三年行动计划（2018～2020年）》和《长三角地区合作近期工作要点》已经明确的思路，做好顶层设计，梳理并锚定近期、中期与远期目标，打破原有利益格局，按先易后难的步骤有序推进。

三年行动计划覆盖了12个合作专题，包括聚焦交通互联互通、能源互济互保、产业协同创新、信息网络高速泛在、环境整治联防联控、公共服务普惠便利、市场开放有序7个重点领域，形成了一批项目化、可实施的工作任务。基于直观与先易后难的原则，本报告主要在交通互联互通、公共服务普惠便利、市场开放有序方面提出对策，目标则可以借鉴北京与雄安新区的远景规划。

1. 促进一体化发展的财税体制创新目标

（1）市场开放有序，要素市场一体化。产权交易市场开放有序，消除要素流动壁垒，变“虹吸”为协作。长三角范围内投资、交易与运营一体化。除一般生产要素以外，劳动力要素尤其关键。这需要在目前户籍制度根本改变的前提下锚定公共服务目标。

（2）公共服务普惠便利，基本公共服务一体化。人力资源作为一种特殊的要素，直接与公共服务相联系。之所以大城市对周边的资金、人才与产业产生虹吸效应，原因就是大城市拥有更加优厚的公共服务，包括更多的教育机会、更高的教育质量、更先进的医疗条件、更宽广的上升空间。长三角范围内统一社会保障与医疗服务政策，确保范围内教育机会与教育质量基本均等，做到公共服务普惠便利、基本公共服务一体化，只有这样才有可能真正走出长三角一体化实质性的第一步。唯有如此，才能从根本上遏制“虹吸”的源头，使分工协作、产业分工、人口疏散等成为可持续发展趋势。

(3) 交通互联互通，基础设施一体化。目前城际轨道交通进展迅速，但还存在两个问题：一是轨道运输成本太高；二是替代的公路运输速度不快、拥堵频繁、成本还不低。如果城际转移成本（包括经济成本与时间成本）太高，一体化显然是一句空话。

2. 促进一体化发展的财税改革思路

(1) 突破现有的财税政策与利益格局。一是进一步规范中央与长三角地区关系，建立可持续、可预期、可控制的地方税体系；二是减费降税，不能减的费将费改税（包括土地出让金、行政性收费及其他收费），统一预算。这样就明确了市场预期，也明确了政府预期。应该上缴政府的，不折不扣地上缴。上缴政府税收以外，企业将在相对无税无费的市场环境下自由竞争。

(2) 费改税后会导致集中的预算增量，着重为解决“人”与“路”两个问题提供资金来源。一是公共服务一体化需要做加法，在现在优质公共服务质量不下降的情况下逐步提高原来公共服务质量较差地区的水平，涉及教育、医疗与养老。二是降低人与物的转移成本。降低轨道交通的费用，取消高速公路收费。日本 20 世纪 50 ~ 70 年代国铁的长期低价运行为企业降低成本、日本整体经济起飞做出了不可忽视的贡献。而 OECD 绝大部分国家都没有高速公路收费的现象，为人与物的自由流动创造了非常便利的条件，这些国家的经济发达不是偶然的。

（二）改革财政管理机制

随着长三角一体化的纵深发展，交通、社保、教育和医疗等公共产品和公共服务将逐步实现共建共享。为了协调区域间的财政收支，平衡区域间的财力收支，建议统筹推进长三角地区预算管理机制改革。

一是进一步推动财政预算的公开透明。建议三省一市采取联席会议方式，确立推进财政预算信息公开的实施细则，共同提高预算透明度，包括年度预算执行情况、对未来预算情况的预测信息、资金按经济分类支出明细使用情况、决策分配机制和绩效分析等。通过这些工作，为后续的横向转移支付机制的建立、实施以及税收收入分享机制的确立，提供财政机制保障。

二是统一长三角绩效评价标准。“花钱必问效，无效必问责”，鉴于当前三省一市绩效评价指标、评价标准差异明显，统筹推进长三角地区预算管理机制协同改革，设定统一的绩效评价指标与标准及方法，首先必须建立区域内所有预算绩效全覆盖的预算绩效管理体系。唯有如此，才能推进一体化进程中财政资金支出、税收收入分配等事项。

三是建立长三角区域专项基金。交通、社保、教育和医疗等公共产品和公共服务将逐步实现共建共享是长三角一体化的必然结果，为解决其资金来源问题，建议尽快建立长三角区域专项基金。可以由长三角区域合作办公室或其下属单位（或部门）作为区域预算的编制和执行机构，市长联席会议可以作为区域预算的审议和决策机构。

（三）创新完善税制体系

1. 建立和完善地方税体系

自 2016 年 5 月“营改增”后，为了避免地方政府税收收入大幅下降，规定“营改增”领域的新增增值税收入全部归地方，且中央与地方的增值税分享比例由原来的 75∶25 调整为 50∶50。这一安排显然只是具有过渡性质的权宜之计，原因在于，社会发展使得行业间界限越来越模糊，以行业来划分中央和地方税收收入的做法需要改变。此外，“分税制”与“分钱制”是对立的两个概念，选择分税制是我国财税实践的结果，是我国财税管理体制改革必须坚守的基本目标和行动路线。[①] 鉴于此，我国必须建立和完善地方税体系。

为了助力长三角更高质量的一体化发展，可以进行区域地方税税制先行

① 高培勇：《由适应市场经济体制到匹配国家治理体系——关于新一轮财税体制改革基本取向的讨论》，《财贸经济》2014 年第 3 期。

先试改革。结合我国的实际情况，我们发现消费税在我国具有作为地方税主体税种的良好禀赋，主要原因是消费税收入具有稳定性，如图 5 所示，消费税自 1999 年以来从绝对额上来看呈现上涨的趋势，从相对额（消费税占税收收入的比重）来看呈现先缓慢下降后企稳的态势，能较好地满足"营改增"后地方的财力缺口。高培勇建议将消费税改为在零售环节征收并将其划归地方，[①] 这样就可以有效抑制地方政府之间的恶性税收竞争。具体而言，同中国其他的改革一样，考虑到政策的平稳过渡，也应采用渐进式改革的方式将消费税划归地方，可以分两个层面展开。

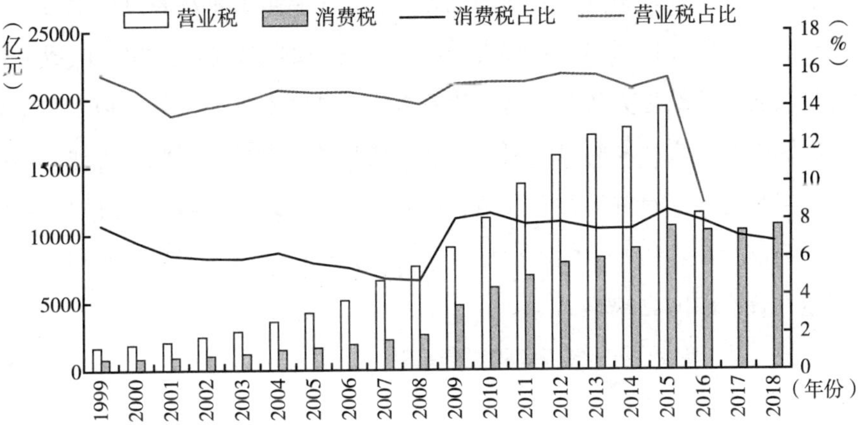

图 5　1999 ~ 2018 年消费税和营业税情况

资料来源：国家统计局，http：//data. stats. gov. cn/easyquery. htm？ cn = E0103。

第一，政策层面。进一步改革消费税制度，包括两个方面。一是扩大征税范围。随着我国居民消费结构由消费有形的"硬"商品向"软"服务转变，可以考虑将消费税的征税范围拓展到与消费这些商品相关联的服务。二是提高税率。我国现行的烟、酒、燃料油、汽油和柴油的消费税税率分别为 56%（甲类卷烟）、10%（其他酒）、1. 20 元/升、1. 52 元/升和

① 高培勇：《由适应市场经济体制到匹配国家治理体系——关于新一轮财税体制改革基本取向的讨论》，《财贸经济》2014 年第 3 期。

1.20元/升。苏国灿等运用数理模型测算后发现，烟、酒、燃料油、汽油和柴油等税目的消费税最优税率分别为57.15%、11.80%、2.14元/升、2.14元/升和2.14元/升。[①] 现行的消费税税率远低于他们测算的最优税率。在环境污染和资源缺乏日益严重的情况下，提高相关消费税税目的税率具有实践意义。

第二，征管层面。将部分消费税税目的收入划归地方。一是将机动车税目划归地方。目前，我国是在生产环节对机动车税目征收消费税，而机动车注册管理制度日趋完善，便于管控机动车税源。可以率先将机动车税目的征收环节下移至零售环节并将其划归地方税。二是将成品油税目划归地方。相关资料显示，中央以对地方转移支付和税收返还的方式将近90%的成品油消费税收入返还给地方政府，这意味着将成品油消费税收入划归地方对中央收入的影响并不大，同时可从根本上缓解成品油消费地与税收实现地之间的背离。三是将金银首饰、钻石及钻石饰品税目划归地方。将这三种税目划归地方，不仅在征管机制上便于操作，而且在大规模减税降费后，有利于及时缓解地方政府的财力缺口。

2. 降低社会保险费的缴费率和缴费基数

我国社会保障费包括基本养老、医疗、失业、工伤、生育五大险种。我国实行的是企事业单位和员工共同承担缴费的制度。目前，企业缴费比例约为29%，个人约为11%，合计为个人工资的40%。根据清华大学白重恩的测算，我国社保的缴费率在全球181个国家中排名第一。虽然2019年再次下调了缴费比例，但是企业的缴费规模并未明显下降。在社保费划归税务部门统一征收后，随着征管能力和征管效率的提升，技术上具备扩大参保率、降低缴费率的条件。建议加快推进养老保险省级统筹改革，继续提高企业职工基本养老保险基金中央调剂比例、划转部分国有资本充实社保基金。在减轻企业缴费负担的同时，保障养老金合理增长和按时足额发放。

---

① 苏国灿、童锦治、黄克珑：《我国消费税税率与征税环节的改革及其福利效应分析——以烟、酒和成品油为例》，《财政研究》2016年第9期。

3. 构建税收征管协调合作机制

构建长三角地区税收征管协调合作机制的目的是解决区域内阻碍要素流动的税收征管问题，具体可以从以下几个方面着手。

一是协商确定税收归属权的问题，包括总部经济造成的税收和税源背离问题、流转税的所在地和核算地问题以及个人所得税的申报地问题。

二是统一税收征管口径，各方承诺既不重复征税，又不擅自减免税，同时不出台和实施任何与税收法律、法规和国家有关政策相违背的单方面税收优惠政策等，消除由执行力度不大造成的税收洼地。

三是构建税收信息沟通与常态化交流机制，实现税源、政策和稽查等信息共享，加快推进区域内税收征管信息平台建设，在税收征管协同、纳税服务协同和打击涉税违法协同方面进一步加强合作。

参考文献

陈少英：《可持续的地方税体系之构建——以税权配置为视角》，《清华法学》2014年第5期。

陈明艺、王璐璐：《长三角产业结构升级税负因素研究》，《上海经济研究》2019年第1期。

陈明艺、朱红娜：《选择消费税为地方税主体税种的阶段化路径研究》，《经济研究导刊》2018年第18期。

陈明艺、李娜、王冬、孙许林：《异质类企业税收负担比较研究——基于上海上市公司样本》，《上海经济研究》2018第3期。

倪鹏飞、李冕：《长三角区域经济发展现状与对策研究》，《中国市场》2014年第41期。

高培勇：《由适应市场经济体制到匹配国家治理体系——关于新一轮财税体制改革基本取向的讨论》，《财贸经济》2014年第3期。

郭庆旺、吕冰洋：《地方税系建设论纲：兼论零售税的开征》，《税务研究》2013年第11期。

朱青：《完善我国地方税体系的构想》，《财贸经济》2014年第5期。

邸俊鹏、沈开艳：《上海优化营商环境需增强多元主体合力》，《解放日报》2019年3月12日。

倪外、沈开艳：《优质营商环境服务长三角企业“走出去”》，《社会科学报》2019年2月28日。

沈开艳、陈建华：《长三角区域协同创新、提升科创能力研究》，《中国发展》2015年第4期。

伍文中：《从对口支援到横向财政转移支付：文献综述及未来研究趋势》，《财经论丛》2012年第1期。

苏国灿、童锦治、黄克珑：《我国消费税税率与征税环节的改革及其福利效应分析——以烟、酒和成品油为例》，《财政研究》2016年第9期。

B.13 后记

《上海经济发展报告》已走过21个年头。它紧抓上海经济发展形势，跟踪、观察上海经济运行轨迹，从理论高度总结上海经济发展实践经验，预测展望上海经济发展前景，较全面地反映上海经济发展总体状况及当年经济运行的特点、难点和重点。它是上海社会科学院经济研究所青年科研人员成长的学术平台之一，促使科研人员更加关注现实问题，以自己的知识为上海经济建设和经济发展服务，同时其自身也在鲜活的现实生活中汲取营养，获得智慧和启迪。它也是上海社会科学院蓝皮书成果品牌的重要组成部分。

2017年7月习近平总书记在中央财经领导小组会议上发表重要讲话强调，要改善投资和市场环境，加快对外开放步伐，降低市场运行成本，营造稳定公平透明、可预期的营商环境，加快建设开放型经济新体制，推动我国经济持续健康发展。在2018年首届和2019年第二届中国国际进口博览会开幕式上，习近平总书记也都强调了要“营造国际一流营商环境”“继续优化营商环境”。党的十九大报告指出，要“全面实施市场准入负面清单制度，清理废除妨碍统一市场和公平竞争的各种规定和做法，支持民营企业发展，激发各类市场主体活力”。可见，营商环境是一个地区软实力和竞争力的重要体现，打造良好的营商环境将是上海进一步激发全社会创造力和发展活力、实现高质量发展的一个重要着力点。基于此，课题组把《上海经济发展报告（2020）》的主题确定为“全面优化营商环境”，通过对标国际最高标准、构造定量指标体系，选择后街经济和社会性别视角，从宏观与微观、定性与定量多个角度对上海营商环境的现状、问题与优化建议进行了探讨，并进一步聚焦相关平台和行业，分析了进博会的放大效应以及上海数字经济、民营企业、轻工业企业的发展特征，此外还考虑到上海与长三角的联动，研究了上海对长三角产业国际竞争力提升的引领作用以及长三角区域一体化进程中的协同创新和财税体制问题。

在《上海经济发展报告（2020）》付梓出版之际，课题组真诚地感谢支持本书出版的上海社会科学院领导和院科研处等相关部门负责人，感谢为本书的写作和出版付出辛勤努力的所有研究和工作人员。感谢李培鑫、张伯超两位青年科研人员在本书统稿过程中所付出的时间和精力。

沈开艳

2019 年 12 月

S 基本子库
UB DATABASE

中国社会发展数据库（下设 12 个子库）

整合国内外中国社会发展研究成果，汇聚独家统计数据、深度分析报告，涉及社会、人口、政治、教育、法律等 12 个领域，为了解中国社会发展动态、跟踪社会核心热点、分析社会发展趋势提供一站式资源搜索和数据服务。

中国经济发展数据库（下设 12 个子库）

围绕国内外中国经济发展主题研究报告、学术资讯、基础数据等资料构建，内容涵盖宏观经济、农业经济、工业经济、产业经济等 12 个重点经济领域，为实时掌控经济运行态势、把握经济发展规律、洞察经济形势、进行经济决策提供参考和依据。

中国行业发展数据库（下设 17 个子库）

以中国国民经济行业分类为依据，覆盖金融业、旅游、医疗卫生、交通运输、能源矿产等 100 多个行业，跟踪分析国民经济相关行业市场运行状况和政策导向，汇集行业发展前沿资讯，为投资、从业及各种经济决策提供理论基础和实践指导。

中国区域发展数据库（下设 6 个子库）

对中国特定区域内的经济、社会、文化等领域现状与发展情况进行深度分析和预测，研究层级至县及县以下行政区，涉及地区、区域经济体、城市、农村等不同维度，为地方经济社会宏观态势研究、发展经验研究、案例分析提供数据服务。

中国文化传媒数据库（下设 18 个子库）

汇聚文化传媒领域专家观点、热点资讯，梳理国内外中国文化发展相关学术研究成果、一手统计数据，涵盖文化产业、新闻传播、电影娱乐、文学艺术、群众文化等 18 个重点研究领域。为文化传媒研究提供相关数据、研究报告和综合分析服务。

世界经济与国际关系数据库（下设 6 个子库）

立足“皮书系列”世界经济、国际关系相关学术资源，整合世界经济、国际政治、世界文化与科技、全球性问题、国际组织与国际法、区域研究 6 大领域研究成果，为世界经济与国际关系研究提供全方位数据分析，为决策和形势研判提供参考。

法律声明

“皮书系列”（含蓝皮书、绿皮书、黄皮书）之品牌由社会科学文献出版社最早使用并持续至今，现已被中国图书市场所熟知。“皮书系列”的相关商标已在中华人民共和国国家工商行政管理总局商标局注册，如LOGO（ ）、皮书、Pishu、经济蓝皮书、社会蓝皮书等。“皮书系列”图书的注册商标专用权及封面设计、版式设计的著作权均为社会科学文献出版社所有。未经社会科学文献出版社书面授权许可，任何使用与“皮书系列”图书注册商标、封面设计、版式设计相同或者近似的文字、图形或其组合的行为均系侵权行为。

经作者授权，本书的专有出版权及信息网络传播权等为社会科学文献出版社享有。未经社会科学文献出版社书面授权许可，任何就本书内容的复制、发行或以数字形式进行网络传播的行为均系侵权行为。

社会科学文献出版社将通过法律途径追究上述侵权行为的法律责任，维护自身合法权益。

欢迎社会各界人士对侵犯社会科学文献出版社上述权利的侵权行为进行举报。电话：010-59367121，电子邮箱：fawubu@ssap.cn。

社会科学文献出版社